立人教育的校本实践

LIREN JIAOYU DE XIAOBEN SHIJIAN

吕奇 ◎ 著

武汉出版社

鄂新登字（08）号

图书在版编目（CIP）数据

立人教育的校本实践／骆奇著. --武汉：武汉出版社，2024.3
ISBN　978-7-5582-6595-2

Ⅰ. ①立… Ⅱ. ①骆… Ⅲ. ①中小学教育－教育研究 Ⅳ. ①G632.0

中国国家版本馆CIP数据核字（2024）第061354号

立人教育的校本实践
LIREN JIAOYU DE XIAOBEN SHIJIAN

作　　者：骆　奇	
责任编辑：吴文涛	
封面设计：孟　元	
出　　版：武汉出版社	
社　　址：武汉市江岸区兴业路136号	邮　编：430015
电　　话：(027) 85606403　85600625	
http://www.whcbs.com　E-mail:whcbszbs@163.com	
印　　刷：湖北云景数字印刷有限公司	经　销：新华书店
开　　本：710mm×1000mm　1/16	
印　　张：17	字　数：280千字
版　　次：2025年1月第1版　2025年1月第1次印刷	
定　　价：78.00元	

版权所有·翻印必究
如有质量问题，由承印厂负责调换。

闪现理性之光的实践之树常青（代序）

——读《立人教育的校本实践》有感

在 21 世纪初，上海市教育委员会为深入推进素质教育的实施，启动了实验性示范性高中和义务教育阶段素质教育实验学校的创建和评审工作。当时我由市教委基础教育办公室副主任调任上海市教育学会秘书长，承接了组织教育专家对实验性示范性高中和素质教育实验学校的创建、评审的专业指导工作。在此期间，我和教育专家曾到上海市晋元高级中学附属学校（以下简称"晋元附校"）进行素质教育实验学校的评审。专家们对晋元附校正在开展的"立人教育"颇感兴趣，印象深刻，期望良多。十多年过去了，骆奇校长送来《立人教育的校本实践》书稿，请我作序，我欣然应约，写下这篇读后感。

如果说当年的"立人教育"是株破土而出、生命力旺盛的树苗，如今它已成长为枝繁叶茂的秀木了。如此比喻，是它已从德育领域扩展到学校教育的方方面面，初步形成了立人教育育人体系。书稿中的"立人教育育人体系示意图"（见图 1-1），有干有枝有叶，如同华盖般撑起一片"立人"的绿荫。所谓"立人"本质上就是"立德树人"，它是教育的根本任务，也是立人教育的宗旨。"立德"并不止于"育德"，智育、体育、美育、劳育等也是"立德树人"题中应有之义，只有"五育并举"，才能实现全面育人，实现"树人"的宗旨。晋元附校在十多年实践的基础上，已经基本上形成涵盖五育、富有特点的立人教育育人体系。

育人体系必须以课程作为载体和支撑。该校已经基本形成以国家课程为主、校本课程为辅的多领域、多层次的立人教育课程体系。书稿中对立人教育的课程目标、课程设置、课程实施、课程管理、课程评价等课程建设的诸多要素均有具体的阐述。如果说育人体系是这棵秀木的枝干，那么丰富多彩、形态各异的课程则像沐浴阳光雨露、释放新鲜氧气的绿叶。晋元附校的学子正在立人教育的绿荫下茁壮成长，学校也因此而被评为上海市优秀少先队大队,荣获全国优秀少先队集体。

立人教育是个系统工程,也是学校发展的强劲动力,引领着学校的发展战略——"文化立校、质量兴校、特色强校"。立人教育孕育了"厚德而和、行健而立"的学校精神,成为"文化立校"的灵魂。立人教育的宗旨是高质量的"树人",为此必须高质量"立校","质量兴校"则是水到渠成的事。"特色"是学校的品牌和名片,更是学生自由而有个性的发展所必需的精神养料和成长沃土。晋元附校的"立人教育"当然是鲜明的品牌,同时,美育也是学校一道亮丽的风景线。美育是素质教育的重要载体,也是晋元附校立人教育体系的组成部分。十多年来,学校坚持开展丰富多彩的美育活动,曾被全国美育协会评为全国美育示范单位。这些自是"特色强校"发展战略的必然结果。

晋元附校的一体化集团办学在上海是很有知名度的,《文汇报》曾在头版做过专题报道,骆奇校长在去年暑期上海市中小学校长培训会议上作过经验介绍,其经验被收入《教育现代化治理专题案例》一书正式出版。外省市组织中小学校长多次前来晋元附校取经,其一体化集团办学在市内外颇具影响力。本书"立人教育的一体化集团办学"一章,对此进行了理论与实践相结合的阐述,相信会对有关方面有所启发和借鉴。

诚然,该书对立人教育的理论阐述,还可以做深入的理性思考,进一步从感性认识上升为理性认识,将丰富的实践经验提炼为理性的论述。理论源自实践,又反过来指导新的实践,如此循环反复,立人教育的实践会再上一个新的台阶,立人教育的理论也会得到进一步的完善。行文至此,我的脑海里忽然浮现出德国大诗人、剧作家歌德的一句名言:"理论总是灰色的,实践之树常青。"我想,能够保持着常青的树,定然是沐浴着理论阳光,而又闪现着理性之光的。愿晋元附校"立人教育"这棵枝繁叶茂的秀木早日成长为闪现理性之光的经年常青的参天大树!

许象国

(上海市教委原基础教育办公室副主任、

上海市教育学会原秘书长、上海市特级教师)

2024年2月

绪　言

回想起晋元附校走过的路，我就会感慨万千！我是2002年经人才引进从江苏镇江调到上海市晋元高级中学任教的，2004年任晋元附校分管教学的副校长。晋元附校始建于1999年，原名万里学校，坐落于上海市普陀区北部与宝山交界的万里社区，是公办九年一贯制学校。学校在创办之初，学生数量少，非沪籍学生占比高，师资力量薄弱，办学质量差，许多对口的学生都舍近求远选择其他质量好的学校就读。2002年，为加强薄弱校提升、促进优质均衡发展，经普陀区教育局批准，学校由晋元高级中学承办，易名为上海市晋元高级中学附属学校。

第一次走进晋元附校，映入我眼帘的是两小栋教学楼和煤渣跑道的操场。晴天学生做操或者上体育课，操场上时常升腾起一阵阵的灰尘。通过听课及查阅学校的教学质量分析报告，我明显感受到学校与区内兄弟学校之间的差距。面对办学的各种困难，我们没有消极气馁，而是振作精神，迎难而上。2006年我们实现了中考质量的突破，位居普陀区同类学校前列；2007年在我开始担任学校校长的那年，学校兴建初中教学楼并改建了塑胶跑道操场。学校的初步发展变化振奋了全体教师的精神，他们增强了创办优质学校的信心。

随着办学质量的提升，学校的口碑越来越好，周围老百姓愈来愈多地愿意将自己的孩子送到晋元附校来就读。学校学生数从2002年承办时的555名增加到2011年的1600余名。2011年真金路校区学生数趋于饱和，区教育局又将新建的武威东路校区划分给晋元附校作为分部。

学校的发展一般会经历四个阶段——初创阶段、规范阶段、特色阶段、优质阶段。晋元附校经过筚路蓝缕的"初创阶段"逐步进阶到"规范阶段"。稳定的教育教学秩序和稳定的教育教学质量是规范学校的两大基本特征。此时，学校建立了比较完善的学校管理制度，并通过建立常规、培养习惯、形成风气等举措予以有效落实。学校从无序到有序，从有序到规范，从规范到稳定。2011年《晋元高级中学附属学校发展性督导自评报告》写道："学校由晋元高级中学承办九年来，办学规模不断扩大，教育教学质量不断提升，社会声誉不断改善。学校目前处于从'规范学校'向'特色学校'的过渡阶段，正努力向'上海市知名、普陀区优质的具有一定特色的公办九年一贯制学校'的目标迈进。"

在特色学校创建的过程中，我们首先从办学文化入手，建构了以"立己立人、共同成长"办学理念为核心的文化体系，确立了"文化立校、质量兴校、特色强校"的发展战略，描绘了以"立人教育"为学校特色主题的规划蓝图。在规划的引领下，经过持续开拓与积淀，学校的特色课程、特色项目如雨后春笋般蓬勃发展。缅怀谢晋元将军的爱国主义教育、艺术、体育、科技、家长督学制等都成为晋元附校一张张靓丽的名片。学校先后荣获"国际生态学校"绿旗单位，全国优秀少先队集体，全国美育工作示范单位，全国中小学舞蹈教育传统校，全国青少年校园足球特色校，全国环境教育示范校，上海市艺术教育特色学校，上海市学生舞蹈、合唱、交响乐、戏剧、民乐五大联盟大满贯学校，上海市青少年羽毛球训练基地，上海市校园文化建设"一校一品"特色学校，上海市"书香校园"基地学校，上海市无线电特色教育学校，上海市航空教育特色学校等荣誉。学校的特色发展促进了学生全面而又个性地发展，而学生的充分发展又是学校创建特色取得成功的最生动、最直接的体现。

2015年学校成为"上海市新优质项目学校"是实现全面优质发展的一个标志。学校形成具有晋元附校特质的办学内涵体系，教育教学质量得到社会的普遍认可。至2015年，学校的学生数已增至近2500名；到2021年，学生数更高达3600多名。2019年，因学校体量太大，教育局将晋元附校拆分为晋元附校和晋元附校西校。2021年，为促进万里社区基础教育的优质均衡发展，让优质教育资源惠及更多的老百姓，教育局将社会满意度较低的明翔实验学校易名为晋元附校南校纳入晋元附校（以下简称附校、西校及南校），实施紧密型一体化集团办学。目前集团内三所学校由同一法人担任校长，共有四个校区、4700余名学生、430余名教职工，是普陀区学生数最多的学校，也是上海市学生数较多的学校之一。

学校的优质发展引发愈来愈多的正向"蝴蝶效应"。华东师范大学全国校长培训班的学员及全国各地的教育同仁多次来校参观、学习、访问。

自2011年开始,学校承担了上海市嘉定区外冈中学和闵行区君莲学校(两轮)的农村义务教育学校委托管理工作。由于委托管理工作出色,学校被评为"上海市农村义务教育学校委托管理工作先进集体",我被评为"上海市农村义务教育学校委托管理工作先进个人"。

回首往事,晋元附校走过了由小到大、由弱到强、由一校到多校卓越发展的流金岁月。在这个过程中,学生得到了发展,教师实现了职业成功与价值,学校实现了跨越式优质发展。这正是学校"立己立人、共同成长"办学理念的成功实践。

目　录

第一章　立人教育的理性思考 …… 001
- 第一节　立人教育的思想意义 …… 001
- 第二节　立人教育的思想价值 …… 003
- 第三节　立人教育的育人体系 …… 007

第二章　立人教育的课程体系 …… 009
- 第一节　立人教育课程体系的构建依据 …… 009
- 第二节　立人教育课程体系的构建 …… 011
- 第三节　立人教育课程体系的实施 …… 016
- 第四节　立人教育校本课程的评价 …… 019
- 第五节　立人教育课程体系的保障 …… 021

第三章　立人教育的学校发展战略 …… 025
- 第一节　文化立校——培育学校精神 …… 026
- 第二节　质量兴校——提升教育品质 …… 052
- 第三节　特色强校——彰显教育个性 …… 196

第四章　立人教育的一体化集团办学 …… 208
- 第一节　集团化办学的理论思考 …… 208
- 第二节　集团化办学与立人教育的深度结合 …… 210
- 第三节　集团化办学在立人教育中的实施路径 …… 212
- 第四节　集团化办学在立人教育中的成效与展望 …… 222

第五章　立人教育的质量评价 …… 225
- 第一节　立人教育质量评价的理论思考 …… 225
- 第二节　立人教育的教学评价和学业评价 …… 229
- 第三节　立人教育质量评价的实践案例及分析 …… 231

第六章　立人教育的实践成效 …… 235
- 第一节　学生成长——全面而有个性的发展 …… 235

第二节　教师成功——专业素养的提升与自我实现 …………………… 238
第三节　学校成就——特色品牌的形成与社会声誉的提升 ………… 241
参考文献 ……………………………………………………………………… 258
后　记 ………………………………………………………………………… 259

第一章　立人教育的理性思考

第一节　立人教育的思想意义

在快速发展的当今社会，教育的形式与内容都在不断地变革与创新。其中，"立人"教育作为一种教育理念，逐渐受到人们的关注与重视。

一、立人教育的背景

"立人"教育思想，作为中国传统教育中的核心观念，具有深厚的历史积淀和丰富的文化内涵。它不仅代表着儒家对人才培养的理想追求，还反映了中华民族对教育本质的深刻理解。

"立人"教育思想的形成和发展，与春秋战国时期的社会变革和文化繁荣密不可分。在这个时期，儒家学派代表人物孔子提出了"仁爱"和"礼"等观念，强调了人的内在品德修养和外在行为规范的重要性。他主张通过教育来培养具有高尚品德和广博知识的人才，为社会的和谐稳定做贡献。这一思想为后世的"立人"教育思想奠定了坚实的基础。

"立人"教育思想的哲学基础主要体现在儒家的"人性本善"和"天人合一"的观念上。儒家认为，人的本性是善良的，教育的目的就是要唤醒和发掘人的内在潜能，使人能够不断完善自身，实现个人和社会的和谐统一。同时，"天人合一"的观念也强调人与自然、人与社会和谐相处，要求人们在追求个人发展的同时，也要关注社会和自然的平衡与发展。

在历史的长河中，"立人"教育思想不断得到丰富和发展。从孔子的"有教无类"到孟子的"性善论"，儒家的教育家们不断完善和发展立人教育思想。他们注重人的全面发展，强调德、智、体、美等多方面的教育，提倡因材施教、循循善诱的教学方法。这些教育理念和方法为后世的教育实践提供了重要的启示和借鉴。

在当代社会，"立人"教育思想仍然具有重要的现实价值。首先，它强调了教育的根本目的是培养人，关注人的全面发展和个性成长。这符合现代教育理念中以人为本、注重个性发展的要求。其次，"立人"教育思想注重德育为先，强调培养学生的道德品质和社会责任感。这对于培养具有高尚品德和良好行为习惯的人才具有重要意义。最后，"立人"教育思想还强调了教育与社会、自然的紧密联系，要求教育适应社会发展的需要，培养具有社会责任感和国际视野的人才，对于推动社会的进步和发展具有重要作用。

二、立人教育的意义

第一，立人教育是回归教育本源的教育。立人教育强调以人为本，关注学生的全面发展。它要求教育不仅传授知识，更要培养学生的品德、能力和创新精神。这符合教育的本质要求，即培养具有独立思考能力、创新精神和良好品德的人才。

第二，立人教育是促进学生全面发展的教育。立人教育关注学生的身心健康和个性发展。它要求学校提供多样化的课程和活动，满足学生的不同需求。同时，它还强调学生的社会责任感和公民意识的培养，使学生能够更好地适应社会并为社会做出贡献。

第三，立人教育是培养创新人才的教育。立人教育鼓励学生独立思考和创新实践。它提供宽松的环境和丰富的资源，支持学生进行探究性学习和创新性实践。这有助于培养学生的创新意识和实践能力，为国家的创新和发展提供源源不断的人才支持。

第四，立人教育是推动学校改革的教育。立人教育作为一种先进的教育理念，对于推动教育改革具有积极的作用。它要求学校重新审视教育的目标和方式，关注学生的全面发展和社会需求。这有助于推动教育从应试教育向素质教育转变，提高教育质量和效益。

综上所述，立人教育不仅是对当前教育背景变化的积极回应，更是对教育本质和学生健康成长的深刻关注。这种教育理念具有深远的理论和实践意义，有助于推动教育的全面发展和进步，培养出更多符合时代要求的新型人才。

第二节 立人教育的思想价值

一、立人教育的思想内涵

立人教育的基本理念是以人为本，以人的全面发展为核心。这一理念强调，教育的根本目的在于培养人、发展人、成就人，使每个学生都能够在知识、技能、情感态度和价值观等方面得到全面提升。立人教育关注学生的主体性，尊重学生的个性差异和兴趣爱好，致力于为学生提供适合的教育，让每个学生都能够在适合自己的轨道上实现自我价值。

1. 突出立德树人

立人教育以"立德树人"为宗旨，强调通过教育引导学生树立正确的世界观、人生观和价值观。在"立德树人"的过程中，教育者关注学生的道德认知、道德情感和道德行为的培养，帮助学生建立积极的人际关系和社会责任感。通过社会实践，学生不仅学会了如何做人，更学会了如何做事，如何与人相处。

2. 重视智育培养

立人教育注重学生的智力发展，通过优化课程设置、创新教学方式方法等，激发学生的学习兴趣和动力；在智育培养过程中，关注学生的思维能力、创新能力和实践能力的培养，帮助学生掌握科学的学习方法和思维方式。通过智育培养，学生不仅获得了丰富的知识，更具备了解决问题的能力和终身学习的意识。

3. 关注体育锻炼

立人教育强调学生身体健康和体育锻炼的重要性，通过开设体育课程、组织体育活动等，引导学生积极参与体育锻炼，增强身体素质和意志品质。在体育锻炼过程中，学生不仅锻炼了身体，更培养了团队合作精神和竞争意识。

4. 注重美育熏陶

立人教育注重学生的审美能力和艺术素养的培养，通过开设艺术课程、组织艺术活动等，让学生接触和欣赏各种艺术形式，培养他们的审美情趣和艺术创造力。在美育熏陶过程中，学生不仅能提升自己的艺术素养，陶冶了情操，更能学会如何欣赏美、创造美。

5．强化劳动实践

立人教育鼓励学生参与劳动实践和社会实践活动。通过劳动实践，学生不仅可以掌握一定的劳动技能和生活技能，而且能培养勤劳节俭、自力更生的优良品质，以及较强的社会责任感。同时，劳动实践还可以帮助学生更好地了解社会，认识自我，规划未来。

二、立人教育的特点

1．注重全面性

立人教育关注人的全面发展，涵盖了德、智、体、美、劳等诸多方面。它要求教育者全面关注学生的成长过程和发展需求，提供全面而均衡的教育支持和服务，培养学生的综合素质和核心竞争力。

2．关注个性化

立人教育尊重学生的个体差异和兴趣爱好，注重因材施教和个性化教育。它要求教育者了解每个学生的个性特点和需求，为学生提供个性化的学习方案和发展路径，激发学生的潜能和创造力。

3．重视社会性

立人教育高度重视教育的社会性和实践性。它鼓励学生将课堂上学到的知识和技能积极应用于社会实践中，这样不仅能检验和提升自身的能力水平，更能为社会的发展做出贡献。同时，立人教育也注重培养学生的社会责任感和公民意识，强调团队合作精神和服务意识的培养。这些优秀品质的培养旨在满足社会对人才的需求，推动社会的和谐发展。

综上所述，立人教育内涵丰富而深刻。它强调以人为本，以人的全面发展为核心；涵盖立德树人、智育培养、体育锻炼、美育熏陶和劳动实践等诸多方面，具有全面性、个性化和社会性等特征，从而培养具有独立思考能力、创新精神和社会责任感的优秀人才；为社会的进步和发展做出贡献。

三、立人教育确立的思想依据

1. 全面贯彻国家的教育方针

立人教育遵照国家的教育方针,坚持社会主义办学方向,全面落实党的教育方针,以培养德智体美劳全面发展的社会主义建设者和接班人为目标。

2. 培育学生深厚的文化自信

中国有着悠久的历史和灿烂的文化,这是中华民族的骄傲。立人教育注重传承中华优秀传统文化,弘扬社会主义核心价值观,培养学生的文化自信和爱国情怀。通过学习经典、感受传统等方式,学生可了解中华文化的博大精深,增强民族自豪感、归属感和文化自信。

3. 体现培养核心素养的要求

立人教育注重培养学生的核心素养,包括但不限于批判性思维、创新能力、沟通合作能力等。这些素养是现代社会所必需的,也是学生未来发展的重要支撑。通过课堂教学和实践活动的开展,学生的综合素质和能力水平不断提升。

4. 适应基础教育的发展趋势

随着教育改革的不断深入推进,立人教育积极探索适合学生发展的教育模式和教育路径。学校和教师不断更新教育理念,优化课程设置,改进教学方法,努力提升学生的综合素质和能力水平;同时,不断借鉴国内外先进经验,推动学校教育教学工作的创新发展。

综上所述,立人教育确立的依据主要是国家的教育方针,以及文化自信和核心素养的要求,它们为立人教育的确立提供了重要的理论支持和指导思想。

四、立人教育引导办学文化

1. 办学理念:立己立人、共同成长

"立己立人"源于《论语·雍也》中的"己欲立而立人,己欲达而达人",意指在自我完善的同时,也要帮助他人完善。这种办学理念强调个人与社会的和谐共生,通过教育实现个人价值与社会价值的统一。"共同成长"则体现了"教学相长"的思想,即教育者和被教育者在教育过程中相互促进,共同提高。

2. 学校精神:厚德而和、行健而立

"厚德而和"汲取自《周易·坤卦》中的"地势坤,君子以厚德载物",强调以深厚的德行来包容万物,营造和谐共融的校园氛围。"行健而立"则源自《周易·乾卦》中的"天行健,君子以自强不息",鼓励师生效法天道,以刚健的精神自强不息,追求卓越。

3. 校风:厚德、行健

校风体现了学校的教育理念和师生的共同追求。厚德,即注重培养学生的道德品质,强调以德立人、以德为先;行健,则鼓励师生勇于实践,不断进取,锤炼强健的体魄和意志力,以应对各种挑战。校风旨在培养既有深厚德行又有坚实行动力的人才。

4. 教风:学而不厌、诲人不倦

"学而不厌、诲人不倦"出自《论语·述而》,意为教师要始终保持对学习的热爱和渴望,不断充实自己的知识储备,并要以极大的耐心和毅力去教育学生,不因学生的愚钝或反复而失去教育的热情。这种教风体现了教师职业的高尚和教育的艰辛。

5. 学风:博学、笃行

"博学之,审问之,慎思之,明辨之,笃行之"出自《礼记·中庸》,这是为学的几个层次,或者说是几个递进的阶段。其中,"博学"指广泛涉猎知识,"审问"指对所学知识进行深入探究,"慎思"指谨慎地思考,"明辨"指清晰地辨别是非真伪,"笃行"指将所学知识付诸实践。这种学风鼓励学生在学习的过程中全面发展,注重实践,不断思考和质疑,形成独立判断的能力。这也是中国传统教育中非常注重的学习方法和学习态度。建构主义认知理论认为,学习的过程是学习者主动有意义建构的过程,而"博学—明辨"的认知过程恰恰就是学习者自主建构的过程,所以它和建构主义的认识论是相统一的。

学校的办学文化是以中华优秀传统文化精髓为核心的整体,彰显我们的爱国情怀和文化自信。学校办学理念是统领学校文化的思想内核,学校精神是办学理念的价值追求,教风诠释了"立己达人"的为师之道,学风

揭示"知行合一"的内在规律。学校的办学文化体现了以"立德树人"为核心,促进学生全面而有个性地发展,勇于担当社会责任的追求。

第三节 立人教育的育人体系

一、立人教育育人目标

学校立人教育确立的育人目标是:培养品行端正、学业精进、自主能干、健康活泼的学生。学校遵照党的教育方针,围绕儿童与少年期学生发展的核心素养要求,努力培育每一位学生终身发展和社会发展需要的必备品格和关键能力,促进学生全面而有个性地发展。立人教育的各育人目标与核心素养培育要求的对应情况见表1-1。

表1-1 立人教育的育人目标及核心素养培育要求

育人目标	核心素养培育要求
品行端正	人文修养、人格健全、国家认同、社会责任
学业精进	勤奋乐学、善思明辨、实践创新、国际视野
自主能干	自主管理、多谋善断、能力多元、问题解决
健康活泼	珍爱生命、身心健康、善于沟通、人际和谐

二、立人教育的育人体系

学校确立的办学目标是成为"上海市知名、普陀区优质,具有鲜明特色的公办九年一贯制学校"。学校的育人目标聚焦学生发展核心素养,培养学生的正确价值观、必备品格和关键能力。学校确立以"立人教育的实践研究"为主实验项目,主实验项目致力于探索与践行立人教育理念,通过创新教与学方式、优化课程体系、培育学生核心素养等措施,全面提升教育质量。该实验项目注重学生的全面发展,强调德育为先、能力为重,旨在培养具有社会责任感、创新精神和实践能力的优秀人才。通过实践研究,学校不断完善立人教育育人体系,为教育改革和发展提供有力支撑。

立人教育育人体系的宗旨就是立德树人,学校的德育工作从培养人格品质、主题教育实践、团队自主管理、班级民主管理、学科德育育人、心理健康教育、家校社区共育、育德队伍建设等八个方面建构。学校的课程教学从迭代立人教育课程体系、对标打造优质课堂、推进学科高地建设、深化信息技术融合、提升绿色学业评价、加强国际教育交流等六个方面建构。以学校文化、学校管理、队伍建设、后勤保障为保障，学校架构起完整的立人教育育人体系（见图1-1）。

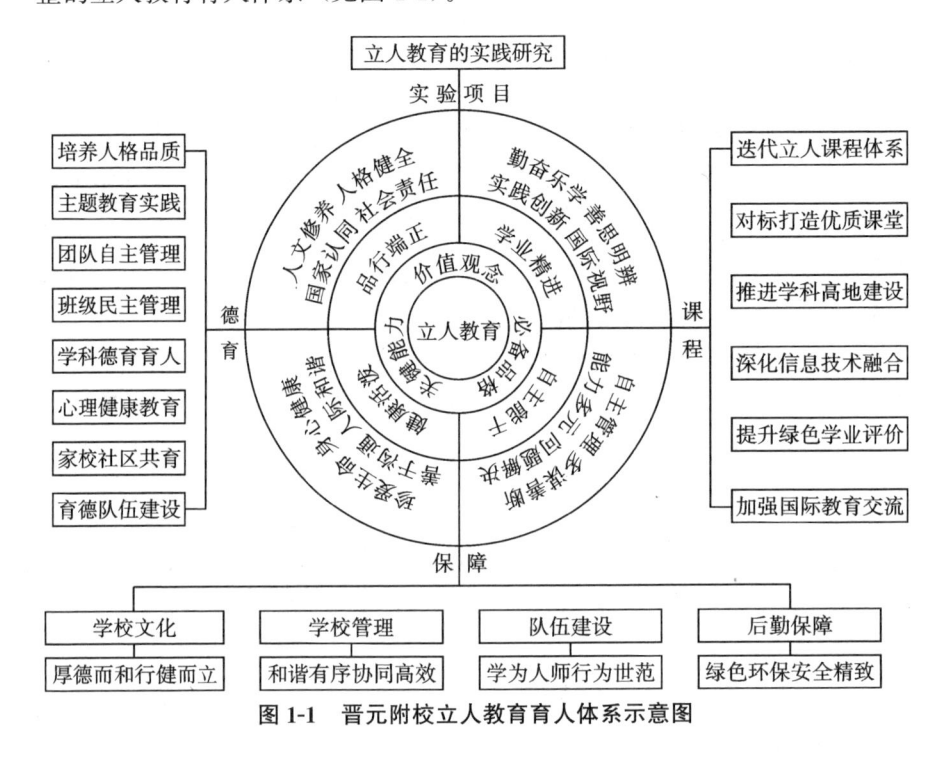

图1-1 晋元附校立人教育育人体系示意图

第二章 立人教育的课程体系

第一节 立人教育课程体系的构建依据

一、教育哲学的启迪

立人教育课程体系的构建深深根植于教育哲学之中,尤其是对于"人的全面发展"的深刻理解和追求。教育不仅仅是知识的传递,更是对人内在潜能的挖掘和个性的塑造。立人教育坚信,每一个学生都是独一无二的个体,都拥有无限的可能性和发展潜力。因此,课程体系的构建必须以学生为中心,尊重学生的主体性,关注学生的全面发展需求。

在哲学层面,立人教育课程体系强调"以人为本"的教育理念。这意味着教育应该关注学生的内心世界、情感体验和生命成长,而不仅仅是外在的知识和技能;同时,教育应该培养学生的批判性思维、创新能力和社会责任感,使其成为具有独立思考能力和健全人格的人。这种教育理念体现了对人的全面而有个性发展的追求,是立人教育课程体系构建的重要哲学依据。

二、学校办学理念的指导

"立己立人、共同成长"是立人教育的核心办学理念。这一理念强调在教育过程中,学生不仅要学会知识,更要学会做人,实现自我价值和社会价值的统一;同时,教师与学生之间、学生与学生之间应该相互支持,相互促进,共同成长。

在这一办学理念的指导下,立人教育课程体系注重培养学生的自主学习能力和团队协作精神,通过设置丰富多彩的课程和活动,激发学生的学习兴趣和动力,培养学生的自主学习意识和能力;同时,通过小组合作、项目学习等方式,培养学生的团队协作精神和沟通能力,使其在合作中学会尊重他人、理解他人、帮助他人。

三、学校育人目标的引领

立人教育的育人目标是培养品行端正、学业精进、自主能干、健康活泼的学生。这一育人目标体现了对学生全面发展而有个性的关注和对未来社会的深刻洞察。

品行端正。立人教育注重培养学生优秀的道德品质和高度的社会责任感，通过德育课程的设置和校园文化的熏陶，引导学生树立正确的世界观、人生观和价值观，培养学生的爱国情感和社会公德心。

学业精进。立人教育致力于提供高质量的教学和学习的环境和资源，帮助学生掌握扎实的基础知识和基本技能；同时通过拓展性课程和跨学科融合教学，培养学生的创新思维和解决问题的能力。

自主能干。立人教育注重培养学生的自主学习能力和实践能力，通过课堂教学与实践活动的有机结合，引导学生在实践中学习、在实践中成长，同时通过培养学生的自我管理能力和时间管理能力等方式提高其自主性和独立性。

健康活泼。立人教育关注学生的身心健康和个性发展，通过体育课程和艺术课程的设置，以及丰富多彩的课外活动促进学生的身心健康和个性发展；同时注重培养学生的乐观向上、积极进取的精神风貌，以及良好的人际交往能力和社会适应能力等综合素质。

为了更好地实现上述育人目标，我校构建了以国家课程为主、校本课程为辅的立人教育课程体系，在校本课程方面着重开发实施了明德课程、善学课程、敏事课程和康健课程。明德课程，旨在培养学生"人文修养、人格健全、国家认同、社会责任"的素养；善学课程，旨在培养学生"勤奋乐学、善思明辨、实践创新、国际视野"的素养；敏事课程，旨在培养学生"自主管理、多谋善断、能力多元、问题解决"的素养；康健课程，旨在培养学生"珍爱生命、身心健康、善于沟通、人际和谐"的素养。

第二节 立人教育课程体系的构建

立人教育课程体系是一个以国家课程为主、校本课程为辅，多层次、多维度的综合体系，旨在全面培养学生的知识、能力和素质。校本课程包括明德课程、善学课程、敏事课程和康健课程等特色内容，这些课程作为国家课程的补充，与国家课程一起构成了立人教育课程体系。

一、全面实施国家课程

在全面实施国家课程的过程中，立人教育注重深度挖掘国家课程的育人内涵和价值，不仅关注学生的知识掌握情况，更注重培养学生的思维能力和创新精神。为此，学校采用了多样化的教学方法和手段，如启发式教学、探究式教学、情境教学等，激发学生的学习兴趣和动力。同时，学校还积极开展课外拓展活动，如学科竞赛、科技创新大赛等，为学生提供更多的实践机会和展示平台。

立人教育还注重学科课程与其他课程的融合与贯通，通过跨学科的教学设计和综合性的实践活动，将各个学科的知识和技能有机地结合起来，形成一个完整的知识体系和能力结构。这种融合与贯通不仅有助于提高学生的综合素质和能力水平，还有助于培养学生的跨学科思维和解决问题的能力。

二、合理建设校本课程

校本课程是立人教育课程体系的重要组成部分，包括明德课程、善学课程、敏事课程和康健课程等特色内容。这些课程旨在根据学生的个性特点和兴趣爱好，提供多样化的学习体验和成长路径。校本课程充分满足学生全面而有个性发展的需求，促进学生品格和能力的形成。基于校情、学情，学生以"混龄走班""长短课时""分层走班"等多样化的教学组织形式进行学习，如图 2-1 所示。

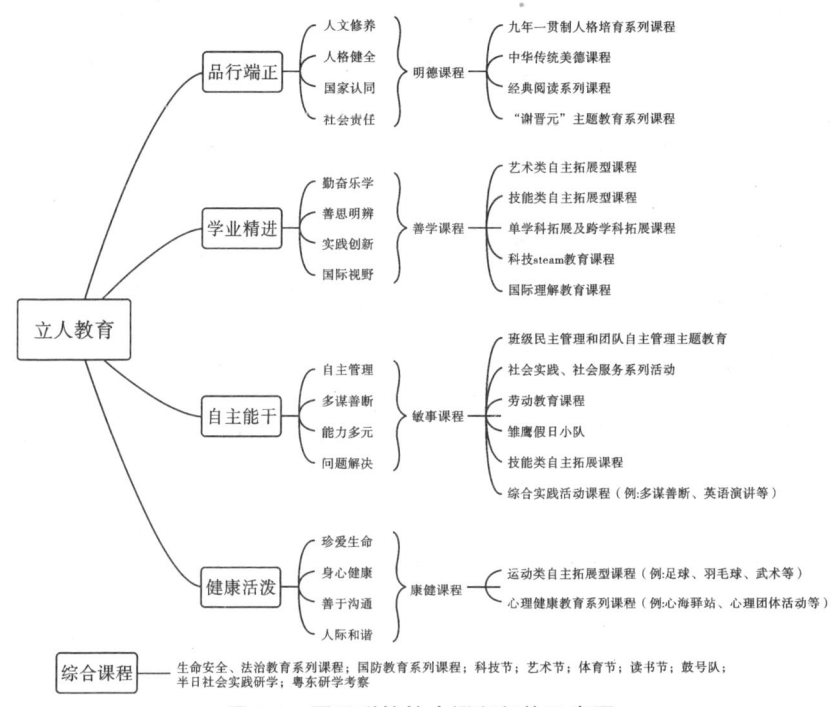

```
                            ┌─ 人文修养 ─┐            ┌─ 九年一贯制人格培育系列课程
                            ├─ 人格健全 ├─ 明德课程 ─┤─ 中华传统美德课程
                ┌─ 品行端正 ─┤─ 国家认同 ─┘            ├─ 经典阅读系列课程
                │           └─ 社会责任              └─ "谢晋元"主题教育系列课程
                │
                │                                    ┌─ 艺术类自主拓展型课程
                │           ┌─ 勤奋乐学 ─┐            ├─ 技能类自主拓展型课程
                │           ├─ 善思明辨 ├─ 善学课程 ─┤─ 单学科拓展及跨学科拓展课程
                ├─ 学业精进 ─┤─ 实践创新 ─┘            ├─ 科技steam教育课程
                │           └─ 国际视野              └─ 国际理解教育课程
                │
 立人教育 ──────┤                                    ┌─ 班级民主管理和团队自主管理主题教育
                │           ┌─ 自主管理 ─┐            ├─ 社会实践、社会服务系列活动
                │           ├─ 多谋善断 ├─ 敏事课程 ─┤─ 劳动教育课程
                ├─ 自主能干 ─┤─ 能力多元 ─┘            ├─ 雏鹰假日小队
                │           └─ 问题解决              ├─ 技能类自主拓展型课程
                │                                    └─ 综合实践活动课程(例:多谋善断、英语演讲等)
                │
                │           ┌─ 珍爱生命 ─┐
                │           ├─ 身心健康 ├─ 康健课程 ─┤─ 运动类自主拓展型课程(例:足球、羽毛球、武术等)
                └─ 健康活泼 ─┤─ 善于沟通 ─┘            └─ 心理健康教育系列课程(例:心海驿站、心理团体活动等)
                            └─ 人际和谐

 综合课程 ── 生命安全、法治教育系列课程;国防教育系列课程;科技节;艺术节;体育节;读书节;鼓号队;
            半日社会实践研学;粤东研学考察
```

图 2-1 晋元附校校本课程架构示意图

1. 明德课程

明德课程旨在培养学生的人文修养、人格健全、国家认同及社会责任。明德课程是立人教育的核心校本课程之一。该课程通过德育课程、讲座、主题班会、志愿服务等多种形式，引导学生树立正确的世界观、人生观和价值观，培养学生的爱国情感和社会公德心。同时，该课程还注重培养学生的自律意识和自我管理能力，使其成为具有高尚品德和良好行为习惯的优秀人才。

（1）九年一贯制人格培育系列课程

一年级"明礼"，二年级"自理"，三年级"互助"，四年级"诚信"，五年级"感恩"，六年级"正直"，七年级"自信"，八年级"谦虚"，九年级"笃志"。该课程是针对九年一贯制全体学生、培养学生完善人格的系列德育课程。

（2）中华传统美德课程

学校开设如弟子规、礼仪美育、趣味国学等课程，通过有关中华传统美德的自主拓展型课程，培养学生健全的人格、积极向上的生活态度和顽强的毅力，塑造品行端正的晋元学子。

(3) 经典阅读系列课程

学校组织师生参与全国"推普周"和"书香进校园"系列活动，并开设文学社以及相关拓展型课程，重视文化积淀，提升师生文学和文化素养。

(4) "谢晋元"主题教育系列课程

学校以抗日爱国将军"谢晋元"事迹为主题，开展"清明祭扫，缅怀先烈""四行仓库"研学、广东蕉岭谢晋元故乡研学等主题教育，通过多种形式的学习和体验，让学生更加深入地了解历史，认识英雄，培养爱国精神，增强历史责任感。

2. 善学课程

善学课程旨在塑造学生勤奋乐学、善思明辨、实践创新的品格，以及国际视野。善学课程是立人教育的另一门重要校本课程，培养学生的学习能力和创新精神。该课程通过开设学习方法指导课、思维训练课等特色课程，帮助学生掌握科学的学习方法和学习策略，提高其学习效率和学习质量。同时，该课程还注重培养学生的探究能力和创新思维，鼓励其自主学习和合作学习，为未来的学习和工作打下坚实的基础。

(1) 艺术类自主拓展型课程

从学生兴趣出发，学校开设培养学生综合素养的艺术类自主拓展型课程，如管乐、舞蹈、合唱、版画、衍纸等，推动学生素质全面发展，并为其提供展示自我的平台。

(2) 技能类自主型拓展课程

为激发学生创新意识和提高动手能力，学校开设趣味编程、智能机器人与模型制作、探秘生态园等课程，培养学生认真的学习态度、正确的学习方法、自主学习的能力。

(3) 单学科拓展及跨学科课程

学校开设单学科拓展及跨学科的自主拓展型课程，如实验中的物理知识、趣味字词文化、自然拼读等课程，巩固学科内容，拓宽学生视野。

（4）科技 steam 教育课程

学校依托市级 K12 课程，扩大辐射面和参与度，进一步培育学生的科学素养和创新力。

（5）国际理解教育课程

学校通过互访交流、视频连线、项目合作等形式，积极开拓国际视野，培养学生实践创新能力，开展学生对不同国家、民族、文化的认识和理解的教育实践探索。

3. 敏事课程

该课程旨在培养学生自主管理、多谋善断、能力多元、问题解决的能力。敏事课程是立人教育针对职业教育需求而开设的特色校本课程，通过实践操作、项目实训等多种形式，培养学生的实践能力和问题解决能力。同时，该课程还注重培养学生的团队协作能力和沟通能力等，使其在未来的生活能够更好地适应环境并发挥个人优势。

（1）班级民主管理和团队自主管理主题教育

学校开展班级民主管理和团队自主管理教育，搭建学生自我管理的平台，激发学生的责任感和自豪感，逐步形成让全体学生共同参与的民主而科学的班级、团队管理体制。

（2）社会实践和社会服务系列活动

学校积极组织一至八年级学生全体参与的社会实践活动，努力将学生培养成为有知识眼界、有责任担当、有一定综合素养的社会主义事业建设者和接班人。

（3）劳动教育课程

学校组织开展劳动教育专题活动，弘扬劳动精神，教育引导学生崇尚劳动，尊重劳动，长大后能够辛勤劳动、诚实劳动、创造性劳动。同时，学校引导学生积极参加校内、校外和家务劳动，引导学生养成劳动习惯。

（4）雏鹰假日小队

学校开展小队活动，丰富小队活动内容，提高小队活动质量，让队员走出学校，走向社会，接受锻炼，增长才干，全面培养和提高少先队员的素质。

（5）技能类自主拓展型课程

学校开设 K12 工程学、探秘生态园等自主拓展型课程，通过教师指导和学生动手操作，教会学生生活必备的技能和生活经验。

（6）综合实践活动课程

学校开设多谋善断、英语演讲等课程，培养学生多元能力。

4．康健课程

该课程旨在教育学生珍爱生命，关注其身心健康、善于沟通、人际和谐的品质。康健课程是立人教育关注学生身心健康而开设的特色校本课程，通过体育课程、心理健康教育等多种形式，促进学生的身心健康和全面发展。体育课程旨在提高学生的身体素质和运动技能；心理健康教育则关注学生的心理健康状况，帮助其建立健康的心态和生活方式。这些措施不仅有助于提高学生的身体素质和心理素质，还有助于培养其乐观向上、积极进取的精神风貌，以及良好的人际交往能力和社会适应能力等综合素质。

（1）运动类自主拓展型课程和社团活动

学校开设羽毛球、乒乓球、武术、足球、篮球、田径、围棋等自主拓展型课程，积极组织社团活动，为学生学会多项技能、拥有强健的体魄打下基础。

（2）心理健康教育活动

学校心理室定期开展心理健康教育活动，开设心理讲座，帮助学生克服成长过程中的各类心理和行为问题，促进学生身心健康发展。

5．综合实践活动课程

按照综合素质评价指标，学校开设生命安全、法治教育系列课程，国防教育系列课程，开展科技节、艺术节、体育节、读书节、半日社会实践、粤东研学考察等活动，加强社会实践、探究学习、职业体验三方面内容的组织实施，校内校外相结合，激发学生社会参与度，提升综合素质。

此外，学校积极探索跨学科学习，积极开展多种形式的教育活动，为学生提供丰富的学习经历。

总之，立人教育课程体系是一个以国家课程为主、校本课程为辅的多层次、多维度的综合体系，校本课程包括明德课程、善学课程、敏事课程和康健课程等特色内容，这些课程相互补充、相互促进，与国家课程一起构成了立人教育的课程体系，该体系为培养具有全面素养和创新能力的学生提供了有力保证。

第三节 立人教育课程体系的实施

一、全面有效实施国家课程

1. 加强新课标的学习与领悟，明确核心素养导向

课程核心素养，是该课程育人价值的集中体现，指该课程在落实立德树人根本任务中的独特贡献，是学生通过该课程学习之后而逐步养成的关键能力、必备品格与价值观念。核心素养具有整体性、情境性、反思性。学校通过多种途径加强教师对新课标的学习与领悟。

2. 进行大单元整体设计教学，改进教学方式

大单元教学，以素养为纲，构建以问题解决为目标，以大主题、大任务、大单元为形式的教学内容结构单元，以学生学习行为的设计为主线，以问题或任务为导向，以学习项目为载体统筹考虑，强调真实情境、真实任务，强调在问题解决过程中渗透学科思维模式和探究模式，凸现学习过程的综合性和实践性，使学生经历完整学习单元，形成结构化、整体性的核心素养。学校注重对"基于学科核心素养的单元专题"的研究，着手编写基于单元设计的学科教案。通过编写学历案使学生对课程内容形成学习经验并结构化；拓宽课堂时空，满足资优学生的发展需求，建立晋元附校云课堂学习资源库；利用空中课堂的优质资源，探索空中课堂与自身课堂教学相结合的新型教学授课方式。

3. 提升课堂教学的设计能力，促进高阶思维品质发展

教师在教学设计中依据课标，针对学生认知目标、思维品质提升细化教学过程研究。学校根据学生实际，开展走班式的拓展学习或分层课程，以及以"优质教学——'晋'课堂"为主题的教学活动和主题式教研活动，引导教师将课程意识与教学实践相融合，通过多种途径不断提升教师课堂教学的设计能力，促进学生深度学习、迁移及创新能力的发展。

4. 加强跨学科主题学习的研究与实践，培育学生综合素养

跨学科主题学习，即立足某一学科，以主题来组织其他学科的内容和学习方式，实现综合学习。《义务教育课程方案（2022年版）》规定，"原则上，各门课程用不少于10%的课时设计跨学科主题学习"。基于培育学生综合素养，学校在国家课程、综合实践课程、劳动教育课程等实施中采用跨学科方式，如美术与舞蹈、古诗词与艺术、语文与戏剧的融合，历史地理学、生物地理学、K12工程学等。学校在现有跨学科探索的基础上，聚焦地理和生命科学跨学科的案例分析教学，关注科学、物理和化学跨学科的关联性、交叉性和延续性，梳理数学、物理等学科的课时，做好跨学段的统筹安排；成立跨学科案例分析教研组，组织好跨学科教研组活动；通过搭建跨学科主题学习单元，整合不同学科知识、观念、方法与思维方式，培养学生面对复杂情境解决问题的能力。

5. 丰富综合实践课程，培养学生的正确价值观和必备品格、关键能力

学生的综合素质一定是在丰富、复杂的现实世界中，通过已有知识和经验解决各种问题而得到检验并丰富和提高的。学校虽然开设了九年一贯制学生人格系列课程，但在现实生活中，学生能否将良好的人格品质显现出来，这是很大的一个挑战。学校通过"团队自主管理""班级民主管理""雏鹰假日小队"等综合实践，让学生在社会化的环境中磨砺品质，增长才干。

二、合理建设校本课程

校本课程是为发现和发展学生个性特长，满足学生兴趣爱好而设置的课程。在具体实施过程中，学校以混龄走班、多学科渗透、长短课时、分类分层选修等方式，破解大规模学校校本课程受空间和时间限制的难题。学校加强协同共育和资源共享，着力发展教育集团中的课程共享、资源融合，通过灵活多样的课程实施方式，结合学生自主选课走班，尽可能多地利用校内的时间和空间，丰富学生的学习体验。

学校校本课程建设的管理流程，如图 2-2 所示。校本课程必须符合国家课程方案与育人目标，要有规范、完整的课程纲要，并经过课程开发领导小组审核后获得开设资格。校本课程立足于促进学生潜能开发和个性的健康发展，培育学生的创新思维，同时强化流程管理，课程申报、课程审批、选课操作、教学监控、教学评价等均要及时上传管理平台，以保障管理的有效性。

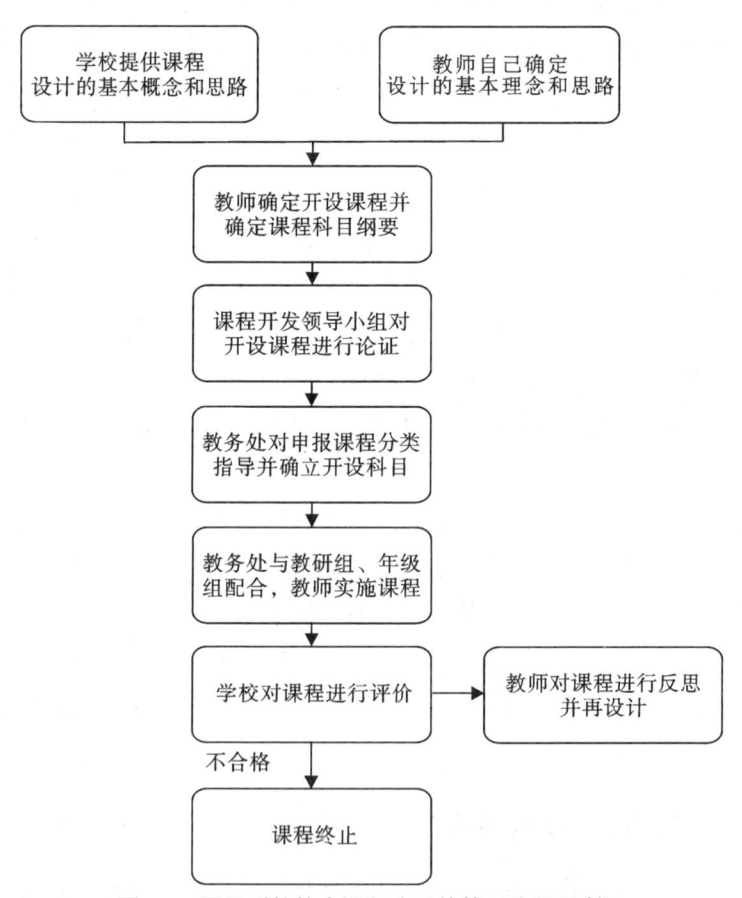

图 2-2 晋元附校校本课程建设的管理流程示意图

第四节　立人教育校本课程的评价

一、校本课程评价

义务教育国家课程评价的要求主要包括以下几方面。首先，要全面考查学生的综合素质，不仅关注学生的学业成绩，还要注重学生的思想道德、身心健康、艺术素养和社会实践等方面的发展。其次，要强调评价的教育功能，通过评价引导学生发现自身不足，明确努力方向，促进学生全面发展。同时，评价要关注学生的个体差异，尊重学生的个性特长，采用多元化的评价标准和方法，使每个学生都能得到公正、客观的评价。此外，评价还要注重过程性评价和终结性评价相结合，全面了解学生的学习过程和结果，为学生的学习提供及时、有效的反馈。最后，评价要倡导多主体参与，鼓励学生、家长、教师等共同参与评价，形成教育合力，共同促进学生的成长和发展。

校本课程作为学校自主开发、实施和管理的课程，已经成为推动学校特色发展和提升学生综合素质的重要途径。校本课程的质量和实施效果直接影响学生的学习体验和成长发展，因此，对校本课程进行全面、系统、科学的评价至关重要。

在立人教育思想的引领下，学校注重学生全面发展和个性化的发展，一直致力于开发和实施具有特色的校本课程。为了保证这些课程的实施效果，发现存在的问题，并为课程的改进和完善提供依据，学校开展了校本课程评价工作。

1. 校本课程评价的目的与内容

（1）评价目的。校本课程评价的目的在于全面了解课程的实施情况，评估课程目标的实现程度，发现课程存在的问题和不足，为课程的改进和完善提供依据；同时，通过评价促进教师的专业发展和学生的全面发展，推动学校教育教学质量的提升。

（2）评价内容。校本课程评价的内容涵盖了课程的各个方面，包括课程目标、课程内容、教学方法、教学资源和学生表现等。

①课程目标评价。主要评估课程目标是否符合学校的教育理念和学生的实际需求，是否明确、具体、可衡量。课程目标是课程设计的起点和归宿，是评价课程效果的重要依据。

②课程内容评价。主要评估课程内容是否科学、合理、有趣，是否符合学生的认知规律和发展需求，是否与学校其他课程相互衔接。课程内容是课程实施的核心，直接影响学生的学习体验和知识技能的掌握。

③教学方法评价。主要评估教学方法是否灵活多样，是否能够激发学生的学习兴趣和积极性，是否能够促进学生的自主学习和合作学习。教学方法是教师传授知识、技能和思想的重要手段，对于提高教学效果具有重要意义。

④教学资源评价。主要评估教学资源是否丰富、优质、适用，是否能够满足学生的学习需求和教师的教学需要。教学资源包括教材、教具、学具、场地等，是课程实施的重要保障。

⑤学生表现评价。主要评估学生在课程学习中的表现，包括学习态度、学习方法、学习成果等方面。学生表现是反映课程实施效果的重要指标，也是评价课程质量的重要依据。

2. 校本课程评价的方式与方法

校本课程评价可以采用定量和定性相结合的方式。定量评价主要是通过收集和分析数据来评估课程的实施效果，如考试成绩、问卷调查结果等；定性评价则是通过观察、访谈、案例分析等方式深入了解课程的实施情况和学生的学习体验。

具体来说，学校采用以下几种方法进行评价。

问卷调查法。向学生、教师和相关人员发放问卷，收集他们对课程实施情况的意见和建议，了解课程的优点和不足。

观察法。观察课堂教学情况、学生的学习状态和教师的教学方法等，了解课程的实施效果和教学质量。

访谈法。与学生、教师和相关人员进行面对面的交流，深入了解他们对课程的看法和感受，获取第一手资料。

案例分析法。选取典型的课程案例进行分析，了解课程的实施过程和效果，总结经验和教训。

3. 校本课程评价的结果与反馈

校本课程评价的结果应该及时反馈给相关的教师和学生，让他们了解课程实施的效果和存在的问题。同时，评价结果也可以为学校管理层提供决策依据，帮助学校改进和完善校本课程体系。

在反馈评价结果时，我们应该注重以下几点。

客观性。评价结果应该客观公正地反映课程的实施情况和存在的问题，避免主观臆断和片面之词。

具体性。评价结果应该具体明确地指出课程的优点和不足，提出改进意见和建议，方便教师和学生进行针对性的改进。

及时性。评价结果应该及时反馈给相关的教师和学生，让他们及时了解课程的实施效果和存在的问题，以便及时调整教学策略和学习方法。

4. 校本课程评价的反思与展望

通过对校本课程的评价，学校不仅可以了解课程的实施效果和存在的问题，还可以反思在课程开发和实施过程中的不足之处。例如，学校是否充分考虑了学生的实际需求和认知规律？是否注重了教学方法的多样性和灵活性？是否提供了丰富优质的教学资源？

在未来的校本课程开发和实施过程中，学校将更加注重学生的主体地位和个性化需求，注重教学方法的创新和教学资源的开发利用。同时，学校将加强对校本课程评价的研究和实践，不断完善评价体系和方法，提高评价的科学性和有效性。

总之，校本课程评价是推动学校特色发展和提升学生综合素质的重要手段。学校将不断完善评价体系和方法，为课程的改进和完善提供依据和保障。

第五节 立人教育课程体系的保障

一、组织层面的坚实支撑

立人教育课程体系的成功实施，离不开学校层面强有力的组织保障。学校深知课程改革的重要性，因此专门成立了学校课程改革领导小组和校本课程开发领导小组。这两个领导小组由学校领导、骨干教师和教育专家组成，他们在课程规划与实施方案的制定、过程管理与指导、实施成效评估与监督等方面发挥着核心作用。

为了确保课程体系的科学性和系统性，学校课程委员会与教务处紧密合作，共同提出学年课程方案，根据课程管理要求，精心安排课程计划，确保新课程的课时数得到充分保障。同时，他们还负责提供课程菜单、课程介绍、课程表等详尽信息，以便教师和学生能够清晰地了解课程安排。

在实施过程中，学校注重发挥教研组的作用，发动全体教师参与课程的实施和建设。教师们根据学生的需求和本校的培养目标，积极开发和建设校本拓展型课程，为学生提供多样化的学习选择。此外，学校还开展学生选课指导，帮助学生了解课程内容和特点，指导学生根据自己的兴趣和特长选择合适的课程。

为了丰富学生的学习体验，学校大力提升社团活动的多样性。校园内体育、艺术、阅读、科技创新等社团活动如火如荼地开展，这些活动不仅为学生提供了展示才华的平台，也成为五育融合的重要阵地。学校各部门的通力合作和协同作战，为新课程新教材的全面实施提供了有力的组织保障。

二、制度层面的有力保障

立人教育课程体系的顺利实施，得益于学校完善的制度保障。学校高度重视课程管理与教学管理制度的落实，不断完善和改进管理制度，努力实现学校管理的民主化、科学化。

在制度建设方面，学校首先对现有的课程教学管理制度进行了全面梳理和完善。这些制度包括教研组评价制度、备课组评价制度、作业检查反馈制度、课堂教学评价制度、考试命题评价制度等。根据新课程实施的要求，学校对制度文本进行了修订和补充，进一步明确了各项制度的职责和要求，为课程的顺利实施提供了制度保障。

此外，学校还完善了课程开发与审核制度。为了鼓励教师积极参与课程开发，学校制定了课程开发奖励机制，确保经费的及时划拨。每学年，学校都会开展校本课程的调查，以调查问卷的方式，收集学生对课程的意见和建议。根据调查数据，学校统计出开发、开设效果较好的课程，并对在课程实施过程中有所创新、取得突出成绩的教师予以表彰和奖励。这种机制激发了教师的积极性和创造性，促进了校本课程的不断发展和完善。

三、资源层面的全面支持

立人教育课程体系的成功实施，离不开学校层面全方位的资源保障。学校深知资源对于课程实施的重要性，因此在图书馆、实验室和校园网站建设等方面大力投入。

为了给学生提供丰富的学习资源，学校加强了图书馆的建设，不仅增加了图书的馆藏量，还定期更新图书，确保学生能够接触到最新的知识和信息。同时，学校还注重实验室的建设和管理，为科学课程的实施提供了必要的实验设备和场地，学生在实验室中进行各种科学实验和探究活动，培养实践能力和创新精神。

此外，学校还加强了校园网站的建设，为师生提供了便捷的信息交流平台。校园网站不仅发布学校的最新动态和通知公告，还提供了在线学习资源和教学视频等，学生利用校园网站进行自主学习和互动交流，拓宽学习渠道和视野。

除了加大校内资源的支持力度外，学校还积极协调社会、家庭等各方资源，为校本课程的开发和实施提供有力保障。学校与社会各界建立了广泛的合作关系，邀请专业人士进校园开设讲座，指导学生实践活动。同时，学校还注重与家长的沟通和合作，通过家长会、家长学校等，向家长介绍学校的课程理念和课程实施情况，争取家长的理解和支持。

四、教研层面的持续优化

立人教育课程体系的不断完善和发展，得益于学校持续的教研活动和教师队伍的优化培养。学校高度重视教研工作，通过一系列举措提升教师的教学水平和研发能力。

其一，学校持续开展"青蓝工程"，通过"青蓝培训""青蓝结对""青蓝论坛"三项主要活动，为青年教师提供成长平台。学校邀请经验丰富的资深教师进行带教，帮助青年教师快速掌握教学技巧和方法。同时，学校还鼓励青年教师参加各种教学比赛和研修活动，以提升他们的教学水平和专业素养。

其二，学校加大了对学科领军教师的培养力度。通过特级教师、教研员、科研指导专家的带教，学校培养了一批在语数英等学科领域具有影响力的领军教师。这些教师在课程研发、教学改革等方面发挥引领作用，推动了学校课程体系的不断创新和发展。

其三，学校注重对教师队伍的整体优化。学校加强对市区骨干、特级教师的打造，对优秀教师进行梳理评选，建立"名师后备人才库"。通过"一人一方案""双名后备"，以及校名师工作室等平台的搭建，学校为教师的专业发展提供了有力支持。这些举措不仅提升了教师的教学能力，也激发了教师的创新精神和研究热情。

在课程研发方面，学校根据课程方案立项，组织相关教研组或教师团队进行新课程的研发。学校注重课程内容的创新性和实用性，确保新课程能够满足学生的需求和社会的发展。同时，学校还协助做好新课程的培训和服务保障工作，确保新课程能够顺利实施并取得良好效果。在课程实施中，学校注重经验的总结和推广，通过教研活动、教学论坛等形式分享成功的经验和做法，推动课程体系的不断完善和发展。

为了进一步提升教师的课程开发能力，学校每学期都会开展有目标的专题培训。通过区级教研内容学习、案例研究与实践等活动，教师们进一步明确课程开发的要求、程序和策略。这些培训活动不仅提升了教师的专业素养，也为学校课程体系的持续优化提供了有力支持。

第三章　立人教育的学校发展战略

为实现学校立人教育的办学目标和育人目标，学校制定了"文化立校、质量兴校、特色强校"的发展战略。

文化立校——培育学校精神。学校文化建设主要分为三个部分，即物质文化建设、精神文化建设和管理文化建设，这三个方面的全面、协调发展，将为学校树立起完整的文化形象。学校精神文化建设是学校文化建设的核心内容，也是学校文化的最高层次。

文化立校是晋元附校发展策略的核心。"列国是务，其首在立人，人立而后凡事举。"事业成功都需要强大的精神力量和制度体系作支撑。因此，塑造独特的学校精神，对于晋元附校来说，具有至关重要的意义。晋元附校通过精心培育"厚德而和、行健而立"的学校精神，成功塑造了师生的集体人格。这种精神既强调内在的品德修养，又注重外在的行为表现，为师生提供了明确的价值导向和行为准则。在学校精神的引领下，晋元附校的师生形成了共同认同的价值观和行为准则，这为学校的发展注入了强大的动力。这种文化的力量，不仅提升了师生的整体素质，更成了学校持续发展的不竭源泉。

质量兴校——提升教育品质。质量兴校是晋元附校发展策略的重要支撑。教育质量不仅关乎学生的未来，更体现了一所学校的责任感和使命感。在立人教育中，学校注重从课程设置、教学方法、师资队伍等多个维度全面提升教育质量。学校优化课程体系，使学生既能掌握扎实的基础知识，又能培养创新思维和实践能力；采用启发式、探究式等多样化的教学方式方法，激发学生的学习兴趣，培养他们的自主学习和问题解决能力；重视教师队伍建设，为教师提供专业发展平台，鼓励他们不断探索教育新思路，从而提高整体教学水平。通过这些措施的实施，学校为学生提供更优质的教育服务，为他们的全面发展奠定坚实基础。

特色强校——打造优质品牌。立人教育特色品牌是晋元附校在教育领域独树一帜的显著标志。学校深知,在日益激烈的教育竞争中,要想脱颖而出,就必须形成自己的办学特色。因此,特色强校成为晋元附校发展策略中的一大亮点。为了打造这一品牌,晋元附校深入挖掘学校的办学历史、文化传统和资源优势,将这些元素融入日常教育中,形成了独具特色的办学模式和品牌形象。学校不仅注重学生的学习成绩,更致力于培养学生的特长和优势,为他们提供丰富多彩的特色课程和活动。这些举措为学生的个性化发展提供了广阔的空间和平台,让每一个学生都能在这里找到属于自己的成长之路。如今,晋元附校的立人教育品牌已经深入人心,赢得了社会各界的广泛赞誉。

总之,立人教育实施策略是晋元附校实现办学目标和培养目标的重要途径,包括文化立校、质量兴校、特色强校三大方面。文化立校注重培育学校精神,塑造师生集体人格;质量兴校致力于提升教育品质,关注学生全面发展;特色强校则通过打造优质品牌,展现学校独特魅力。这一策略的实施,不仅提升了师生的整体素质,也为学生的个性化发展提供了广阔平台,赢得了社会各界的广泛赞誉。未来,晋元附校将继续深化立人教育,为学生的成长和社会进步贡献更多力量。

第一节 文化立校——培育学校精神

一、文化立校的理论依据及重要性

1. 文化立校的理论依据

文化立校作为一项学校发展战略,强调学校文化在学校教育中的重要地位。其理论依据主要源于教育学、文化学、心理学、社会学等方面。

(1) 教育学视角

①教育环境论。学校作为教育的主要场所,学校文化对学生的成长具有重要影响。学校文化是学校环境的重要组成部分,良好的学校文化为学生提供丰富的精神滋养,有助于学生的全面发展。

②教育功能论。教育具有个体社会化和社会个体化的双重功能。学校文化作为学校教育的重要内容,能够帮助学生内化社会规范,形成健全的人格,从而更好地适应社会。

(2) 文化学视角

①文化传承论。学校是文化传承的重要场所。通过学校文化的建设，学生可以接触到优秀的文化遗产，理解并传承本民族和国家的优秀文化传统。

②文化创新论。在传承的基础上，学校还具有文化创新的功能。通过鼓励学生的批判性思维和创新意识，学校文化能够推动文化的创新和发展。

(3) 心理学视角

①心理发展论。学生的心理发展受到多种因素的影响，其中学校文化是一个不可忽视的因素。积极的学校文化可以为学生提供心理支持，促进学生的心理健康发展。

②心理适应论。学校文化可以帮助学生更好地适应学校生活，形成良好的人际关系，提高学习效率。同时，学校文化还能培养学生的社会适应能力，为他们未来走向社会做好准备。

(4) 社会学视角

①社会化理论。学校是学生社会化的重要场所。学校文化通过提供一系列的社会实践活动和人际交往机会，帮助学生内化社会规范，培养他们的社会责任感和公民意识。

②社会互动论。学校文化为学生提供了丰富的社会互动机会。通过参与各种文化活动和社团组织，学生可以锻炼自己的沟通能力和团队协作能力，为未来的社会生活做好准备。

综上所述，文化立校的理论依据涉及教育学、文化学、心理学和社会学等多个领域。这些理论不仅为文化立校提供了有力的理论支撑，也指导着教育实践的不断改进和深化。在当今教育改革的背景下，文化立校的理念更加凸显其重要性和现实意义。

2. 文化立校的重要性

文化立校对于学校发展的重要性，主要体现在以下几个方面。

(1) 提升学校核心竞争力。学校文化是学校生存发展的基础，是学校核心竞争力的体现。通过建设具有独特魅力和个性的学校文化，提高知名度和美誉度，吸引更多的优质生源和教师资源，从而提升核心竞争力。

（2）促进学生全面发展。学校文化是学生成长的重要环境，对学生的思想观念、行为习惯、情感态度等方面产生深远影响。健康向上、丰富多彩的学校文化，可以为学生提供良好的成长环境，促进学生的全面发展。

（3）推动学校创新发展。学校文化是学校创新发展的动力源泉。开放包容、鼓励创新的学校文化，可以激发师生的创新意识和创造力，推动学校在教育教学、科研管理等方面的创新发展。

（4）增强学校凝聚力。学校文化是学校凝聚力的体现。具有共同价值观和目标的学校文化，可以增强师生对学校的认同感和归属感，提高学校的凝聚力和向心力。

（5）塑造学校品牌形象。学校文化是学校品牌形象的重要组成部分。具有独特文化内涵和品位的学校文化，可以提升学校的品牌形象和知名度，提高学校在社会上的影响力和竞争力。

综上所述，文化立校对于学校发展具有重要意义。学校应该重视学校文化建设，通过加强顶层设计、完善制度保障、丰富文化活动等措施，推动学校文化的繁荣发展，为学校发展提供强有力的支撑和保障。

二、学校精神文化塑造

学校是一个生态系统，文化充盈在整个系统之中，与整个系统融为一体。学校文化是一所学校经过长期发展积淀而形成共识的一种价值体系，包括价值观念、办学思想、群体意识、行为规范等，是一所学校办学精神与环境氛围的集中体现。学校文化虽然无声无息，却能对每一个置身其中的学生和教师产生深刻影响，塑造人的思维方式、人生观和价值观。

晋元附校曾被评为上海市普陀区教职工最满意的单位，校领导班子被评为普陀区教育系统"五好班子"。晋元附校的人文氛围就像一位教师在她文中记述的那样："今天是教师节，在这样一个和谐、快乐、难忘的日子里，大家深深地感受到，做老师，真好！做一个能够在晋元附校这块热土上不断进取的老师，真好！"

以下三篇案例是学校发展历程中凝练的实践经验及价值思考。《学校文化也是生产力》是2013年我被评为"上海市读书型校长"时撰写的一篇文章，论述学校文化对塑造学校精神品质及提升学校办学质量的重大意义。有人说，一流学校靠文化，二流学校靠制度，三流学校靠人治。这结论也许绝对了些，但也不无道理。《用文化滋养学校成长》是2017年我在上海市教委、上海市新优质研究所举办的"新优质学校学校治理"论坛上的发言，主要介绍了通过文化建设促进学校成长的经验。陶行知说："爱是教育的灵魂，只有融入了爱的教育才是真正的教育。"《爱的教育——校长工作手记》是我做校长工作中经历的几个小故事，诠释了爱与教育的关系。

实践经验之一

学校文化也是生产力

1. 文化立校——以学校精神立魂

晋元附校"文化立校"的核心是以"厚德而和、行健而立"的学校精神来塑造全校师生的人格，进而推动学校的全面发展与进步。学校提出"文化立校"，是基于对"学校文化也是生产力"的认定。先进文化具有强大的感召力，事业成功往往源于精神力量的强大，文化是通过改变人的内驱力来提升生产力水平的。我们凝练的晋元附校精神是"厚德而和、行健而立"，其内涵是：人格至善构建和谐，自强不息铸就卓越；倡导"仁爱、包容、合作、进取"的价值观，既成人又成事。学校撰写了学校精神读本《学校精神十谈》，每学期确定一个师德教育的主题，先后开展了"厚德行健""修己以敬，恰当地说话和做事""修己以安人""立己立人"等师德主题教育，编撰了《厚德而和、行健而立——在学校精神的感召下》文集。

"文化立校"实施若干年来，学校逐步由制度管理演化成文化认同和行为自觉，正所谓"道之以政、齐之以刑，民免而无耻；道之以德、齐之以礼，有耻且格"。目前我们不敢说晋元附校的老师是普陀区专业化水平最高的，但我们可以自豪地说晋元附校的老师是普陀区最敬业和教风最好的团队之一。在这些普普通通的教师群体中涌现出无数感人至深的动人故事，这些教师才是支撑学校发展的脊梁！

2. 文化生产力——打造自觉高效团队

据《资治通鉴》记载，荀卿曰："凡君贤者其国治，君不能者其国乱；隆礼贵义者其国治，简礼贱义者其国乱。治者强，乱者弱，是强弱之本也。上足印则下可用也；上不足印则下不可用也。下可用则强，下不可用则弱,是强弱之常也。"意思是说:总的说来,君王贤明,国家就太平;君王无能,国家就混乱;推崇礼制、尊重仁爱正义,国家就治理得好,荒废礼制、鄙视仁爱正义,国家就动荡不安;秩序井然的国家便强大,纲纪紊乱的国家便衰弱。这即是强与弱的根本所在。君王的言行足以为人敬慕,百姓才可接受驱使;君王的言行不能为人景仰,百姓也就不会服从召唤;百姓可供驱使的,国家就强大;百姓不服调遣的,国家就衰弱;这即是强与弱的常理所在。一个好校长就是一所好学校的道理又何尝不是如此!

学校的文化建设首先要建立学校的核心价值观——理想信念,明确"为了谁?"这个问题。这是学校的"旗帜"和"方向",决定学校一切工作的道义合法性。晋元附校把"全面推进素质教育,办老百姓向往的优质品牌学校"作为办学宗旨,使学校所有工作符合"全心全意为了学生"的道德正义,这样才能师出有名,具有号召力,获得广大教职员工的广泛支持。"人心"是一所学校是否有凝聚力的关键,学校要努力净化教师的心灵,提升人的境界,集聚正能量,塑造高度自觉的团队。

礼义廉耻,国之四维,四维不张,国乃灭亡。四维之首为"礼","礼"是各种法度的总和。对于学校而言,"礼"是学校规章制度和道德规范的总和。"领袖之职莫大于礼,礼莫大于分,为政先礼,政之本欤!"国家的运作靠民主法治,学校的管理靠现代学校制度。学校管理既需要道德提升——德治,也需要制度管理——法制。道德是最高的法律,法律是最低的道德。现代管理制度的理性就是韦伯所说的科层化,校长要像校长,主任要像主任,教师要像教师,即学校的每一位成员要恪尽职守,素位而行,秉持各自的操守。这样学校这部大机器就能正常运转,事业就能蒸蒸日上。反之,学校如果纲纪不彰,不在其位而乱谋其政,势必造成管理混乱、人心涣散,形成"乱者弱"的局面,进而大大降低生产力水平。晋元附校追求的学校精神就是"厚德营造和谐"及"行健铸就强大"。晋元高中承办后晋元附校的得以快速发展,正是因为学校打造了一支高度自觉和高效的团队。

3. 文化引领者——一个好校长就是一所好学校

校长是一所学校的灵魂,承担着引领学校发展的职责,"上足印"是胜任校长之责的基础。成功的校长应该是"修己以敬"的学者,更应该是

"修己以安人"的智者，最终应成为"修己以安天下立己达人"的成就者。

实践领悟分析

　　这篇文章从理论角度深入探讨了"学校文化也是生产力"的命题，对于理解和推进学校文化建设具有探索的价值。

　　首先，文章明确了学校文化的核心地位和作用。通过引用经典文化和教育理论，文章阐述了学校文化在塑造师生人格、推动学校全面发展与进步中的重要作用。这种认识有助于学校深化对文化功能的理解，提升文化建设的自觉性和主动性。

　　然后，文章系统阐述了"文化立校"的思想和实践。通过具体案例和理论分析，文章展示了如何通过凝练学校精神、开展师德主题教育等，将学校文化转化为师生的行为自觉和团队凝聚力。这种理念和实践对于其他学校推进文化建设具有重要的借鉴意义。

　　最后，文章强调了校长在学校文化建设中的关键作用。校长作为学校的灵魂和引领者，其个人修养和领导能力对于学校文化建设具有决定性影响。文章通过引用经典管理理论，阐述了校长如何通过自我修炼和团队引领，推动学校文化的形成和发展。这种认识有助于提升校长的领导力和学校文化建设的整体水平。

　　综上所述，这篇文章对于理解和推进学校文化建设具有探索的理论价值和实践指导意义。通过深入阐述学校文化的地位、功能和建设路径，文章为学校发展提供了参考和借鉴。

实践领悟之二

用文化滋养学校成长

　　管人管事不如管心！晋元附校的发展进步，主要是在"立己立人、共同成长"办学理念的引领下，持之以恒地贯彻"文化立校、质量兴校、特色强校"发展策略而取得的。这其中"文化立校"是引领学校变革之关键。

　　1. 文化滋养、仁爱和谐

　　一次投诉引发的思考：校长室接到家长投诉，说三年级年轻的杨老师在家长微信群公布几名没有交作业学生的名字，并且留言道："对于这些学习不认真的学生及不负责任的家长，我今天布置的作业只发电子版，你们家长自己去打印。"一条微信反映出这位老师不尊重学生及家长,出言武断,心胸狭隘,缺乏爱心。那年恰逢我校的师德教育主题为"言寡尤、行寡悔,恰当地说话和做事"。经过学校善意的批评教育,这位老师认识到了错误,纠正了言行。这个故事告诉我们,道德认知是道德行为的基础,世界观、人生观、价值观是人生导向的"总开关",是安身立命、构建和谐人际关系之本。"己欲立而立人",打造具有人文情怀、使命担当的教师队伍是承担立德树人、办老百姓满意学校的前提。

晋元附校"文化立校"的核心是以"厚德而和、行健而立"的学校精神来塑造全校师生的人格,进而推动学校的全面发展与进步。"厚德而和、行健而立",其内涵是"人格至善构建和谐,自强不息铸就卓越"。

多年来,学校以社会主义核心价值观为指导,大力弘扬中华优秀传统文化。学校组织编撰了学校精神读本《学校精神十谈》;每学年确定一个师德教育主题,如"恭宽信敏惠""上善若水"等;围绕师德教育主题积极开展读书活动,2014年校长被评为"上海市读书型校长",2016年学校入选上海市"书香校园"基地学校;每学期开设名人讲堂,许多知名学者和作家走进校园与老师学生面对面交流;学校编写了《九年一贯制学生人格培养》系列校本教材(共九册),此研究项目荣获2017年上海市德尚课题一等奖;每学年组织评选"我心目中的好老师"和"党员示范岗"等。

中华优秀传统文化蕴含着丰富的人生哲理,它能提升人的精神品质,使人格臻于完善。学校之所以将"恭宽信敏惠"确立为师德教育主题,乃因其为行"仁"之原则。躬行"恭则不侮",学校同事之间逐渐变得谦恭礼让、相互尊重。体认"宽则得众",学校更加大气包容,人心依归。如学校一位中层干部一贯工作认真仔细,而且勇挑重担,从不叫苦。有一天她神色紧张地走进我的办公室,告诉我说她把学校一份重要文件的某个内容弄错了。她不断地后悔和认错。当时我们几个校级领导都觉得她的过错给学校工作带来了极大的困难。经过讨论与研究,我们终于想出了圆满的解决方案。事后我们不但没有批评她,而且我真诚地对她说:"这事也怪我没有仔细地审阅文件,我也有责任。"她一听这话,对校领导更加心存感激。俗话讲:"会怪人的怪自己,不会怪人的怪别人。"做领导其实也是做人,对下属的爱护、体恤、宽恕更能激发他们工作的责任感和热情。有人说："如果有一个人对你说三声'谢谢！'那他就是你自己了。"看着她怀揣着一颗放下的心回家时，我也感到无比地欣慰。"不以一眚掩大德""宽则得众"，这是做人的一种格局！践行"敏则有功""惠则足以使人"，才能更充分地调动广大教师的积极性，发挥其聪明才智，助力实现自我价值。如我校学业质量始终位居区公办学校前列；2007年11月荣获"上海市校园文化建设'一校一品'特色学校"；学校舞蹈团每年都要赴央视演出；学校管乐队荣获全国金奖；学校是市艺术特色学校、全国中小学舞蹈教育传统校；科技、体育业绩也同样辉煌；学校艺术教研组被评为上海市"巾帼文明岗"，小学英语组被评为上海市"青年文明号集体"。正如学校一位老师在她的微信中所写："学校非常关注老师的专业成长和人格成长，老师们也用敬业甚至'拼命'的态度投身教学。最可贵的是，同事之间亲如家人。"

仁爱和谐的学校氛围有效地保障了学校各项工作的顺利开展。人是第一生产力，文化是通过改变人的内驱力来提升生产力水平的，事业成功往往源于精神力量的强大。

2. 为政先礼、规范有序

晋元附校在晋元高中体育场举行第十届田径运动会，三千余名师生从四个办学点汇聚到晋元高中，半天的运动会精彩激烈。为筹备这次运动会，作为校长，我仅在行政会上确定了举办时间，而其他所有的筹备工作都是由学校各职能部门分工协作完成的。用我校总务主任的一句话来评价："这次运动会做到了零误差。"

如何使学校的管理做到自主运作、规范有序？我认为"为政先礼"，学校管理必须严格界定责权利，使责任无可推卸、督权力规范运作、利益公平合理。在权力运作中，学校必须严格按照《学校章程》清晰界定权力与责任，职责内做到恪尽职守，职责外坚守"不在其位不谋其政"原则，部门间要通力协作、鼎力支持。

我校工作项目都是由分管负责人依据上级文件及校长室的要求拟定工作方案，方案经校长室审批后召开相关部门工作布置会，责任人负责工作的检查落实，以及工作量和绩效的考核，工作完成后进行评价并实施奖励。在行政团队中，我们要营造"背后不说闲话，人前不说狂话，遇事不说怨话"的风气。所以，一场看似简单轻松的运动会，其背后却是多年建构与积淀的机制和行政规矩在作保障，学校各相关部门为保障运动会的顺利进行都制订了详细的工作方案。校长也并不是甩手掌柜，整个上午我都端坐在主席台，在享受运动会带来快乐的同时，仔细审视着运动会组织工作的每一个环节，这样才能保证评价准确客观、改进有理有据。

为强化督政，学校成立了督导室，其职责是在校长室的领导下，依据学校管理制度和发展规划监督和指导学校的各项工作。首先，督导室建立月报制度，学校各部门必须按照学校工作计划每月填报主要工作项目和前月主要工作的落实情况，督导室将审查与评价建议反馈给各部门并报校长室，各部门依据反馈意见整改工作。月报制度显著地提升了学校规划、学校计划与部门工作的吻合度和工作成效。其次，督导室加强专项督导工作。在每一轮学校规划实施期间，督导室要对学校各条块工作进行专项督导，挖掘经验，查找问题，改进工作。

实践证明，层级明晰、职责分明、设计完备的管理体系不仅增强了学校广大干部和教师的主人翁意识，极大地提高了工作的自主性、前瞻性和责任感，而且使创造性和团队合力得到了提升。校长是学校管理机器的设计师和监察维修员，要悉心保障学校这部管理机器正常高效地运转。不仅如此，校长还要与时偕行，有针对性地负责好这部机器的升级换代，不断推进学校的发展与进步。"治大国若烹小鲜""悠乎其贵言"，这方显学校治理举重若轻的一份淡定与从容。

3. 率先垂范、以正治校

"政者，正也。子帅以正，孰敢不正！"校长是统领学校发展的灵魂，承担着塑造学校文化、指挥学校办学之重任。校长的一言一行在学校被关注程度高，所以必须谨言慎行，处理学校事务要畅达民意、秉持公义，尽可能做到公正合理、不偏不倚、恰到好处。只有这样，校长才能不断增强领导力与威信，赢得广大教职工的拥护与爱戴，使学校政通人和。我在晋元附校做了十余年校长，学校评先和绩效工资发放工作，从未有教师提出过异议。学校先后被评为区"职工最满意单位"和区教育系统"五好班子"。

晋元附校实施"文化立校"若干年来，我们始终从中国传统优秀文化中汲取智慧，为办好学校提供中国方案，提升文化自信与教育自信。

实践领悟分析

这篇文章深入探讨了"文化立校"在学校发展中的重要性,为现代学校管理和教育实践提供了宝贵的思考和借鉴。

其一,文章明确了文化在学校管理中的核心地位。通过引用中国传统文化中的智慧,文章阐述了"文化立校"的理念是如何滋养学校成长、推动学校全面发展的。这种理念强调以人文精神为导向,通过塑造师生的人格品质来提升学校的教育质量和整体办学水平。

其二,文章详细阐述了"文化立校"的实践路径。这包括以社会主义核心价值观为指导,弘扬中华优秀传统文化;通过制定明确的学校精神和办学理念来引领学校变革;通过具体的师德教育活动和校园文化建设来落实"文化立校"的理念。这些实践路径对于其他学校推进文化建设具有重要的借鉴意义。

其三,文章强调了校长在"文化立校"中的关键作用。校长作为学校的灵魂和引领者,其言行举止对于学校文化的形成和发展具有决定性影响。文章指出,校长应该以身作则、率先垂范,通过自身的言行来塑造和传播学校文化。同时,校长还需要具备高超的管理能力和领导智慧,推动学校各项工作的规范有序开展。

其四,文章提出了"为政先礼、规范有序"的管理理念。这一理念强调在学校管理中要注重礼仪和规矩,通过制定明确的管理制度和规范来保障学校各项工作的顺利开展。这种管理理念有助于提升学校的管理效率和整体办学水平,为学校的可持续发展奠定坚实基础。

综上所述,这篇文章对于理解和推动"文化立校"具有理论价值和实践探索意义。它为我们提供了深入思考学校文化建设的契机,帮助我们更好地认识和理解学校文化的内涵和功能;同时,它提供了可资借鉴的实践路径和管理理念,有助于更好地推进学校的文化建设和全面发展。

实践领悟之三

爱的教育——校长工作手记

肚子疼的小女孩

几年前的一天早晨,我像往常一样站在校门口迎接老师和同学进入校园。在熙熙攘攘的人流中,一位男子的呵斥声和一名小女孩的哭泣声引起了我的注意。只见那位男子拉扯着小女孩硬朝学校里拖，而小女孩则拼命地嚷着要回家。我走上前去询问那位男子，他答道："我女儿天天早晨说肚子疼，我带她去医院检查过，结果什么毛病都没有，她就是怕上学。"

　　了解情况后，我一边平息家长的怒气一边搀着小女孩的手。我告诉家长，学校在新学年开学时常会遇到个别孩子恐惧上学的情况，学校会照顾好这样的学生，请家长放心。劝走了家长，我搀着哭泣的小女孩走进校园，边说着话儿就走到了她的教室门口。这时小女孩哭得更厉害了，死活不肯进教室。为了稳定小女孩的情绪分散她的注意力，我搀着她在校园里散步。走着走着我发现一群小蚂蚁在地上搬运食物，我就让小女孩和我一起蹲下来看蚂蚁搬食物。蚂蚁搬食物真是很努力，不仅齐心协力而且动作麻利，只见食物在一群蚂蚁的簇拥下向它们的巢穴"漂移"过去。我让小女孩沿着蚂蚁运输大队形成的路线去寻找它们的家，她被小蚂蚁深深吸引"忘记"了肚子疼……

　　风儿吹干了小女孩脸上的泪痕，也带走了最初和我在一起的那一份胆怯，她显得不那么拘谨了。当我再次把她搀到教室门口的时候，她的情绪已稳定了许多。班主任桑老师告诉我这名女孩天天早晨都要哭。我叮嘱班主任多关心爱护她，再安排几位班里的同学做她的好朋友。当天我几次去观察这位小女孩，发现在下课的时候，总有几位小朋友快快乐乐地围绕在她的周围。我为有这样细心的班主任和这样乐于助人的可爱孩子们而感到欣慰！

　　一段时期的关注让小女孩认识了我，每当她在校园里看见我总要开开心心地跑到我面前叫一声"校长好！"渐渐地小女孩变得喜欢上学了，从此她再也没有闹过肚子疼。后来随着年龄的增长，这位学生当上了学校的领操员、升旗手、校舞蹈队的骨干、中队委员、校鼓号队的总指挥……

　　爱，有时候是一种呵护，它可以给学生撑起一片"美丽的天空"，而这种呵护能点亮学生的人生！

于老师终于笑了

　　一天学校家委会主任打电话给我说，有一位学生家长投诉学校的于老师，要求到校长室面谈。我答应了她。第二天在家委会主任的陪同下那位家长来了，从面色上看，家长怒气不小。寒暄落座后，家长开始陈述于老师的种种不是，引发她决意要来投诉于老师的直接事件是她女儿前一天在老师发下家庭作业本后发现没有自己的作业本，而老师没有努力尽义务帮助她女儿寻找。当天孩子放学回家后，家长打电话与老师理论，结果双方在电话里发生了争吵，家长说于老师始终强调学生的作业本没有了不关她的事。在承诺调查处理此事后，我送走了家长，随后找来于老师询问。于老师承认确有此事，她觉得学生的作业本没有了不关老师的事，而且在下班时间没有义务接待家长，同时她还控诉这名学生和自己非常对立。于老师一边叙述一边委屈痛苦地流下了泪水。以往学生和家长投诉于老师的事件也发生过几次，从学生满意度调查问卷统计的情况来看，于老师得分也偏低。于老师平时性格比较内向，工作认真努力，经常下班后把学习比较落后的学生留下来辅导。只是她工作不太快乐，眉头时常比较纠结，课堂上常常听到她批评学生，学生也反映于老师批评多表扬少。

苏霍姆林斯基说："一个好教师意味着什么？首先意味着他热爱孩子，感到跟孩子交往是一种乐趣，相信每个孩子都能成为一个好人，善于跟他们做朋友，关心孩子的快乐和悲伤，了解孩子的心灵，时刻都不忘记自己也曾是个孩子。"马卡连柯说："如果有人问我，我怎样以简单的公式概括我的教育经验时，我就回答说，要尽量多地要求一个人，还要尽可能地尊重一个人。"仁者爱人，圣人常无心，以百姓之心为心。一个成熟的人往往能从他人的角度思考问题。于老师的问题就在于她做人不够成熟，而且没有从心底生发出对学生的一种爱！

在于老师情绪稳定后，我坦诚地和她沟通，建议她多读一些人文类书籍，并告诉她："要别人喜欢你的秘诀是——你主动去喜欢别人！你要做太阳，要能给别人带来温暖。"我希望她每天带着微笑走进校园走进教室。为了让她绽放笑脸，我说我每次看到你就会微笑。

接下来的每天早晨，我在校门口只要看见她就朝她微笑，她从起初的僵硬慢慢变得放松。有一天我开车在新村路口等红灯，正好看见她过马路，我落下车窗主动乐呵呵地和她打招呼，她先是一愣，然后开心地笑了。至此我意识到于老师真正感受到了校长对她的善意，以及这种善意给她带来的快乐，因为从此以后她每天进校门脸上都洋溢着微笑，许多老师都说于老师变了，她比以前开朗快乐多了。在校园巡视的时候，我惊喜地发现她上课时脸上也带着亲切的微笑！

一位老师在一生的教学生涯中会面对许多学生，她的人文素养、她的心态会影响到学生的成长，拯救并成就一位教师的同时不也就是在造福学生吗！

大家一起做游戏

学业负担、安全考量、高楼不便等因素造成学生课间室外活动愈来愈少。二年级的年级组长方老师独辟蹊径，只要天气许可，每天中午吃完饭就带领全班的孩子们到操场做游戏。孩子们在做游戏时挥洒童真，充满了快乐。被孩子们的欢快所感染，我也时常参与到他们的游戏之中，老鹰捉小鸡、扔沙包、跳绳、丢手绢……游戏时孩子们和老师亲密无间，大家浸染其中，共同享受着纯真的快乐。正所谓"千江有水千江月，万里无云万里天"，游戏让我们体会到人自性的淳朴与快乐。"近者悦，远者来。"二（5）班学生游戏的欢乐感染了其他班级的学生和老师，在学校政教处的统一部署下，全校小学生都参加到做游戏的活动中来，学校给这项活动起了一个很贴切的名字，叫"大家一起做游戏"。

教育是为了促进学生的发展，增进人生的幸福，但社会功利价值已使教育发生某种程度的异化，演变成"育分"的机器，作为教育工作者，我们应该本着良知从自己做起去"救救孩子"，多给他们创设促进身心全面健康发展的机会。

《上海市中长期教育改革和发展规划纲要》把"为了每一个学生的终身发展"作为核心理念，《普陀区中长期教育改革和发展规划纲要》初步拟定把"提升每一位学生的学习生活品质"作为核心理念。这些核心理念关注每一位学生的全面而有个性化的发展，关注每一位学生的终身可持续发展和当下的学习生活品质。晋元高级中学附属学校秉持"厚德而和、行健而立"的学校精神，大力倡导以高尚的道德构建和谐，以劲健的作风干成事业。依据国家素质教育的要求，学校制订的培养目标是努力培养具有品行端正、学业精进、自主能干、健康活泼品质的少年儿童。学校制订的发展策略是"文化立校、科研兴校"。文化立校的核心是用"厚德而和、行健而立"学校精神来塑造全校师生的人格，进而推动学校的全面进步与发展；科研兴校的核心是善于发现学校发展过程中的问题，然后运用科研的手段解决问题，实现学校的自主发展与进步。现在晋元高级中学附属学校在保障基础型课程实施质量的同时，不断优化拓展型和探究型课程结构并夯实这两类课程的实施质量，羽毛球、武术、田径、艺术、科技、劳技等项目在世界、全国、上海市及普陀区的各级比赛中获奖。学校为学生的全面和个性化的发展提供了广阔的平台。

2013年学校工作计划中，我们把师德建设的主题确定为"让'爱'满校园"，要求全体教职员工爱学生、爱同事、爱工作、爱社会、爱国家……用我们的爱使别人生活得更加美好。作为校长，使命感驱使我去关注学校中全体学生和老师的学习、工作的幸福程度。三个事例让我感悟到——师爱能点亮学生的人生，对老师的爱能唤起工作热情和人性光辉，提升每一位学生的学习生活品质能造福学生的终身发展。

实践领悟分析

学校，作为培育未来社会栋梁的摇篮，其管理理念和文化氛围对于师生的成长至关重要。本文从校长的视角出发，通过三个生动的事例，展现了立人教育的精神文化塑造在学校实践中的深远影响。这不仅是对教育理论的践行，更是对教育本质的深度思考。

其一，本文体现了立人教育中的"以人为本"理念。无论是肚子疼的小女孩、心态转变的于老师，还是全校参与的游戏活动，都围绕着人的需求、情感和发展进行。这种关怀不仅限于学业成绩，更关注学生的身心健康、教师的职业幸福和学校的整体氛围。这种全方位的关注，正是立人教育所倡导的，它强调在教育中尊重每一个人的独特性，促进每一个人的全面发展。

其二，本文展现了学校文化建设在塑造学校精神中的作用。通过"厚德而和、行健而立"的学校精神，学校塑造了积极向上、和谐共进的文化氛围。这种文化不仅影响着师生的行为方式，更深入到他们的价值观念中。例如，于老师在感受到校长的善意和学校的文化氛围后，自身的心态和行为都发生了积极的变化，这就是文化管理的力量。

其三，本文强调了爱与责任在教育中的重要性。爱是教育的基石，是连接师生情感的纽带。在文章中，无论是校长对学生的呵护、对教师的关心，还是教师对学生的教育、对工作的热爱，都体现了爱与责任。这种爱与责任不仅点亮了学生的人生之路，也唤起了教师的工作热情和人性光辉。

其四，文章通过具体实践展示了立人教育精神文化塑造的成果。学校为学生提供了全面发展的平台，让他们在学业、艺术、体育等各个领域都能展现自己的才华。同时，学校也注重教师的职业发展，为他们提供了良好的工作环境和成长机会。这些实践成果证明了立人教育精神文化塑造的有效性和先进性。

综上所述，这篇文章从学校立人教育精神文化塑造的理论角度出发，展现了立人教育的精神文化塑造的力量、爱与责任的重要性以及实践成果的价值。

二、学校管理文化建设

学校管理文化建设是学校健康、稳定、和谐发展的重要保障。晋元附校秉持立人教育思想，在管理文化建设方面进行了积极的探索和实践，取得了显著的成效。

学校规模较小阶段是"校长带着大家干"。初创阶段，学校的管理主要依赖于校长的个人魅力和领导力。校长作为学校的核心人物，不仅负责学校的整体规划和发展方向，还深入到教学一线，与教师共同研讨教学方法，关心学生的成长进步。在这一阶段，校长的身先士卒、率先垂范为学校的发展注入了强大的动力。然而，这种管理方式也存在一定的局限性。校长的个人精力有限，难以兼顾学校的各个方面，导致学校在某些方面的发展受到限制；同时，由于缺乏完善的管理制度和操作流程，学校在处理一些具体事务时往往缺乏规范性和效率。为了解决这些问题，校长开始意识到制度管理的重要性，并着手进行初步的制度建设。

随着规模的逐渐扩大，学校建立起完善的管理制度和操作流程。首先，学校明确了各个部门的职责和权限，确保各项工作有人负责、有章可循。依据发展规划，学校每五年修订一次各部门的职责和权限。其次，学校规划了详细的工作计划和实施方案，确保各项工作有序推进。同时，学校还设立了督导室，负责对各项工作进行监督、评价和指导。在这一阶段，学校的管理逐渐从依赖校长个人转向依赖制度和流程。通过建立完善的管理制度和操作流程，学校实现了"规划—计划—监督—评价—整改"的管理闭环。这不仅提高了学校的管理效率，也增强了学校的稳定性和可持续性。此外，学校还注重发挥教师在制度建设中的主体作用，鼓励教师积极参与学校的民主管理，为学校的发展献计献策。这不仅增强了教师的责任感和归属感，也提高了学校决策的科学性和民主性。

在发展壮大为一体化集团阶段，学校创新推行"条块结合"的管理模式。所谓"条块结合"，即将学校的管理工作划分为纵向的条线和横向的块面相结合的管理模式。纵向的条线管理主要是指学校的职能部门按照各自的职责和分工对学校进行专业化的管理，横向的块面管理则是指将学校划分为若干个管理单元或团队进行综合性的管理。在纵向的条线管理方面，学校设立了教务处、政教处、总务处等职能部门，负责全校的教学管理、学生管理和后勤保障工作。这些部门在校长的领导下开展工作，制定相关政策，安排计划，对学校的各项工作进行指导和协调，同时各职能部门之间也保持着密切的联系和合作，共同推动学校的整体发展。

在横向的块面管理方面，学校的各个校区都有相应的负责人和管理团队，负责本校区的日常管理工作。这种管理方式增强了各个校区的自主性和责任感，激发了校区间的竞争意识和创新精神。同时，各校区之间也保持着密切的联系和合作，共同推动学校的整体发展。此外，学校还注重打造一支"忠诚、敬业、团结、协作"的干部团队。这些干部在学校的管理工作中发挥着重要的角色，他们既是学校政策的执行者，也是教师和学生的服务者，更是学校文化的传承者和创新者。

通过"条块结合"的管理模式以及干部团队的建设，晋元附校实现了三校四校区管理的和谐有序、精简高效。这种管理模式不仅提高了学校的管理效率，也促进了学校的内涵发展和品质提升，为学校的长远发展奠定了坚实的基础。

为了提升干部团队的管理效能，学校加强了对干部的培训和教育：通过定期组织培训班、研讨会等活动，提高干部的业务水平和管理能力；同时鼓励干部积极参与学校的民主决策过程，增强其责任感和使命感；此外还建立了完善的激励机制，激发干部的工作热情和创新精神。这些措施的实施使得晋元附校的干部队伍更加精干高效，为学校的持续发展提供了有力的人才保障。

晋元附校在加强制度管理的同时不断提升人文管理和民主管理的水平。学校注重营造充满人文关怀的校园环境，通过各种形式的活动，如教师节庆祝活动、教师座谈会等，增进教师之间的交流与沟通，让教师感受到学校的关怀和温暖。同时，学校还通过设置文化墙、悬挂丰富的校园生活照片等方式，营造积极向上、充满人文气息的校园文化氛围。

身心健康是教师工作的基石，也是教师人文管理的重要内容。学校非常重视教师的身心健康，不仅定期为教师安排体检和健康讲座，还积极组织各种形式的文体活动，如教师运动会、文艺比赛等，让教师在紧张的工作之余得到放松和锻炼。此外，学校还建立了教师心理咨询室，为教师提供心理咨询和辅导，帮助教师缓解工作压力，保持健康的心态。

教师的成长是学校发展的重要保障。学校为教师搭建了各种成长的平台，如校本研修、外出培训、学术交流等。学校鼓励教师参加各种形式的学习和培训，提高他们的专业素养和教育教学能力。同时，学校还注重教师的科研能力培养，为他们提供必要的科研资源和资金支持，鼓励教师开展课题研究，撰写学术论文，提高他们的学术水平。

学校激发教师的参与意识和创造力，建立了健全的民主决策机制，确保教师在学校决策过程中的参与权和话语权。学校定期召开教代会及各类座谈会等，就学校的重大决策、发展规划等事项进行广泛讨论和征求意见。这种民主决策机制不仅提高了决策的科学性和合理性，还增强了教师的归属感和责任感，激发了他们的工作热情。为学校的持续发展提供了有力保障。

学校还非常注重营造开放包容的民主管理文化，鼓励教师发表不同意见、提出创新思路。学校尊重教师的个性差异和多元价值观，为他们提供了自由发挥的空间和平台。这种文化氛围不仅激发了教师的创造力和创新精神，还促进了学校的多元化发展和特色形成。人文管理和民主管理在晋元附校的教师管理中相互融合、相互促进，提升了教师的幸福感和归属感。

立人教育思想引领下的晋元附校在文化管理方面进行了积极的探索和实践，取得了显著的成效。从初创阶段的校长带领到规模扩大后的制度建设再到一体化集团阶段的创新管理，以及高效团队的打造，学校始终坚持以人为本、立德树人的根本任务，不断完善和优化学校的管理文化及工作流程，为推动学校的全面发展和进步奠定了坚实的基础。

在此，我选取了两篇我撰写的在学校管理方面的实践案例及价值思考。《我的治校之道——居敬而行简》阐述了作为校长必须对人民的教育事业充满崇高严肃之心，在学校工作中厚积薄发，以智慧、高效和简约的方式治理学校，办出高品质的教育。约翰·C.马克斯韦尔说过："在不同的个体和团体中，知识技术水平基本一致，工作业绩则由领导力决定。"《领导力与执行力》一文阐述了领导力与执行力对学校高效运作的重要性，以及领导力和执行力实操的艺术性。

实践经验之一

我的治校之道——居敬而行简

"治大国若烹小鲜！"治校又何尝不是！

成大事必须符合道义合法性！军队打仗必须师出有名，任何政党执政都必须为人民谋福祉才能巩固执政基础。这就叫"得道多助失道寡助"。做事需先"正名"，名正方可言顺，言顺才能事成。为官一任造福一方，"圣人常无心，以百姓心为心"，作为领导必须树立起"全心全意为人民服务"的思想才能具有道义合法性。晋元附校的办学宗旨是真心实意地促进学生的终身发展，办老百姓向往的优质学校。这是学校一切工作的出发点和归宿。在这一办学宗旨的旗帜下，学校领导才能统领全校广大教职员工克服重重困难，推动学校各项事业的进步与发展。

苏霍姆林斯基指出："对学校领导，首先是教育思想的领导，其次才是行政上的领导。"想达到"民忘于治，若鱼忘于水"的境界，文化价值认同是根本。正所谓"道之以政、齐之以刑，民免而无耻；道之以德、齐之以礼，有耻且格"。在晋元附校若遇到人际纠纷，老师经常会问："你这样做'德厚'吗？"如果工作没有做好，老师又会问："你'行健'了吗？"这就是文化的力量！我认为学校文化也是生产力，它是通过改变人的内驱力来提升生产力水平的，学校文化是一所学校核心竞争力的彰显。校长的内功之一就是必须善于"烹调"学校文化。

在晋元附校的校门口，每天清晨都会看见学校主要领导的身影。他们亲切地和老师、同学们问好，热情地接待家长的咨询和投诉。"政者，正也。子帅以正，孰敢不正？"行不言之教的道德感召力更强，"烹饪"的方式更有效。

学校在讨论《岗位设置实施方案》的过程中，有的教师提出应该以任职年限为主要依据，而有的教师提出应该以任职以来的绩效为主要依据。在综合各种意见的基础上，学校依据"资历为先、业绩为重"的原则制定

《岗位设置实施方案》。这一方案经教代会表决通过后实施非常顺利,在学校没有引发任何矛盾。广纳群言,"隐恶而扬善,执其两端,用其中于民",善于走群众路线,才能把事情做到恰到好处。

有一天,教导主任和教务员因工作发生争执,教导主任一气之下流着眼泪对我说:"她有什么了不起,她的工作我都会做,大不了我做就是了。"安抚好教导主任的情绪后,我对她说:"你是很能干,不仅能做主任,还能胜任教学,还能干教务员的工作,还能做班主任,还能……但你能一个人把学校的所有工作都做了吗?"接着我话锋一转启发她说:"做领导要善于整合人力资源去实现工作目标!这叫做团结一切可以团结的力量,统战工作是中国共产党取得革命胜利的重要法宝啊!"教导主任是个聪明人。现在每每看见她和教务员欢快地忙碌在一起,并且带出士气高昂的初三团队时,我感到由衷的欣慰。领导的艺术在于"调教",只有针对"小鲜"的特性进行"烹调"才能享受到好味道。领导力就是影响力,领导者成就的大小,最终取决于他整合人力资源能力的大小。

学校办公室主任胆子较小,做事谨慎;教导主任则天不怕地不怕,再大的困难压不垮,但脾气有些急躁。有一次我对她们说:"毛主席曾当着赫鲁晓夫的面评价周恩来和邓小平两人,他说总理是举轻若重,而小平是举重若轻。但两人都是国家的经世之才。"办公室主任在学校总能把校长室布置的工作缜密细致地落实到位,而教导主任则带领初三年级屡战屡胜。"用人之长,天下无不用之人,用人之短,天下无可用之人。"用人之长必容人之短。校长要尊贤才,知人善任。这才是"惠则足以使人"的真谛。

一天秦老师在公开课上教学生认识钟面,当她在教学结束后进行教学后测时惊异地发现,学生后测的正确率反而低于前测。怎么教了还不如不教呢?在深入研究了教学录像后才知道,教学中她对学生的认知起点没有把握准确,而且顺时针的概念讲解不够严密。秦老师针对问题改进了教学设计,在其他班的认识钟面教学取得了圆满成功。为此,我写了一篇文章《钟面的困惑》发表在《上海教育科研》杂志上,秦老师也写了一篇文章《钟面的解惑》。看到老师通过研究使专业化水平得到提升,我感到由衷的欣慰。回顾这件事,我体会到校长必须深入学校主要工作的实践研究才能有效地解决问题,从而推动工作的进展,这就叫"敏则有功"。

余世维说："好的管理者就是要组织离了你照样转!"2011年3月下半个月，学校在进行岗位设置的同时要接受四项检查：区文明单位检查、发展性督导检查、党建督导检查和预算管理情况专项调查。如此密集的大量工作没有有效的分工协作是难以完成的。在校长室和党支部的统筹安排下，学校设立了项目负责人，分别负责不同的检查项目。校长室党支部负责检查目标制定、实施方案审核、阶段工作检查和总结反思，项目工作组负责制定实施方案和具体落实工作。通过充分授权、自主运作，学校顺利通过四项检查。在这一过程中，项目负责人的工作水平和领导能力得到了有效提升。能把追随者培养成领导者才是一个成功的领导者。

晋元附校曾是一所薄弱学校，但自晋元高中承办以来学校的教育教学质量有了明显的进步。这种变化首先归功于区教育局的"圈、链、点"发展战略和晋元高中的辐射引领，其次是学校几任领导带领全校广大教职员工励精图治，战胜各种困难。随着学校的不断发展，学校领导的威信也得到了提升。领导的威信与其正确决策和工作成就成正比。这就像口袋里的零花钱，错误的决策和工作失误会减少口袋里的零花钱。威信的积累是"文火慢炖"的过程，急不来。

"烹小鲜"是一种悠然惬意的境界。深谙"小鲜"之特质并有高超的烹调技艺才能"烹"出美味。"居敬而行简"就是要求校长对人民的教育事业充满崇高严肃之心，在学校工作中厚积薄发，以智慧、高效和简约的方式行事。校长必须牢固树立全心全意为学生终身发展服务的宗旨意识，这是学校所有工作的"原点"。由"原点"演绎而成的共同价值观才有道义基础，才能凝聚人心，才能调动一切积极因素。同时校长必须不断地加强学习，洞明世事练达人情，使自己具备良好的个人品质与能力。这样才能做好学校的各项工作，使自身的威信和影响力不断倍增，从而更好地推动事业的发展和进步，办好老百姓满意的学校。

实践领悟分析

学校管理是现代教育的基石，它涉及学校的组织结构、决策机制、资源配置以及师生关系等多个方面。这篇文章详细阐述了治校理念和具体实践，展现了对学校管理的深入理解和实践智慧。从学校管理的理论角度分析，这篇文章具有以下价值。

一是强调道义合法性与学校管理的内在联系。文章开篇即提出"成大事必须符合道义合法性",这一观点在学校管理中同样适用。学校的各项制度、政策和管理行为,必须建立在广泛认可的道义基础之上,才能确保其合法性和有效性。作者通过强调这一点,为学校管理提供了坚实的哲学基础。

二是突出学校文化在管理中的核心作用。学校文化是学校管理的灵魂。文章中提到的"学校文化也是生产力",强调了学校文化在提升学校核心竞争力中的重要作用。培育积极向上的学校文化,可以形成共同的价值观念和行为准则,从而规范师生的行为,提高学校的管理效率和教育质量。

三是展现领导艺术与管理智慧。文章通过多个具体案例,展现了在处理学校事务中的领导艺术和管理智慧。无论是处理人际纠纷、制定岗位设置方案,还是解决教学问题、应对多项检查,作者都能以高超的管理技巧解决问题,推动学校的发展。

四是强调以人为本的管理理念。文中多次提到"全心全意为学生终身发展服务"的宗旨意识,体现了以人为本的管理理念。在管理中,学校必须始终把师生的利益放在首位,关注他们的成长和发展需求。只有这样,学校才能制定出符合教育规律和学生特点的管理制度,为师生的全面发展提供有力保障。

五是倡导简约高效的管理方式。"居敬而行简"是对校长角色的期许,也是对学校管理方式的倡导。简约高效的管理方式能够减少不必要的烦琐程序和内耗,提高管理效率和教育质量。

六是重视个人品质与能力提升。文章最后强调校长必须不断加强学习,提升自己的个人品质与能力。这是做好学校各项工作的基础,也是推动事业发展和进步的关键,展现了作为一位校长应有的责任感和使命感。

综上所述,《我的治校之道——居敬而行简》从学校管理的理论角度出发,具有多方面的价值,它不仅为我们提供了对学校管理的深入理解和实践智慧,还为我们指明了提升学校管理水平和教育质量的方向。

实践领悟之二

领导力与执行力

我校音乐教研组长是一位年轻的女教师。一天她接到区教育局下发的通知，通知要求各个学校积极组织学生参加区中小学生舞蹈比赛。我校共四个音乐教师，本学期负责舞蹈拓展课的教师是学校的科研室副主任。教研组长带着通知去征询科研室副主任的意见。结果科研室的副主任说舞蹈班既没有舞蹈基础较好的学生，自己也没有时间来排练舞蹈，所以无法参加区里的舞蹈比赛。教研组长把此事告知我，问我怎么办？我问她："你能否自己把这项工作安排好？"她说："她工作年限比我长，职务比我高，我不可能强迫她参加这次比赛，校长您能不能去要求她参加区里的舞蹈比赛？"最后我对她说："我来处理这一问题吧！"

第二天早晨，我问科研室副主任不能参加舞蹈比赛的原因，她说了同样的原因。面对这样的情况，如何能让她克服困难去带领学生参加比赛呢？

在当天上午的行政会上，我给中层干部观看余世维的《赢在执行》的第四部分。在此讲座中余世维说了一个小故事："没有任何借口"是美国西点军校200年来最重要的行为准则。西点军校的学生常常用四句话回答长官。第一句是"是的，长官"，第二句是"不是，长官"，第三句话是"我不知道，长官"，第四句话最精彩，是"没有任何借口"。余世维的父亲是新一军的参谋长，他的长官就是孙立人。孙立人在美国西点军校读书时，晚上学长将手套脱给他要他洗，而且早上要穿，意思必须是干的。孙立人只回答了一句"是的，长官"，立刻用最快的速度将手套洗好。那时还没有烘干机，晚上也没有太阳，也不敢拿到火上烤，只有一个方法，那就是先将手套放在干毛巾里面一直拧，这样只能有四分干，然后一直甩，甩到凌晨四点就干了，最后再放在毯子下一直压，总算折平了。起床号响了，学长过来没有任何动作，孙立人只说了一句"是的，长官"，学长穿着手套走了。西点军校有一句名言："合理的要求是训练，不合理的要求是磨炼。"所以西点军校磨炼出来的军官全美国都要。

在行政会议上，刚开始播放余世维的《赢在执行》时，有的中层干部并没有聚精会神地观看，但不一会儿他们就被余世维精彩的讲座所吸引，到最后大家都被他滔滔不绝的宏论所折服。观看结束后，我开始布置学校工作。当布置到区中小学舞蹈比赛时，我直接把这项工作安排给了科研室的副主任，科研室的副主任在会上笑着说："我一定把手套甩干。"接着我要求她在行政会上具体说明这项工作如何去操作以及完成的时间节点。在她说明结束后我对她说，在你完成训练的那一天，我们所有的学校干部一起来看彩排。

两周后，科研室副主任向我汇报说，舞蹈已经排练完毕，于是我带领全体学校干部去观看学生的彩排，结果一群学生的舞蹈十分精彩！

通过这个案例，我们可以在领导力和执行力方面得出以下几个结论。

1. 领导力是保证执行力的前提

所谓领导力是指为一种影响人的过程。当你想去影响他人的想法和行动，从而实现你个人或职业目标的时候，你就是在实施领导力。领导就是影响别人来跟随！从上述案例中可以发现，年轻的教研组长缺乏对科研室的副主任的领导力，所以在她向科研室副主任布置工作时就很难处于主动地位，也很难完成工作。培养领导力必须关注七个方面：①品格——他的本质；关系——他结交些什么人；知识——他懂得多少；直觉——他感受到什么；经验——他曾经走过什么路；以往的成就——他曾经达成什么目标；能力——他能够做什么。依据上述条件，我要求学校的教研组长必须拥有出色的教学能力、深厚的教科研能力、高超的组织领导能力和高尚的人格魅力。只有这样，教研组长才能彰显出领导力。

2. 执行力必须有具体的执行计划作保证

为什么很多看似雄心勃勃的计划，往往一败涂地，看似很好的决策却一而再，再而三地付之东流？一个很重要的原因就是没有把计划转化成具体可执行的步骤。所以在科研室副主任接受任务后，我要求她说明舞蹈排练工作的具体安排和时间节点，这样她就可以明确什么时间去做什么工作，执行就此开始！

3. 监督、回报须伴随执行的全过程

余世维在《赢在执行》一书中写道：在下属完成任务的整个过程中，管理者应督促下属养成自动"回报"的习惯。通过下属与上级的沟通，上级可以及时全面地了解任务的完成情况，当下属工作出现问题时，上级可以指导下属不断地进行修正。在科研室副主任排练舞蹈的两个星期里，我要她经常向我"回报"进展的情况，经常给予她激励，使她一步一步将计划变成行为，进而实现工作目标。在她完成排练后，我带领学校领导去观看学生彩排时，她表现出的那份自信、从容和成就感使我十分欣慰。因为我感受到了一个人在超越自我后的成功和快乐！

段力佩的老朋友、我国著名的教育家叶圣陶先生说得很透彻："段校长谈到一个问题，总要说明这个问题是如何发现的，是什么现象引起了他的注意和思考；解决的途径是怎么样找到的，是根据哪些教育原理。他这样做，对人家就有切实的益处，或者采取应用，或者参考比较，都能脚踏实地。"我们只有不断加强学习，努力提高领导力和执行力，在工作实际中善于发现问题，然后创造性地解决问题，才能把我们的工作做得更加出色。

实践领悟分析

学校作为一个复杂的组织系统，其高效运作离不开出色的领导力和执行力。本文通过一个生动的案例，展现了领导力与执行力在学校管理工作中的重要作用，并从学校制度管理的角度为我们提供了深刻的启示。

首先，文章强调了领导力是保证执行力的前提。在学校制度管理中，领导力表现为一种影响力，是引导和激励团队成员共同实现目标的能力。案例中，我通过自身的领导力和智慧，成功引导科研室副主任克服困难，带领团队完成了舞蹈比赛的任务。这充分说明了领导力在推动学校工作中的关键作用。

然后，文章指出执行力必须有具体的执行计划作保证。只有将宏大的计划和目标细化为具体可执行的步骤和时间节点，才能确保工作的有效推进。案例中，我要求科研室副主任说明舞蹈排练工作的具体安排和时间节点，从而确保了任务的顺利执行。这体现了学校制度管理中对计划性和可操作性的重视。

最后，本文强调了监督、回报须伴随执行的全过程。在学校制度管理中，监督和回报机制是确保执行力的重要手段。通过及时的监督和回报，管理者可以全面了解任务的进展情况，及时发现并解决问题，从而确保工作的顺利进行。案例中，我要求科研室副主任经常回报进展情况，并给予激励和指导，从而确保了舞蹈比赛的圆满成功。

综上所述，这篇文章从学校制度管理的角度出发，深刻揭示了领导力和执行力在学校管理工作中的重要作用。它提醒我们，作为学校管理者，必须不断提升自身的领导力和执行力，善于发现问题并创造性地解决问题，这样才能推动学校工作的顺利开展。

三、学校环境文化的创设

学校作为培育人才的摇篮，其环境文化的创设对于学生的成长与发展具有深远的影响。在立人教育思想的引领下，学校不仅注重课堂教学质量，更将教育理念渗透于校园文化的方方面面，为学生营造了一个充满活力、和谐共融的学习环境。以下将从五个方面详细阐述学校在环境文化建设方面的实践与成果。

1. 立人教育思想引领校园环境文化建设

学校以立人教育为核心思想，致力于培养具有健全人格、全面发展的人才。在校园环境文化建设中，始终将这一理念作为行动的指南。通过精心规划与设计，努力将校园打造成一个既能满足学生学习需求，又能促进学生身心健康发展的空间。

在校园布局上，注重功能性与审美性的结合。教学楼、实验楼、艺术楼、体育场馆等设施齐备，且相互之间布局合理，为学生提供了便捷的学习与生活条件。同时，校园内绿树成荫，花草繁茂，生态环境优美，让学生在紧张的学习之余能够感受到大自然的宁静与美好。

为了激发学生的爱国情怀和责任意识，在校园内设置了谢晋元将军浮雕墙。这面浮雕墙不仅美化了校园环境，更成了学校爱国主义教育的重要载体。学校在新生入学时，都会组织他们参观浮雕墙，学习将军的英勇事迹，以引导他们树立正确的价值观和人生观。

此外，学校还积极打造生态园，让学生在亲近自然的过程中提高环保意识和审美能力。生态园内种植了多种植物，建设了小型气象站和生物观察区，为学生提供了丰富的自然科学实践机会。

2. 艺术特色在校园环境文化中的体现

作为市舞蹈、合唱、交响乐、戏剧、民乐联盟学校，晋元附校在艺术教育方面有着深厚的底蕴。为了充分展示学生的艺术才华和创造力，学校在校园环境文化建设中注重融入艺术元素。

校园内设有多个艺术宣传栏，定期展示学生的美术、摄影、衍纸、版画等作品。这些作品反映了学生的艺术素养和审美情趣，作品展示激发了学生对艺术的热爱和追求。此外，我们还经常组织各类艺术表演和比赛，为学生提供展示自我才华的舞台。

在音乐教育方面，我们拥有专业的音乐教室和排练厅，并配备了先进的音响设备。这些设施为学生提供了良好的音乐学习环境，也促进了学校音乐教育的蓬勃发展。

3．科技特色在校园环境文化中的体现

学校注重培养学生的科技兴趣和创新精神。在校园环境文化建设中，我们充分利用科技手段，营造富有科技特色的校园文化氛围。

学校设有科技活动室和创新实验室，配备了各种先进的科学实验器材和创新工具。这些设施为学生提供了广阔的科技实践空间，激发了他们探索未知世界的热情。此外，学校还经常组织科技节、创新大赛等活动，鼓励学生积极参与科技创新实践，通过橱窗、照片等形式展示实践成果。

在信息科技方面，学校注重将信息技术与学科教学相融合。通过建设数字化校园、引入智能化教学设备等措施，为学生提供了更加丰富多样的学习资源和学习方式。这些举措不仅提高了学生的学习效率，也培养了他们的信息素养和创新能力。

4．体育特色在校园环境文化中的体现

作为市青少年羽毛球训练基地和全国足球特色学校，晋元附校在体育方面有着鲜明的特色。我们注重培养学生的体育精神和团队协作精神，组织各类体育活动和比赛，让学生在运动中快乐成长。

校园内设有多个运动场地和体育场馆，满足了学生各种体育运动的需求。每到课余时间或周末假期，足球场上、篮球场上总是热闹非凡，学生们在这里挥洒汗水，释放激情。这些体育活动不仅锻炼了学生的身体素质，也培养了他们的意志品质和团队协作精神。

此外，我们还积极开展体育文化交流活动，与国内外其他学校进行友好交流比赛。这些活动不仅丰富了学生的课余生活，也拓宽了他们的国际视野。

5. 温馨教室与走廊文化等体现立人教育思想

在晋元附校，立人教育理念不仅体现在宏观的教育教学上，更渗透在校园生活的每一个细节之中。我们注重打造温馨、舒适、有序的教室环境，让每一个学生都能感受到家的温暖。

每个班级都有自己的文化牌和绿植，这些个性化的元素不仅美化了教室环境，更增强了班级的凝聚力和向心力。走廊上挂着的名人名言和艺术作品，让学生在行走中也能感受到文化的熏陶和启迪。门厅钢琴角则为学生提供了一个展示才艺、放松身心的平台，每到课余时间或午间休息时，这里总是琴声悠扬、歌声缭绕。

此外，我们还注重培养学生的环保意识和节约习惯。通过垃圾分类、节能减排等措施的实施，我们引导学生从小事做起，为保护环境、建设美好家园贡献自己的力量。

综上所述，立人教育思想在晋元附校校园环境文化建设中得到了充分的体现和实践。通过物质环境的建设、特色文化的打造以及实践活动的开展等，我们努力为学生营造充满活力、和谐共融的学习环境，为他们的全面发展奠定坚实的基础。

第二节　质量兴校——提升教育品质

一、质量兴校的理论依据及重要性

立人教育作为一种教育理念，强调以人为本，注重培养学生的全面发展和个性特长。这与质量兴校的理念不谋而合，二者在提升教育品质方面有着共同的目标。

在质量兴校的战略中，将立人教育融入其中，可以进一步丰富质量兴校的内涵。首先，立人教育强调学生的全面发展，这与质量兴校中注重培养学生的综合素质相契合。加强学生的德育、智育、体育、美育、劳育等，可以培养学生的创新精神和实践能力，提升他们的综合素质。其次，立人教育注重学生的个性特长培养，这与质量兴校中关注学生的个性化发展相一致。教师的因材施教、个性化辅导等，可以激发学生的学习兴趣和潜力，培养他们的特长和优势。最后，立人教育可以为质量兴校提供有力支撑。立人教育强调以人为本的教育理念，可以引导学校更加关注学生的需求和发展，从而提供更加优质的教育服务。立人教育注重培养学生的创新精神和实践能力，可以推动学校开展教育创新实践，探索适合自身发展的教育模式和方法。

1. 质量兴校的理论依据

质量兴校的理论依据主要源自现代教育学、教育管理学和教育评价学等多个学科领域。

（1）教育质量观。教育质量观认为，教育质量是教育的生命线，是学校发展的核心竞争力。提升教育质量是教育工作的永恒主题，也是学校发展的根本任务。这种观念强调了教育质量在学校发展中的重要性，为质量兴校提供了理论支撑。

（2）教育目标分类学理论。教育目标分类学将教育目标分为认知、情感和动作技能三个领域，每个领域都有其独特的发展规律和评价标准。这种分类方法为全面评价教育质量提供了理论框架，有助于学校从多个维度提升教育质量。

（3）教育评价理论。教育评价理论是研究教育评价活动及其规律的科学，它为教育质量的评价提供了科学的方法和手段。通过教育评价，学校可以了解教育质量的现状和问题，有针对性地改进和提升教育质量。

（4）教育管理学。教育管理学是研究教育管理活动及其规律的科学，它为学校提升教育质量提供了管理学的理论和方法。通过加强教育管理，学校可以优化教育资源配置，提高教育效率，从而提升教育质量。

（5）教育创新理论。教育创新理论认为，教育是一个不断创新的过程。通过教育理念、教育模式、教育方法的创新，学校可以打破传统教育的束缚，提高教育效率和教育质量。这种理论鼓励学校进行教育创新实践，探索适合自身发展的教育模式和方法。

综上所述，质量兴校的理论依据涉及教育学、教育管理学、教育评价学等多个学科领域。这些理论为质量兴校提供了科学的方法论指导和理论支撑，有助于学校实现教育质量的全面提升。

2. 质量兴校的重要性

质量兴校的重要性主要体现在以下几个方面。

（1）提升学校竞争力。在激烈的教育竞争中，教育质量是学校的核心竞争力。只有不断提升教育质量，学校才能赢得社会的认可和信任，吸引更多的优质生源和教师资源，从而在竞争中立于不败之地。

（2）促进学生全面发展。质量兴校关注学生的全面发展，注重培养学生的创新精神和实践能力。通过提供优质的教育服务，学校可以满足学生的多样化需求，促进学生的全面发展，为社会培养出更多具有高素质的人才。

（3）推动教育改革与发展。质量兴校要求学校不断进行教育创新，探索新的教育模式和方法。这有助于推动教育的改革与发展，培养适应新时代需要的人才。同时，学校之间的经验交流和学习也有助于整个教育系统的进步。

（4）提高社会满意度。教育质量直接关系到社会的满意度。通过提升教育质量，学校可以赢得家长和社会的信任和支持，提高学校的声誉和形象。这有助于学校与社会的良好互动，为学校的发展创造更加有利的社会环境。

因此，质量兴校对于学校的发展具有至关重要的意义，它不仅关系到学校的生存和发展，也关系到学生的未来和社会的进步。

二、质量保障　筑牢根基

在立人教育的理念下，教学质量的保障体系不仅关乎学生的成长发展，更是学校实现教育使命、培养未来社会栋梁的基石。随着教育改革的不断深化，建立和完善教学质量保障体系的重要性日益凸显。它推动教学活动有序进行、教学资源合理分配、教学目标有效达成，从而为学生提供一个稳定、优质的学习环境。

教学质量保障体系是一个多维度、多层次的复杂系统，它涉及教学目标设定、课程资源配置、教学过程监控等多个方面。

教学目标设定。明确、具体的教学目标是保障教学质量的出发点。在立人教育理念下，教学目标应注重学生全面发展，包括知识掌握、能力培养以及情感态度价值观的形成。同时，目标应具有可测量性，便于后续评估与反馈。

课程资源配置。优质的课程资源是实现教学目标的重要保障。这包括教材内容的选择与更新、教学设备的配备与维护、学习环境的营造等。在立人教育思想下，课程资源配置应关注学生个性化需求，提供多样化的学习资源和活动平台。

教学过程监控。对教学过程的实时监控是确保教学质量的关键环节。这包括对教师教学行为的观察与指导、对学生学习状态的评估与反馈等。通过定期的教学检查、课堂观摩、学生评教等手段，学校可以及时发现并解决教学中存在的问题，确保教学过程的顺利进行。

此外，保障体系还应包括教学管理机制的完善、教学评价体系的建立等方面，以形成全方位、多角度的教学质量保障网络。

曾几何时，晋元附校在区内的教学质量并不突出，甚至可以说是较为薄弱。但自2007年起，以"构建共同愿景、优化专业行为、提高教学效能"为目标的教学质量保障体系的构建悄然展开，为学校的教学质量带来了翻天覆地的变化。

面对教学质量的问题，我们深知，单纯的成绩提升并不是根本，更重要的是教师教学理念的更新和教学能力的提升。因此，学校从激发教师的工作热情和专业素养入手，通过一系列的培训和激励措施，使教师们重新认识到教育的意义和价值，积极投身教学改革。

随着教学质量保障体系的逐步推进，我们欣喜地看到，学校的教学质量得到了显著提升。学生的学业成绩大幅提高，教师的教学能力也得到了明显的提升。更为重要的是，学校内部形成了积极向上的教学氛围，师生之间的关系更加和谐，教学相长的理念深入人心。

转变并没有止步于此，而是持续发酵，产生了广泛的影响。晋元附校的教学质量管理及教学业绩在区内逐渐传开，得到了教育行政部门及同行的高度认可和赞誉。我本人于2009年、2015年两次在区初中教学工作会议上，以及2018年在区小学教学工作会议上作经验介绍，与更多的教育工作者分享我们的成果和心得。

这些成绩的取得，离不开学校对教学质量的持续关注和深度改革，我们始终坚持以学生为本，以教师为魂，通过构建科学、完善的教学质量保障体系，不断提升学校的整体教学水平。事实证明，我们的努力是值得的，我们的成果是显著的。

实践经验之一

构建共同愿景 优化专业行为 提高教学效能
——晋元附校教学质量改进计划

1. 指导思想

教育教学质量是学校办学的生命线，本学年学校以市、区教育事业发展"十一五"规划纲要为指导，以"办人民满意的教育"为目标，全面研究分析了学校教学工作现状，将教学质量改进计划的制定作为本学年学校教学工作的主要突破点之一，进一步加强科学化、规范化的教学基础管理，努力建构教学质量保障体系，营造人人重质量、抓质量、比质量的工作氛围，促使学校教学质量全面提升。

2. 现状分析

我校是一所九年一贯制学校，在经历了创办初期的薄弱和规范发展阶段的合格之后，目前学校正处于"个性发展阶段"（特色学校的创建，2007年顺利通过了区素质教育实验校的评审）。近年来，为贯彻落实区教育局"减负增效""聚焦课堂"的战略部署，学校以"轻负担、高质量"为追求，围绕着如何让教师"能干"和"想干"，不断增强教学质量管理的领导力和执行力，努力建构教学质量保障体系；通过解决课堂教学中的实际问题，改进教学过程管理策略，有效地提高教学管理效能，教师专业化发展和教学质量也有了明显的提升。

近年来，我校初三中考成绩连续多年在公办学校中名列前茅，一至八年级各科总分在联考校中大多位居前列，但是各年级、各学科之间的全面发展不够均衡，个别年级、个别学科还比较薄弱；教师在课堂教学、科研能力等方面的专业素养发展不够均衡，教师的教学行为和课改理念之间存在着一定的距离，对新要求、新评价缺少相应的研究和实施对策，有些教师不善于学习、研究和积累，实施新课堂教学的能力还不强，因此我校教师在市区具有影响力的较少。

3. 改进目标及举措

一是激励教师想干。

改进目标：

教师是促进学校发展和引导学生成才的主要力量，是学校教学与管理最核心、最关键、最活跃、最根本的因素。因此我们高度重视教师的思想工作，全面贯彻"以人为本"的理念，在实施管理制度和目标考核的同时"要让教师满意"，坚持从教师内需出发，不断激励教师的工作激情，促其保持强烈的核心发展力，同时给教师以人文关怀，使教师在和谐的学校氛围中勤奋工作，维持良好的工作状态。

改进措施：

（1）让教师主动参与制定学校教学发展的目标、规程。注重发挥教代会的作用，让教师们反复酝酿、充分讨论，广泛听取意见，上下形成共识、形成合力，以此推动各项教学工作的有序开展。

（2）营造团队互助氛围。突显"合作、分享"的理念，积极营造真诚对话、相互沟通、彼此共享的教师团队文化，使每一个教师都能享受团队互助的乐趣，从而自觉地把自己的情感、问题、能力和信息向他人开放，与他人分享。

（3）充分关注各级教学质量分析会。以提高教学质量为核心，进一步健全完善质量监控的各项举措，严格管理，全面规范考试流程，并认真做好各级教学质量分析，及时总结、反思、提炼，明确有效的教学行为及其理论依据，以此改进和指导今后的教学实践，促进教师命题能力和教学水平的不断提高。

（4）健全教学评价机制，逐步完善绩效工资发放办法。在教师"德能勤绩"全面考核中，我们注重教学的动态考评，推行捆绑式质量认证方式，把教师个体考评与教研组整体建设结合起来，在教学流程管理等方面建立互动机制，体现"优劳优酬"，突出绩效的考评机制，充分激发教师教书育人的积极性和创造性。

二是引导教师能干。

改进目标：

教师作为一个生命体，与所有的人一样都期望得到他人的尊重与认可，只有将教师的潜能激发为效能，才能有效地提高教学质量。通过教学质量改进活动，尽力解决教师能干、会干的问题，不断加强校本教研，提升教师内涵，促使教师在教学实践中不断增强主体意识，更新教育观念，优化专业行为，提高教学效能。

改进措施：

（1）组织专题学习，明确"能干"标准，促进教师建立新的课程观、教学观，为推进课堂教学改进奠定良好的基础，提高对"教学改进计划"重要性的认识。让教师明确分析课堂教学的优势和不足，加强自我反思，进而不断调整教学方案和教学行为，提高教学的艺术性和实际效果，使自己的教学能力得到有效提高。

（2）开展同伴互助，促使教师人人参与互动。整合以课堂教学改进计划实施为中心内容的校本教研，与新教师的带教工作、骨干教师队伍建设工作；把"引领教师专业发展"聚焦在"教师课堂教学改进"上；把教师个体的教学改进与备课组、教研组的团队教研结合起来，实现教师群体的共同进步。具体做到以下四个促进。

促进教研组长四种能力：教学能力、科研能力、组织能力、人格魅力。

促进骨干教师四种知识结构：专业知识、认知知识、人文知识、默会知识。

促进青年教师四个勤：勤提问、勤笔记、勤反思、勤总结。

促进备课组四个互助：互助学习交流、互助听课评课、互助实践研讨、互助反思提高。

（3）规范教学常规管理，推进课堂教学改进行动。将课堂教学改进的实施与教学常规管理结合起来，关注教学每一环节，切实提高教学的有效性。①善于引领和管理学生，充分激发学生学习的内在动机和外在动机。②苦练内功，做到心中有书，准确把握教学内容，实施精练，提高效能，减轻负担；目中有生，加强组织教学并增强教学的针对性，实施有效互动。③教学语言条理清晰精练，富有感染力。④重视学生的习得过程和掌握环节，密切跟踪学生学习的状况，及时解决学生学习中存在的问题，对学生高度负责，不达目标绝不罢休，严禁无效罚抄。⑤加强对考试的研究，提高教学的针对性。⑥注意学法指导。学不存疑，业不容过，学而时习。

（4）以研促教，切实提高教学质量。扎实开展"问题—课题"的教学小课题研究，借助课题立项，务实教研教改活动。每个教研组在每学期开学初根据各自学科的特点，以及上学期存在问题，设立一个专题研讨课题，通过一系列研讨活动，推动教科研工作的稳步进行，从而真正提高教师教研水平。

(5) 多渠道促教师专业发展。组织开展"晋元杯"教学大奖赛、教学论文竞赛，定期举行"杏坛撷思"教学论坛等教学研究活动，引导教师将自己在课堂教学改进、小课题研究、自我反思等方面取得的经验体会撰写成文，由学校统一汇编成册，为教师提供启迪智慧、互相学习、分享经验、共同提高的学习平台，促进教师的专业成长。

三是增强领导力、执行力、战斗力。

改进目标：

教学质量管理的领导力、执行力、战斗力是校长与教师团队相互协调的合力，是校长领导教师团队创造性实施教学流程管理，全面提升教育质量的能力，我们以"教学质量改进行动"为抓手，把握教学本质，指引教学理念，建设共同研究的团队，并在实践中发现问题，研究问题，解决问题，不断实现教学质量和团队专业能力的提高和升华。

改进措施：

(1) 凝聚"质量第一"的文化认同。"文化立校、质量第一、科研兴校"是我校办学特色，在全面实施"教学质量改进行动"之前，必须让每一位教师真正理解其重要意义，并形成文化认同，以此推进教学研究与改革的深入开展，这是全面推进二期课改、促进教学质量持续提升的基本保证。

(2) 筑高教师自我要求的心理平台。教师是实施教学质量改进的主体之一，教师的教育观念与行为直接关系到教学的质量与水平，因此必须通过营造一流的校园环境、宣传学校的发展愿景等途径，促使教师在教学行为改进中不断完善自身，学会驾驭，在实践教育规律上有所为，在服务学生中有所行，在专业成熟上有所成。

(3) 建构保障教学过程质量标准的制度体系。以"课堂教学改进"为核心，实施备课、上课、作业、辅导、评价五个基本教学环节的全面改进，将之纳入学校教学常规管理考核，并制定相应的评价指标，分年级、分学科具体落实，由校级领导、中层干部、教师分三级进行管理、执行。

(4) 建立教学质量改进行动的监控和评价平台。改变以往只注重分数评价的状况，强调分类比较和自身纵向比较，通过教学质量曲线图，重点看发展变化，看进步幅度，在评价过程中特别关注班级的不同基础，关注学生的个体差异，为教师实施教学改进行动提供有效的帮助和指导。

实践经验分析

　　学校的教学质量改进计划是一个系统、全面且富有策略性的方案，旨在通过构建共同愿景、优化专业行为和提高教学效能来全面提升学校的教学质量。从理论角度来看，这个计划体现了多个重要的教育理念和管理思想。

　　一是全面质量管理理念。该计划体现了全面质量管理（TQM）的理念。全面质量管理理念强调学校应以学生和家长为中心、持续改进、团队合作和事实为基础的决策。在这个计划中，学生和家长的满意度是评价教学质量的重要指标。通过激励教师想干、引导教师能干和增强团队领导力、执行力、战斗力等举措，学校追求教学质量的持续改进。同时，团队合作也是计划实施的关键，体现在教师之间的同伴互助、团队教研等方面。

　　二是人本主义教育思想。计划中的人本主义教育思想十分明显。学校重视教师的内心需求和职业发展，通过让教师参与制定发展目标、营造团队互助氛围、关注各级教学质量分析会等方式，激发教师的工作激情和创造力。这种人本主义的管理方式有助于提升教师的归属感和责任感，进而促进教学质量的提升。

　　三是系统论视角。该计划还体现了系统论的思想。教学质量是一个复杂的系统，受到多种因素的影响。学校从多个方面入手，包括教师激励、校本教研、教学常规管理、以研促教等，形成了全方位、多层次的教学质量保障体系。这些举措相互关联、相互支持，共同作用于教学质量的提升。

　　四是目标导向与过程控制相结合。该计划明确提出了改进目标和具体的改进措施，体现了目标导向的管理理念。同时，学校还注重过程控制，通过规范教学常规管理、建立监控和评价平台等方式，确保计划的顺利实施和目标的达成。这种目标导向与过程控制相结合的管理方式有助于提高计划的执行力和实际效果。

　　五是教师专业发展与教学质量提升的良性循环。该计划强调了教师的专业发展对教学质量提升的重要性，通过提供多种培训和学习机会，促进教师在教学理念、教学方法和科研能力等方面的不断提升。教师的专业发展又反过来促进教学质量的提升，形成良性循环。这种理念符合现代教育对教师专业发展的要求。

综上所述，晋元附校的教学质量改进计划从理论角度体现了全面质量管理理念、人本主义教育思想、系统论视角、目标导向与过程控制相结合，以及教师专业发展与教学质量提升的良性循环等重要理念和管理思想。这些理念和思想的融入使得该计划更加科学、系统和可行，为学校的教学质量提升提供了有力的保障和支持。

实践经验之二

探寻提升教学质量的科学发展之路

晋元附校曾是薄弱学校，教学质量一直位居区内学校后列。改变这种落后状况，办好人民满意的教育是我们的当务之急。

"世界上最伟大的力量就是改变的力量！"学校的核心发展力源自于学校能战胜发展中所面临的各种困难，使学校的综合实力和竞争力得以持续地提升。学校如能化"危"为"机"，亦可使危机转变成学校发展的难得契机。"山阻石拦，大江毕竟东流去。雪打霜欺，梅花依旧向阳开。"经历一番心灵苦旅，我们决定排除万难以出色的中考成绩给学生和社会一个满意的交代，用我们的坚韧彰显晋元附校"厚德而和、行健而立"的学校精神，用我们的辉煌凸显晋元附校强大的核心竞争力。

要在不到半年的时间里使初三的教学质量有大幅度的提升谈何容易！走挑战生命极限的数量增长型之路必将是死路一条，敢问路在何方？！

启示：成功三原则——统一的意志和目标；多样化的技巧；有一位为得胜而献身、致力使队员发挥潜能的领导者。

一是打造士气旺盛的勤勉团队。中国文字之"团队"的含义是有"口""才"的领导和一群"耳"听的"人"组成的组织。只讲不听的组织是团伙，很冲动"火"的一群人。学校初三团队的建设包括教师、学生和学生家长三支团队。统一的意志、必胜的信念、顽强的毅力及和谐的合作是团队建设的目标。校长是学校团队建设的灵魂。

二是采取多样的教学方法与手段。要想在激烈的竞争中胜出就必须有一项乃至多项优势。在工作实践中我们经过精心思考和分析，总结出多项成功的经验。例如，上课要求教师做到"心中有书、目中有生"。教师在课堂上只有将主要精力关注在学生的"学"上才能够有效地施教。布鲁纳在《论教学的若干原则》等文章中提出了动机、结构、程序、强化等教学四原则。特别需要指出的是，他非常重视动机在教学中的作用。他主张不宜过分强调外来动机，而应努力使外来动机转化为内在动机。正所谓"知之者，不如好之者，好之者，不如乐之者"。教师"精于业"是学生"爱学"的基础。又如，我们让学生好差搭配自由组建学习共同体以促进合作学习。这种做法的理论依据源自布卢姆在《为掌握而学习》（1968）一书中指出的"从三年级开始，由本班同学进行短时间的帮助是最有成效的矫正方法"。同样我们还依据"掌握学习"的理论制订了不同类型学生的学习目标和达成路线图，从而使个性化高效学习成为可能。再如，为了帮助学困生提高学习成绩，我们采用了上海市闸北八中校长刘京海提出的"低起点、小步子、多活动、快反馈"的"成功教育"课堂教学模式对他们进行分层指导。为了有效地减轻学生过重的学业负担，我们要求教师记录并研究学生的错题档案，在教学、辅导和测试中加强针对性，尽可能减少无谓的重复等。诸多科学的教学方法犹如给我们插上隐形的翅膀，使我们的教学质量沿着又好又快的科学发展之路快速提升。

三是增强校长的领导力。领导力是获得追随者的能力。美国领导力研究专家约翰·C.马克斯韦尔指出："在不同的个体和团体中，知识技术水平基本一致，工作业绩则由领导力决定。"我个人认为校长的领导力是学校发展的最核心竞争力，即所谓"一个好校长就是一所好学校"。作为一名领导必须具备思考力、执行力和表达力，其中思考力是万力之源。领导者应该做领导该做的事，领导者是透过下属在做事，而不是凡事自己亲力亲为。根据20∶80原则，领导者应集中精力抓好产生80%绩效的20%的那部分工作。只有这样才能高效高能，使工作卓有成效，创造出好的业绩。最笨的人就是出色地完成了根本不需要做的事情，所以校长在学校工作中要选准"正确的事"。我个人认为在学校中校长要做的"正确的事"就是对提升学校综合实力和竞争力有重大影响的那些事，比如学校文化的建构、教育教学质量的提升等。本学期我校的工作指导思想确定为"办老百姓向往的学校"，主要工作是打造"四个力"，即校园环境更具吸引力，教学质量更具竞争力，师资队伍更具影响力，教育服务更具亲和力。我们的宗旨是以实实在在的学生发展和社会满意度来提升学校。

培养领导力是校长提升专业化的最重要任务，因为在一个团体中当跟从者不喜欢领袖及其目标时，他们会去找另一个领袖；当跟从者不喜欢领袖却喜欢其目标时，他们仍会找寻新领袖；当跟从者喜欢领袖却不喜欢其目标时，他们改变目标；当跟从者同时喜欢领袖及其目标时，他们则会全力以赴。"君之视臣如手足，则臣视君如腹心；君之视臣如犬马，则臣视君如国人；君之视臣如土芥，则臣视君如寇仇。"上学期晋元附校被评为区教职工最满意的单位，校领导班子被评为区教育系统"五好班子"。我们很看重这两个荣誉，因为它所诠释的是学校的和谐与凝聚。为了让教师感受到做老师的尊严与荣耀，我们精心设计了今年教师节一天的安排，下面文字摘自我校校园网上关于学校欢度教师节的一篇报道，该报道的标题为"做老师，真好！"。"9月10日，对于老师来说，是一个收获快乐与幸福的日子。早晨，少先队员用欢乐的鼓号、崇高的敬礼和精心挑选的鲜花礼物迎接老师们的到来。在校园的任何一个地方，同学们都喊着：'老师，节日快乐！'声声问候，或腼腆，或天真，或热情，或亲热，都充满了发自内心的祝愿！一声问候，一份纯真，一种温暖在老师的心中流淌，做老师，真好……这是晋元高级中学附属学校第25届教师节的早晨。"在文章的结尾，作者写道："在这样一个和谐、快乐、难忘的日子里，大家深深地感受到，做老师，真好！做一个能够在晋元附校这块热土上不断进取的老师，真好！"毛主席教导我们："人民，只有人民，才是创造历史的动力。"发动群众、依靠群众，团结一切可以团结的力量，从来都是我们共产党人的制胜法宝。

"近者悦，远者来。"晋元附校现在确实大了，学生由晋元高中承办初期的300多名壮大到现在的近1500名，但我们清醒地认识到目前学校大而不强。路漫漫其修远，我们将秉承"厚德而和、行健而立"的学校精神，带领全体教职员工创造晋元附校辉煌的明天！

（在2009年上海市普陀区初中教学工作会议上所作的经验介绍）

实践经验分析

这篇文章主要从实践层面对如何提升教学质量进行了经验分享，但其中也蕴含了丰富的教育理论和管理理念。

一是对教育理念的体现。

学生中心。文章中多次提到要关注学生的"学",强调教师在课堂上应将主要精力放在学生身上。这体现了学生中心的教育理念,即教育应以学生的需求和发展为出发点和归宿。

成功教育。文章提到了上海市闸北八中的"成功教育"课堂教学模式。这种模式的核心理念是相信每一个学生都有成功的愿望和潜能,都能通过努力获得成功。这体现了成功教育的理念,即通过为学生提供成功的机会和体验,增强学生的自信心和学习动力。

二是对管理理念的运用。

团队建设。文章强调了团队建设的重要性,包括教师团队、学生团队和家长团队。这体现了现代管理中的团队建设理念,即通过建立共同的目标、信念和合作精神,提升团队的凝聚力和战斗力。

领导力。文章强调了校长的领导力对于学校发展的重要性。这体现了领导力理论中的核心观点,即领导力是获得追随者的能力,是组织成功的关键因素之一。同时,文章还提到了领导者的思考力、执行力和表达力等要素,这进一步丰富了领导力的内涵。

目标管理。文章提到了"做正确的事"和"选准正确的事",这体现了目标管理的管理理念,即通过设定明确的目标,并围绕目标进行资源的配置和行动的规划,实现组织的高效运行和良好绩效。

三是对教育生态的构建。

文章提到了学校文化的建构、教育教学质量的提升、师资队伍的影响力和教育服务的亲和力等,这些工作共同构成了学校的教育生态,即学校内部各种教育因素之间相互作用、相互影响而形成的关系网络。优化教育生态,可以为学生提供更加优质的教育环境和条件,促进学生的全面发展。

四是对教育情感的培养。

文章提到了教师节的设计和安排,以及学生对老师的问候和祝福等细节。这些细节体现了教育情感的培养,即通过营造温馨、和谐的教育氛围,增强学生的归属感和幸福感,激发学生的学习动力和创造力。同时,教育情感的培养也有助于提升教师的职业认同感和工作满意度,促进教师的专业成长和发展。

综上所述,这篇文章虽然是从实践层面进行经验分享,但其中蕴含了丰富的教育理念和管理理念。这些理念对于指导教育实践、提升教育质量具有重要的指导意义和价值。同时，文章还强调了教育生态的建构和教育情感的培养对于促进学生全面发展和提升教育质量的重要作用。

实践经验之三

文化立校　质量兴校　特色强校

晋元高级中学附属学校由晋元高级中学自2002年起承办，至今已走过十几个年头。十余年来，学校从一所初创的薄弱学校成长为普陀区素质教育先进校、上海市第二轮新优质项目学校。学校自2011年起，受上海市教委委托，承担了三轮郊区农村义务教育学校委托管理工作。目前学校拥有两个校区，190余名教职工，63个教学班，近2500名学生。学校十余年来的发展可以简化为"薄弱学校被承办—成为优质学校—托管薄弱学校"。

今年10月28日，我作客上海新闻广播990《教子有方》栏目直播室，畅谈"新优质教育"；11月17日，新闻晨报以"九年黄金期，塑成孩子们健全人格与素养——揭秘新优质项目学校'学生综合能力养成妙招'的探索之路"为题对我校进行了全方位的介绍；《上海教育》杂志2015年11B刊登了题为"晋元附校：从被承办到托管的华丽变身"的介绍文章；上海市教委公众微信平台《教师博雅》上刊登了介绍我校的文章——《精品特色课——学校发展蜕变的原动力》。

今年是学校2013—2015年规划实施的完成年，学校确立的"上海市知名、普陀区优质，具有鲜明特色的九年一贯制学校"的目标基本达成。当然，这种达成依然是初步达成，学校今后还须向更高层次努力。

晋元附校的持续发展首先源于区教育局"圈、链、点"发展战略的正确决策。如果没有晋元高级中学的承办和引领，晋元附校就不会有今天的持续快速发展！晋元高级中学的承办不仅给附校带来了无形资产——品牌，更向这所学校注入了卓越的办学思想、严谨的管理保障以及优质的师资支持。晋元附校数年来的持续快速发展证明晋元高级中学的承办取得了显著成效。

晋元高级中学的承办为附校的发展创设了良好的外部环境，但一所学校发展的根本仍是自身办学质量的提升。自承办以来，附校在依托晋元高级中学辐射引领的同时努力加强内涵建设，积极谋求主动发展，持之以恒地贯彻"文化立校、质量兴校、特色强校，全面推进素质教育，办老百姓向往的优质品牌学校"发展战略，学校的办学质量得以明显提升。

1. 文化立校——以学校精神立魂

晋元附校"文化立校"的核心是以"厚德而和、行健而立"的学校精神塑造全校师生的人格，进而推动学校的全面发展与进步。"人是第一生产力"，学校提出"文化立校"，是基于对"学校文化也是生产力"的认定。先进文化具有强大的感召力，事业成功往往源于精神力量的强大，文化是通过改变人的内驱力来提升生产力水平的。"厚德而和、行健而立"，其内涵是"以至善的人格构建和谐，以劲健的作风干成事业"。学校组织编撰了学校精神读本《学校精神十谈》，每学年确定一个师德教育主题，先后开展了"厚德行健""修己以敬，恰当地说话和做事""修己以安人""'明礼'教育之我见""君子如水，随圆就方""上善若水"等师德主题教育，编撰了《厚德而和、行健而立——在学校精神的感召下》文集。

"文化立校"实施若干年来，学校逐步由制度管理演进成文化认同和行为自觉，正所谓"道之以政、齐之以刑，民免而无耻；道之以德、齐之以礼，有耻且格"。目前我们不敢说晋元附校的老师是普陀区专业化水平最高的，但我们可以自豪地说晋元附校的老师是普陀区最敬业和教风最好的团队之一。在这些普普通通的教师群体中涌现出无数感人至深的动人故事，他们才是支撑学校发展的脊梁！

随着晋元附校规模的日益扩大，学校每年都要招聘大量的新教师，尤其是近几年，每年都有20余名教师加盟晋元。学校靠什么让他们融入晋元大家庭呢？答案是学校文化。学校文化构筑起晋元人的理想信念、道德人格和行为准则。缺乏道义力量是难以唤醒真善美的正义感的，缺乏凝聚力的团队是没有战斗力的，缺乏梦想的学校是不能激发教师的职业价值和生命意义的，缺乏无为而无不为的方式又是难以自正和自化的。解决"人心"问题是文化立校的关键。晋元附校曾被评为区教职工最满意的单位，校领导班子被评为区教育系统"五好班子"。晋元附校的人文氛围就像一位老师在她文中记述的那样:"今天是教师节,在这样一个和谐、快乐、难忘的日子里,大家深深地感受到,做老师,真好!做一个能够在晋元附校这块热土上不断进取的老师,真好!"

2. 质量兴校——老百姓满意的关键

2006年晋元附校的中考成绩取得了突破,2009年在区初中教学工作会议上我校作了"探寻提升教学质量的科学发展之路"的发言。2006年至今学校的中考成绩持续保持在区同类学校的前列。今年区教学工作会议又在我校召开,我校又作了经验介绍。学校的质量保障体系由以下要素构成,如图3-1所示。

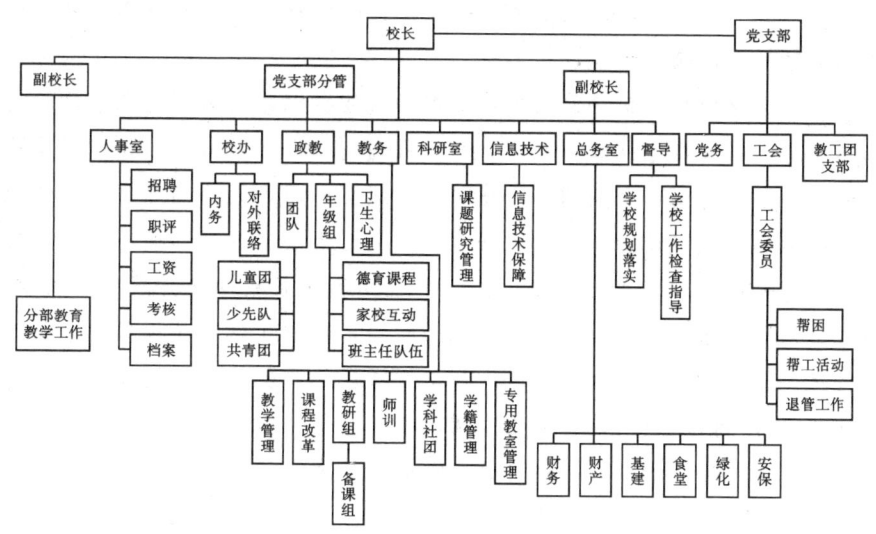

图3-1 晋元高级中学附属学校管理框架图

(1) 学校管理

"天子之职莫大于礼,礼莫大于分,分莫大于名。何谓礼?纪纲是也。"(《资治通鉴》)"为政先礼。礼,其政之本与。"(《礼记》)晋元附校依据《学校章程》建构了完善的治理框架体系,职责分明,监管严格。学校的规范化管理提升了各职能部门工作的主动性、专业性和创造性,使学校的整体运作效能得到优化。

(2) 教研组、备课组建设

学校教学管理和教研工作以解决教学问题为核心,以提升绿色学业质量为宗旨,以公正的绩效评价为保障。

学校每个教研组和备课组聚焦教学改革项目或教学中存在的问题，确定学期教研主题。比如，上学期化学组把"面向化学专题复习课的微视频教学研究""学生错题本分析与测试"作为研修主题；小学英语组把"基于课程标准和学情的教材重组"作为研修主题；二年级语文组把以"按按按"技术提高课堂实效性"作为研修主题等。2015年11月，我校语文教研组长林辰杰老师在上海市教委教研室主任工作会议上作了《有效的条件——一名教研组长眼中的教研组建设》的发言，获得一致好评。

为切实提升每一位学生的学习生活品质，规范教师的教育教学行为，学校每年都要开展针对全员的学业绿色指标测评并评选"我心目中的好老师"。学校在全校教工大会上对测评结果进行分析评价，并将测评结果向每位教师进行反馈。

教学质量跟踪分析评价系统是支撑教研组备课组及教师进行教学改进的基础，学校高度重视每一次学业测试每题得分率的统计与分析，查找出分数—教学—作业—个别辅导的关联性，然后以问题为导向开展教研组和备课组活动。实践证明，基于数据分析的问题解决教研活动是有效的。晋元附校长期以来采用平行分班，将骨干教师和一般教师安排同年级教学，有效提升了普通教师和新进教师的专业能力，促进了学校整体教学质量的稳定提高。教学质量跟踪分析评价与学业绿色指标测评是学校公正地进行教研组、备课组及教师教学工作绩效评价的重要依据之一，对实现"负担不重、质量较好"的目标起到了很好的正面引导作用。

（3）学校科研工作

依据学校精神的核心价值，学校围绕"立人教育的实践研究"开展了一系列活动。

学校自2011年成功申请全国教育技术重点课题的子课题《互动反馈环境下的教师专业能力发展研究》以来，课题组老师共上了46节研究课，撰写论文36篇，并参与了中央电教馆论文大赛，中国教育技术协会、中小学专业委员会小学研究会三优作品评比，全国互动反馈教学应用大赛，全国校讯通杯论文大赛全国实录课现场赛课、说课、论文评比，共获28个一等奖、29个二等奖、9个三等奖，刊登文章共29篇。学校现开展的课题还有：全国"十二五"《以可持续发展教育为主导，构建新型学校育人模式教育的实践研究》、青年教师个人市级课题《初中语文口头作业设计与实施的研究》、市级基地课题《低年级情景体验阅读教学实践研究》《在数学创新实验室中开展小学低年级数学体验》《基于课程标准和学情的教材重组》、区级重点课题《九年一贯制学生生活价值教育的实践研究》、区级课题《信息环境下预学习式教学的实践研究》等。本年度学校入围区科研先进单位，同时被被评为"微视频"项目优秀学校。2015年11月5日，在上海市教育学会"数字化时代与创新人才培养"主题学术论坛上，我校骆奇校长作了题为"释放人的自由与创新力"的交流发言。

2013年3月20日下午，在上海市闵行区汽轮小学，上海市中小学家校互动工作推进会召开，骆奇校长作了题为"家长督学，建设家校伙伴关系"的报告。上海市教委基教处倪闽景处长中肯评价道："晋元附校原是一所薄弱学校，后来由晋元高中承办。上海市由优质高中承办的学校有很多，然而从薄弱学校发展为优质学校的并不多，晋元附校是这不多的学校之一。"现在家长督学制已成为学校的常态工作，今年又有几百名家长来校督学，有效地促进了家校的和谐。

学校成功立项德尚课题《以"家长督学制"提高家校合作成效的实践研究》，探索以家校互动营造和谐的育人氛围，充分尊重家长对学校办学的知情权、参与权、监督权和评价权，促进家校间的密切联系，化解家校矛盾。该课题于2014年成功结题并获三等奖。

学校科研最根本的任务是解决学校在教育教学中遇到的难题。我校研究的课题大多以校本为导向，切实围绕教育教学中遇到的问题来开展科研工作。如《指向教学目标达成的课堂观察》《九年一贯制学校学生人格培养的实践研究》等。通过《指向教学目标达成的课堂观察》课题的研究，我们将传统评课的经验判断转化为更为精确的数据分析，有效地促进了课堂教学评价的变革，如图3-2、图3-3所示。

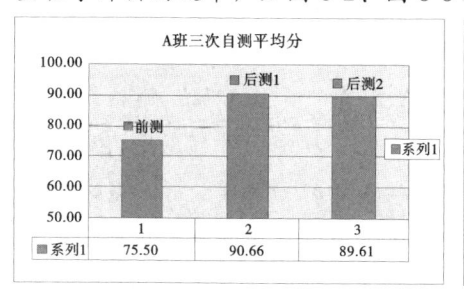

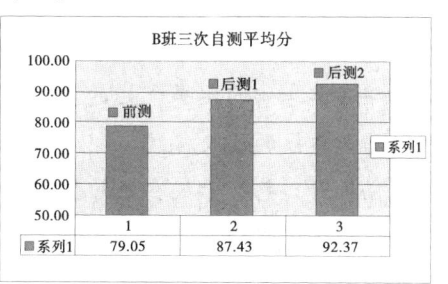

图3-2 A班、B班三次自测平均分统计

项目	A班	B班
前测		
前测		

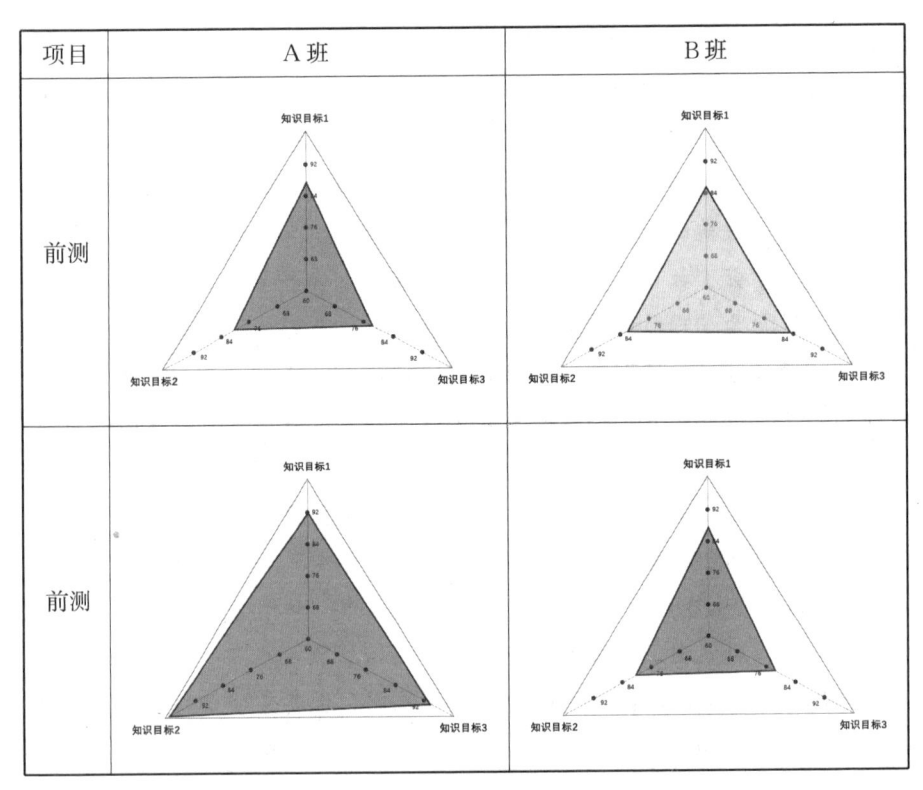

图 3-3　A班、B班前后测知识目标构图

数据显示，对应三个知识点，A班上升的幅度分别为 4.6%、19.9%、5.9%，B班上升的幅度分别为 5.3%、14.3%、3.6%，前测B班学生学习起点略高于A班，后测中A班知识点上升幅度高于B班 7.2%，由此可见A班学生的本课学习效率要高于B班。

（4）专业化引领

学校专业引领工作从三个方面开展，即仰望星空、脚踏实地、作为引领者。教师需要理念的引领，但更多地需要实践指导，而最能促进骨干教师专业成长的方式，是在带教指导其他教师过程中进行凤凰涅槃般的历练，即"送牛奶的比喝牛奶的身体更棒！"开展"青蓝工程"师徒结对带教工作是学校的优良传统，即让年轻老师在优秀教师的带领下更快地适应和胜任教师角色。学校在托管嘉定外冈中学和闵行君莲学校时，多名骨干教师承担了带教指导工作，在此过程中，他们所表现出的师德风范、钻研精神和业务素养真令人刮目相看。这恰恰启示我们如何应对成熟教师的职业高原期和职业倦怠。今年君莲学校中考成绩在闵行区进步了十几名，我们的托管工作也被上海市教委评估院考核为优秀。

3. 特色强校——追求教育的本真

教育的本质是什么？教育是为了立人，是为了促进学生全面而有个性化地发展。我校在"立己立人、共同成长"办学理念的指引下打造"立人教育"特色。学校通过"明德、善学、敏事、康健"课程体系，努力把学生培养成"品行端正、学业精进、自主能干、健康活泼"的少年儿童。

学校开发了九年一贯制学生人格教育系列课程，通过团队自主管理和班级民主管理，以及《弟子规》校本课程等"明德"课程着力培养学生"品行端正"的品质，通过"善学、敏事、康健"等课程满足学生全面而有个性化的发展。

舞蹈、管乐、羽毛球、武术、彩陶、衍纸等课程已成为学校一道道靓丽的风景线，学生在各级各类比赛中捷报频传。学校获普陀区中小学行为规范五星校；舞蹈《迷彩梦》代表上海市参加"荷花·少年"全国（中学）校园舞蹈展演；2015年学校舞蹈队荣获区舞蹈比赛一等奖，并代表普陀区参加上海市舞蹈比赛；学校管乐队荣获区管乐比赛一等奖；《身边的民俗文化——软陶》参加首届上海市中小学校园影视评选，获命题专题一等奖，并获全国铜奖；校机器人队获世界教育机器人大赛WER中国锦标赛WER初中组一等奖；在上海市第十五届运动会上，我校羽毛球队获B组男子团体冠军，孙曼玲同学获全国青年羽毛球大奖赛淮阴站冠军；2014年上海市青少年羽毛球公开赛上，我校选手获初中组男子团体第一名、初中组女子团体第四名。同时，我校选手还获得普陀区学生阳光体育大联赛羽毛球（初中8—9年级组）一等奖、（初中6—7年级组）一等奖，普陀区学生阳光体育大联赛小学组和初中组乒乓球团体一等奖，普陀区学生阳光体育大联赛校园长跑（初中6—7年级组）一等奖，普陀区学生阳光体育大联赛围棋（小学组）一等奖，普陀区学生阳光体育大联赛阳光足球（小学组）一等奖，学校衍纸社被评为区优秀社团。现在我校已成为上海市艺术特色学校、区体育和科技特色学校。

晋元附校的办学目标是上海市知名、普陀区优质，具有鲜明特色的公办九年一贯制学校。对照目标我们还有很多不足，目前学校规模急剧膨胀，"做大、做强、做久"成为学校必须面对的严峻挑战。我们将秉持

"厚德行健"的学校精神，谦虚谨慎，锐意进取，为办好老百姓满意的教育而努力奋斗！

（在2015年上海市普陀区初中教学工作会议上所作的经验介绍）

实践经验分析

本文是关于"文化立校、质量兴校、特色强校"的学校发展战略思想的实践分享，体现了晋元高级中学附属学校在立人教育中的理论思考和实践探索。

1. 学校发展的战略思想

文章首先强调了"文化立校"的重要性。学校文化被视为一种生产力，通过塑造师生的人格来推动学校的全面发展。这种理念体现了对教育深层次功能的认识，即通过文化的熏陶和引领，激发师生的内在动力，形成共同的价值观和行为准则。这与当前教育理论中关于学校文化建设的重要性不谋而合，强调了学校文化在提升教育质量中的核心作用。

接着阐述了"质量兴校"的战略。教学质量是学校的生命线，是赢得社会认可的关键。文章通过介绍学校的管理框架、教研组备课组建设、学校科研以及专业化引领等，展示了学校在提升教学质量方面的系统思考和扎实工作。这体现了全面质量管理理论在教育领域的应用，即通过构建完善的质量保障体系，实现教学质量的持续改进和提升。

最后，提出了"特色强校"的战略。特色是学校的核心竞争力，是实现个性化、差异化发展的重要途径。文章通过介绍学校在立人教育特色打造、课程体系建设以及学生个性化发展等方面的实践，展示了学校在特色发展方面的积极探索和丰硕成果。这体现了多元智能理论和成功教育理论在教育实践中的应用，即通过发掘和培养学生的优势智能，实现学生的全面发展和个性化成功。

2. 管理理念的运用

文章在阐述"文化立校、质量兴校、特色强校"学校发展战略思想时，体现了现代管理理念的运用。例如，在"文化立校"部分，文章提到了学校文化的构建和传播，体现了组织文化管理的理念；在"质量兴校"部分，文章介绍了学校的管理框架和质量保障体系，体现了全面质量管理和精细化管理的理念；在"特色强校"部分，文章强调了学校的核心竞争力和个性化发展，体现了战略管理和创新管理的理念。

3. 教育生态的构建

文章还体现了教育生态的构建理念。教育是一个复杂的系统工程，需要学校、家庭、社会等多方面的共同参与和协同。文章通过介绍学校在家长督学制、家校互动工作以及托管薄弱学校等方面的实践，展示了学校在构建教育生态方面的积极努力。这体现了生态系统理论和协同教育理论在教育实践中的应用，即通过构建良好的教育生态环境，实现学生、教师、学校、家庭和社会的协同发展。

综上所述，本文从理论层面阐述了"文化立校、质量兴校、特色强校"的学校发展战略思想在教育实践中的运用。这些理念不仅符合当前教育理论的发展趋势和教育改革的要求，也为学校发展提供了可借鉴的经验和启示。

实践经验之四

领导于无形　管理于有道

自2002年晋元高级中学承办晋元附校以来，学校的办学质量持续提升，社会声誉日渐斐然。学校2006年学生突破1000人，2013年突破2000人，2019年将突破3000人。2011年学校增加了武威东路校区，2017年又增加了杨家桥校区。三个校区如何有效地运作管理？3000名学生的教学质量又该如何保障？

1. 文化立校——领导于无形

缔造企业文化是企业的头等大事。企业文化是企业中一整套共享的观念、信念、价值和行为规则的总和，它能促成企业内部形成共同的行为模式，这种共同的行为模式便是企业文化最强大的力量之所在。——中国著名管理学者陈春花

优秀的企业文化是企业发展的重要根基，要在看不见的地方创造竞争力。——稻盛和夫

晋元附校这些年来的发展变化，主要是学校在"立己立人、共同成长"办学理念的引领下，持之以恒地贯彻"文化立校、质量兴校、特色强校"发展战略而取得的。这其中"文化立校"是引领学校变革之关键。

晋元附校"文化立校"的核心是以"厚德而和、行健而立"的学校精神来塑造全校师生的人格，进而推动学校的全面发展与进步。"厚德而和、

行健而立",其内涵是"人格至善构建和谐,自强不息铸就卓越"。学校精神所蕴含的核心价值观是"仁爱、包容、合作、进取"。

为塑造好学校之魂,多年来,学校在社会主义核心价值观的指导下组织编撰了学校精神读本《学校精神十谈》;每学年确定一个师德教育主题,如"恭宽信敏惠""上善若水""仁者不忧、知者不惑、勇者不惧"等;编撰《在学校精神的感召下》《立人教育》文集等;围绕师德教育主题积极开展读书活动,2016年入选上海市"书香校园"基地学校;每学期开设名人讲堂,许多知名学者和作家走进校园与老师学生面对面;编写《九年一贯制学生人格培养》系列校本教材(共九册),始终把立德树人放在学校工作的首位,该研究项目荣获2017年上海市德尚课题一等奖;每学年组织评选"我心目中的好老师"和"党员示范岗"等。

中华优秀传统文化蕴含着丰富的人生哲理,它能提升人的精神品质,使人格臻于完善。学校之所以将"恭宽信敏惠"确立为师德教育主题,乃因其为行"仁"之原则。躬行"恭则不侮",使学校同事之间逐渐变得谦恭礼让、相互尊重。体认"宽则得众",使学校更加大气包容,人心依归。如,学校一位干部一贯工作认真仔细,而且勇挑重担,从不叫苦。有一天她神色紧张地走进我的办公室,告诉我说她把学校一份重要文件的某个内容弄错了。她不断地后悔和认错。当时我们几个校级领导都觉得她的过错给学校工作带来了极大的困难。经过讨论与研究,我们终于想出了圆满的解决方案。事后我们不但没有批评她,而且我真诚地对她说:"这事也怪我没有仔细地审阅文件,我也有责任。"她一听这话,对校领导更加心存感激。俗话讲:"会怪人的怪自己,不会怪人的怪别人。"做领导其实也是做人,对下属的爱护体恤宽恕更能激发他们工作的责任感和热情。看着她怀揣着一颗放下的心回家时,我也感到无比欣慰。"不以一眚掩大德","宽则得众",这是做人的一种格局!

"文化立校"实施若干年来,学校逐步由制度管理演进成文化认同和行为自觉,正所谓"道之以政、齐之以刑,民免而无耻;道之以德、齐之以礼,有耻且格"。目前我们不敢说晋元附校的老师是普陀区专业化水平最高的,但我们可以自豪地说晋元附校的老师是普陀区最敬业和教风最好的团队之一。在这些普普通通的教师群体中涌现出无数感人至深的动人故事,他们才是支撑起学校发展的脊梁!晋元附校曾被评为区教职工最满意的单位，校领导班子被评为区教育系统"五好班子"。

2. 质量兴校——管理于有道

企业之间的竞争，说穿了是管理竞争。——任正非

优质的教育教学质量有赖于严谨周密的管理机制作保障，管理的目标是促进个体效能及团队绩效的最大化。晋元附校教学优质化管理框架如图3-4所示。

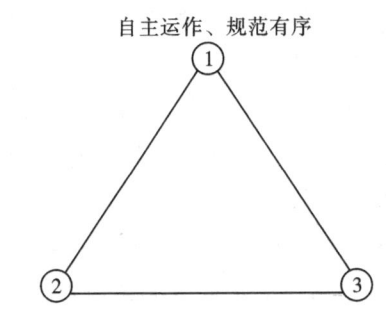

```
          自主运作、规范有序
                ①



        ②               ③
  质量跟踪、绿色评价    内生动力、专业成长
```

图 3-4 晋元附校教学优质化管理框架图

（1）自主运作、规范有序

去年10月，我校在晋元高中体育场举行第十届田径运动会，三千余名师生从四个办学点汇聚到晋元高中，半天的运动会精彩激烈。为筹备这次运动会，作为校长，我仅在行政会上确定了举办时间，而其他所有的筹备工作都是由学校各职能部门分工协作完成。用我校总务主任的一句话来评价："这次运动会做到了零误差。"

如何使学校的管理做到自主运作、规范有序？我认为"为政先礼"。学校管理必须严格界定责权利，使责任无可推卸、督权力规范运作、利益公平合理。在权力运作中，学校必须严格按照《学校章程》清晰界定权力与责任，职责内做到恪尽职守，职责外坚守"不在其位不谋其政"原则，部门间要通力协作、鼎力支持。

我校工作项目都是由分管负责人依据上级文件及校长室的要求拟定工作方案，方案经校长室审批后召开相关部门工作布置会，责任人负责工作的检查落实，以及工作量和绩效的考核，工作完成后进行评价并实施奖励。所以，一场看似简单轻松的运动会，其背后却是多年建构与积淀的机制和行政规矩在作保障，学校各相关部门为保障运动会的顺利进行都制订

了详细的工作方案。校长也并不是甩手掌柜,整个上午我都端坐在主席台,在享受运动会带来快乐的同时,仔细审视运动会组织工作的每一个环节,这样才能保证评价准确客观、改进有理有据。

为强化督政,学校成立了督导室,其职责是在校长室的领导下,依据学校管理制度和发展规划监督指导学校的各项工作。督导室建立月报制度,学校各部门必须按照学校工作计划、每月主要工作项目和前月主要工作的落实情况进行填报,督导室将审查与评价建议反馈给各部门并报校长室,各部门依据反馈意见整改工作。月报制度显著地提升了学校规划、学校计划与部门工作的吻合度和工作成效。此外,督导室加强专项督导工作,在每一轮学校规划实施期间,督导室要对学校各条块工作进行专项督导,挖掘经验,查找问题,改进工作。

学校基层领导干部是学校各项工作落地的执行者。领导能力或监管缺失,往往会造成标准层层降低,要求逐级衰减,或者程序"走了样",规矩"变了形",再完善的规章或计划恐怕最终也会变成"纸上谈兵",或是"墙上画虎"。所以加强基层领导干部的能力建设和监督保障至关重要。学校应选派德才兼备的优秀教师担任基层干部,在管理架构上安排中层干部分管年级组和教研组,绩效纳入相关干部的考核。

管理的终极目标是使工作得到落实,达成既定目标。实践证明,层级明晰、职责分明、设计完备的管理闭环体系不仅增强了学校广大干部和教师的主人翁意识,极大地提高了工作的自主性、前瞻性和责任感,而且使创造性和团队合力得到提升,工作效能和质量得以保障。校长是学校管理机器的设计师和监察维修员,要悉心保障学校这部管理机器正常高效地运转。不仅如此,校长还要与时偕行,有针对性地负责好这部机器的升级换代,不断推进学校的发展与进步。"治大国若烹小鲜""悠兮其贵言",方显学校治理举重若轻的一份淡定与从容。

(2) 质量跟踪、绿色评价

教学质量跟踪分析评价系统是支撑教研组、备课组及教师进行教学改进的基础,学校高度重视每一次学业测试每题得分率的统计与分析,查找出分数—教学—作业—个别辅导的关联性,然后以问题为导向开展教研组和备课组活动。实践证明,基于数据分析的问题解决开展教研活动是有效的。晋元附校长期以来采用平行分班,将骨干教师和一般教师安排同年级教学，有效提升了普通教师和新进教师的专业能力，促进了学校整体教学质量的稳定提高。教学质量跟踪分析评价是学校公正地进行教研组、备课组及教师教学工作绩效评价的重要依据之一，对实现"负担不重、质量较好"的目标起到了很好的正面引导作用。

为了端正师德师风，提升学校的学业绿色指标水平，全校每年都要进行"晋元附校学业绿色指标测评"。测评的指标体系参照市学业绿色指标。1、2年级由家长在网络完成问卷，其他年级均由学生在网络上完成问卷。学校对统计数据进行详细分析并向每一位教师反馈结果，在此基础上评选"我心目中最喜爱的老师"。这一评价，不仅规范了教师的从教行为，而且有效地引导了教师崇尚"轻负担、高质量"的价值追求，保障了我校2018届小学生在市绿色学业指标评价中获得较好成绩。

(3) 内生动力、专业成长

教师专业提升的最强动力是内生动力。晋元附校对教师的评价机制和结果都是公开的，透明带来公正，透明带来动力。公正的评价大家不仅服气，而且营造了积极向上的竞争氛围，正所谓"举善而教不能则劝"。学校有相当部分的评价是依据团队绩效实施的，如整体奖励年级组、教研组或备课组。这样更有利于增强团队意识，互助共荣，激发斗志。学校每一个年级组、教研组都不甘落后，呈现出百舸争流和谐奋进的景象。

教师专业提升的最佳路径是研究自己。学习—实践—反思，不断实现螺旋式的专业生长是必由之路。晋元附校为促进教师专业化成长，设计了"专业引领—实践反思—公正评价"的教师专业发展路径，并配套相关的工作机制作保障，如"青监工程"等。本学期学校安排的专业提升重点工作是"全员磨课"。提升每一位教师、上好每一节课才能成就一所好学校。

做领导应该干什么事？毛泽东和邓小平说过两句极为相似的话。毛泽东说："领导者的责任，归结起来，主要是出主意、用干部两件事。"邓小平说："我的抓法就是抓头头，抓方针。"出主意，就是抓方针；用干部，就是抓头头。抓住了这两条，也就抓住了做领导的根本。成功的校长应认真研究治校方略，打造好学校的干部和教师队伍，使自己不仅成为"修己以敬"的学者，更成为"修己以安人"的智者，最终成为"修己以安天下，立己达人"的成就者。

(在2018年上海市普陀区小学教学工作会议上所作的经验介绍)

实践经验分析

这篇文章从理论和实践两个层面,深入探讨了学校在质量管理方面的成功经验。

(1) 领导理念与文化塑造。文章首先强调了领导理念的重要性。学校通过"立己立人、共同成长"的办学理念,成功地引导了全校师生的发展方向。这与现代管理学中的愿景引领理论不谋而合,即通过明确的愿景和目标来激发团队的动力。

同时,学校注重文化的塑造,提出了"厚德而和、行健而立"的学校精神。这种文化的建立不仅提升了师生的精神品质,还使得学校在管理上更加得心应手。这符合组织文化理论,即一个强大的组织文化可以有效地规范成员的行为,提高组织的整体效能。

(2) 管理机制与自主运作。在管理机制上,学校实行一套严谨而周密的管理体系,通过明确责权利、规范工作流程、强化督导等方式,确保了学校各项工作的有序进行。这种管理机制体现了现代管理学中的系统管理思想,即通过构建一个相互关联、相互制约的系统来实现整体优化。

同时,学校注重自主运作能力的培养,赋予各部门和师生一定的自主权,激发他们的积极性和创造力。这与现代管理学中的授权管理理论相契合,即通过授权来提高下属的责任感和成就感。

(3) 质量跟踪与绿色评价。学校非常重视教学质量的跟踪与分析。通过建立完善的教学质量跟踪分析评价系统,学校能够及时发现教学中存在的问题,并采取有效的措施进行改进。这体现了全面质量管理理论中的持续改进思想,即通过不断地反馈和调整来实现质量的不断提升。

此外,学校还推行了绿色评价指标体系,旨在引导学生和家长关注学业负担和身心健康的平衡发展。这种绿色评价的理念符合现代教育评价的发展趋势,即更加注重学生的全面发展和个性差异。

(4) 教师专业成长与内生动力。文章最后强调了教师专业成长的重要性。学校通过公正的评价机制、团队绩效的奖励方式、专业引领和实践反思等途径,激发了教师的内生动力和专业成长欲望。这符合教师专业发展理论中的自我更新取向,即教师通过不断地自我反思和学习来实现专业成长。

综上所述，晋元附校在质量管理方面的成功经验主要体现在以下几个方面：明确的领导理念和文化塑造、严谨的管理机制与自主运作能力、完善的质量跟踪与绿色评价体系以及教师专业成长与内生动力的激发。这些经验为将现代管理学的相关理论应用于学校教学质量管理提供了生动的案例支撑。

三、提升教师　专业成长

在21世纪的教育领域，教师的专业成长已经成为提高教育质量、推动学校持续发展的关键因素。随着知识经济的到来和信息技术的飞速发展，社会对教育的要求越来越高，对教师的专业素养也提出了更为严峻的挑战。教师的专业成长不仅关系到自身的职业发展，更直接影响到学生的成长和教育的整体质量。

立人教育作为一种以人为本、注重个体全面发展的教育思想，更加强调教师在教育过程中的角色和作用。在立人教育的视野下，教师不仅是知识的传授者，更是学生情感的引导者、价值观的塑造者和未来生活的规划者。因此，教师的专业成长在立人教育中显得尤为重要。

教师专业成长是一个持续不断的过程，它要求教师在教学实践中不断学习、反思和创新，逐步提升自己的教育理念、教学方法和科研能力。只有这样，教师才能更好地适应时代的要求，满足学生的需求，实现教育的目标。

教师的专业成长，包括制定明确的成长目标、提供多样化的学习机会、建立有效的激励机制等。通过这些措施的实施，我们期望能够构建一个有利于教师专业成长的良好环境，进而推动教育质量的全面提升。

1. 完善教师培养体系

随着学校的快速发展和教育改革的不断深化，教师队伍建设已成为学校发展的核心任务之一。构建一支高素质、专业化、创新型的教师队伍，对于提升学校教育教学质量、实现学校可持续发展具有重要意义。

（1）青年教师培养

青年教师是学校的未来和希望，他们的成长直接关系到学校的长远发展。因此，学校应高度重视青年教师的培养工作。

导师制。学校设立"青蓝工程",为新入职的青年教师配备经验丰富的导师,进行一对一的指导,帮助他们尽快适应教学岗位,提升教学能力。

培训与交流。定期组织青年教师参加校内外的培训、研讨会、讲座等活动,拓宽他们的视野,提升专业素养;同时鼓励青年教师与同行进行交流合作,共同成长。

实践与锻炼。为青年教师提供充分的实践机会,如承担班主任工作、参与课题研究等,让他们在实践中锻炼成长。

(2)骨干教师培养

骨干教师是学校的中坚力量,他们在教育教学工作中发挥着重要的示范和引领作用。学校以"教师个人五年发展规划"为抓手,推进研训一体的校本研修模式,通过分类定向、专家带教、专题研修、课堂实践、课程开发等,让优秀骨干教师脱颖而出;积极推荐骨干教师参加教师专业发展团队和指导团队的评选,加强市区人才队伍的梯队建设。

激励与评价。建立完善的激励机制,对在教学、科研、管理等方面表现突出的骨干教师给予表彰和奖励;同时建立科学的评价体系,对骨干教师的工作进行全面、客观的评价。

培训与提升。定期组织骨干教师参加高级研修班、学术研讨会等活动,提升他们的学术水平和教学能力;同时鼓励骨干教师参与课题研究、编写教材等工作,提升他们的科研能力。

辐射与引领。发挥骨干教师的示范和引领作用,组织他们开展教学观摩、经验交流等活动,带动其他教师共同成长。

(3)领军教师培养

领军教师是学校的灵魂和核心竞争力,他们在学术界和教育界具有较高的知名度和影响力。学校通过"一人一方案"、"双名后备"、校名师工作室、晋元高中的市区名师工作室带教等平台的搭建,努力培养在全市乃至全国有一定知名度的名教师。

选拔与引进。制定严格的选拔标准,从现有教师队伍中选拔具有潜质的优秀人才进行重点培养;同时积极引进国内外知名学者和教育专家来校任教或开展合作研究。

支持与保障。为领军教师提供充足的科研经费、良好的工作环境和优厚的待遇保障；同时，建立灵活的用人机制和管理制度，为领军教师创造宽松的工作氛围。

培养与拓展。鼓励领军教师参与国内外学术交流活动、承担重大课题研究任务等，拓展他们的学术视野和影响力；同时加强对领军教师的宣传和推广工作，提升他们在学术界和教育界的知名度和影响力。

（4）班主任培养

班主任是班级管理的核心力量和学生健康成长的重要引导者。学校通过多种渠道对新上岗的班主任进行培训，积累建班育人的管理经验；为有经验的班主任搭建平台，帮助和指导他们参加各级各类班主任基本功大赛，以赛促训，以赛促学，加速成长；对于成熟型教师，做好对青年教师的传帮带，成立校级班主任智囊团，共同为班主任锤炼、培训和参赛出谋划策，让班主任智慧泉沙龙成为学校德育管理人才储备的"蓄水池"。

选拔与任用。制定严格的选拔标准，任用有责任心、有爱心、有管理能力的教师担任班主任工作；同时加强对新任班主任的岗前培训和指导工作帮助他们尽快适应班主任工作岗位要求。

培训与交流。定期组织班主任参加校内外的培训、研讨会等活动，提升他们的专业素养和管理能力；同时鼓励班主任之间进行经验分享和互助合作，共同成长进步。

激励与评价。建立完善的激励机制，对表现优秀的班主任给予表彰和奖励；同时建立科学的评价体系，对班主任工作进行全面客观的评价，促进班主任工作的不断改进和提升。

（5）干部培养

学校干部是学校管理的重要力量，他们的素质和能力直接关系到学校的管理水平和办学质量，学校应加强对干部队伍的培养和管理工作。

制定科学的选拔标准。通过公开竞聘等方式选拔有能力有担当的干部进入学校管理层，为学校注入新的活力和动力。

加强干部培训。定期组织干部参加各种形式的培训，包括管理理论培训、实践能力培训等，提高他们的专业素养和管理能力使他们能够更好地履行职责完成任务。

完善干部考核机制。建立完善的考核机制对干部进行定期考核，全面了解他们的工作表现，及时发现并解决问题，促进干部队伍的健康成长和发展壮大；同时通过考核结果的合理运用，激励干部不断进步和创新发展，为学校发展做出更大贡献。

2. 造就优秀教师的摇篮——"青蓝工程"

随着教育的不断发展和改革，师资队伍建设成为学校发展的核心任务之一。为了打造一支师德高尚、业务精湛、锐意进取的师资队伍，学校坚持实施"青蓝工程"，通过师徒带教的方式，加强对青年教师的培养，提升整体教育质量。

（1）教学工作方面。在"青蓝工程"实施过程中，学校聘请了一批经验丰富、教学水平高的老教师担任导师，与青年教师结对。导师们全面关心青年教师的成长，不仅在业务上进行指导，还在思想、政治、师德修养等方面给予教育和引导。通过师徒双方的共同努力，青年教师的教学水平得到了显著提升。

具体来说，导师们根据青年教师的实际情况，制定了切实可行的带教计划，从备课、上课、作业批改等各个环节进行细致入微的指导。在备课方面，导师们指导青年教师深入理解课程标准，掌握教学重点和难点，精心设计教学方案。在上课方面，导师们注重培养青年教师的课堂驾驭能力和教学方法运用能力，帮助他们逐步形成自己的教学风格。在作业批改方面，导师们要求青年教师认真对待每一个学生的作业，及时反馈学生的学习情况，调整教学策略。

在导师们的悉心指导下，青年教师们逐渐掌握了教学的基本规律和技巧，教学水平得到了快速提升。他们不仅能够胜任日常的教学工作，还在各类教学比赛中取得了优异成绩，为学校赢得了荣誉。

（2）班主任工作方面。除了教学工作之外，"青蓝工程"还注重培养青年教师的班级管理能力。通过师徒结对的方式，老班主任将自己的班级管理经验和方法传授给青年教师，帮助他们快速适应班主任工作要求。

在班级管理中，老班主任注重培养青年教师的组织能力、沟通能力和应变能力。他们指导青年教师制定班级工作计划和规章制度，组织丰富多彩的班级活动，营造积极向上的班级氛围。同时，他们还教授青年教师如何与家长进行有效沟通、如何处理突发事件等实用技巧。

在老班主任的耐心指导下，青年教师们逐渐形成了自己的班级管理风格和方法。他们不仅能够维持班级的正常秩序和纪律要求,还能够关注学生的个性化需求和心理发展状态,为学生提供更加全面和贴心的教育服务。

(3) 理论分析与思考。从师资队伍建设理论的角度来看,"青蓝工程"是一种非常有效的师资培养方式,它遵循了教师成长的客观规律和教育教学的实际需求,以师徒带教的方式实现了教育资源的优化配置和传承创新。

通过实施"青蓝工程",学校成功培养了一批优秀的青年教师。这些青年教师不仅具备较高的专业素养和教学能力,还具有良好的师德修养和敬业精神。他们的加入为学校的师资队伍注入了新鲜血液,使得学校的师资结构更加合理和优化。

在"青蓝工程"实施过程中,老教师将自己的教育理念和教学经验无私地传授给青年教师,帮助他们快速成长为优秀的教育工作者。这种传承不仅保证了学校教育教学工作的连续性和稳定性,还促进了教育理念和教学方法的创新与发展。老教师与青年教师在相互学习和交流的过程中不断碰撞出思想的火花,推动了学校教育教学的改革与创新。

青年教师是学校未来发展的希望和动力源泉,他们的成长直接关系到学校的整体教育质量和发展前景。"青蓝工程"的实施为青年教师的成长提供了有力的支持和保障,使得他们能够在短时间内迅速提升自己的专业素养和教学能力,从而更好地服务于学生的成长和发展需求。因此,"青蓝工程"不仅提升了青年教师的个人素质,还间接提升了学校的整体教育质量和社会声誉。

综上所述,"青蓝工程"作为上海市晋元高级中学附属学校加强师资队伍建设的重要举措已经取得了显著的成效。学校在持续开展"青蓝工程"的"青蓝培训""青蓝结对""青蓝论坛"三项主要活动的基础上,通过提升教学质量、强化课堂改革、着力开放合作、推进自主研修、政策支持和经费保障、引入竞争和激励机制等六个方面的举措,优化培养高水平青年教师,为学校的长远发展奠定了坚实的基础。未来学校将继续加大该工程的实施力度,加强导师队伍的建设与管理,注重青年教师的个性化发展需求,推动学校教育事业不断向前发展。同时,"青蓝工程"也为其他学校提供了可借鉴的师资培养模式和经验,为推动区域教育的均衡发展做出了积极贡献。

3．人人都是德育工作者——育德队伍建设

在立人教育理念的引领下，学校加强育德队伍的建设，通过全员育人、大思政、学科德育、班主任队伍建设以及全员导师制等一系列举措，努力打造一支高素质、专业化的德育队伍。

（1）全员育人，构建共同参与的德育格局

在立人教育理念的引领下，晋元附校树立了全员育人的理念。这一理念强调每一位教职工都应参与到德育工作中来，共同为学生的全面发展负责。为了实现这一目标，学校通过定期的培训和交流活动，提高教职工的德育意识和能力。同时，学校还鼓励教职工在日常工作中注重言传身教，以身作则，为学生树立良好的榜样。

在全员育人的过程中，晋元附校注重发挥教师的主体作用。学校鼓励教师将德育内容融入课堂教学，通过案例分析、情景模拟等方式，引导学生在掌握知识的同时，养成良好的道德品质和行为习惯。此外，学校还积极开展课外德育活动，如志愿服务、社会实践等，让学生在实践中体验德育的力量，培养他们的社会责任感和公民意识。

（2）大思政，强化思想政治教育的引领作用

在德育工作中，思想政治教育起着举足轻重的作用，学校加强思想政治教育课程在德育工作中的引领作用。学校还通过开展丰富多彩的思政活动和实践课程，引导学生树立正确的世界观、人生观和价值观。比如，带领学生参观中国共产党"一大"会址、"顾正红纪念馆"，赴安徽六安金寨进行"红色研学"等。同时，学校还注重培养学生的爱国情怀和民族精神，激励他们为国家的繁荣和民族的复兴而努力奋斗。学校编制了"四行仓库"研学手册，组织学生赴广东蕉岭谢晋元故乡进行研学旅行等。

（3）班主任队伍建设，加强班主任的培训和管理

班主任是班级德育工作的第一责任人，他们的专业素养和工作能力直接影响着德育工作的质量和效果。因此，晋元附校加强了班主任队伍的建设，提高班主任的专业素养和工作能力。学校制定严格的选拔标准，完善培训体系，建立考核机制，确保班主任队伍的整体素质和工作能力得到提升。

在班主任队伍的建设中，学校注重发挥优秀班主任的示范带头作用，通过评选优秀班主任、开展育德能力竞赛等方式激励更多的班主任积极参与德育工作并努力提升自己的专业素养和工作能力。同时，学校以师徒结对、"智慧泉"沙龙交流、情景答辩比赛等多种形式，探讨和解决德育工作中遇到的问题。

（4）全员导师制，为学生提供个性化、全方位的指导

为了更好地满足学生的个性化需求和发展需要，晋元附校建立了全员导师制度。在这一制度下，每位老师都担任一定数量学生的导师，为他们提供个性化、全方位的指导和帮助。导师不仅要关注学生的学习成绩和日常表现，还要关注他们的心理健康和成长需求，以便及时给予必要的支持和帮助。

在全员导师制的实施中，晋元附校注重加强导师与学生之间的沟通与联系。学校要求导师每周至少一次和结对学生本人、父母亲或其他亲属进行语音或视频等，每次的联系情况需及时填写《假期生活导师家校联系情况记录表》，做到一生一表，做好过程记录和留存，了解学生的思想动态和学习生活情况并给予及时的指导和帮助，对"需关注"学生加强过程跟踪和结果反馈。同时学校还建立了完善的学生评价体系，对导师的工作进行客观公正的评价和考核，激励导师更好地履行职责并不断提升自己的专业素养和工作能力。

综上所述，在立人教育背景下，晋元附校通过实施全员育人、大思政、学科德育、班主任队伍建设以及全员导师制等一系列举措，加强育德队伍的建设并取得了显著成效。这些举措不仅提升了德育队伍的整体素质和工作能力，还为学生的全面发展和健康成长创造了更加良好的教育环境。未来，晋元附校将继续坚持立人教育理念，不断完善育德队伍的建设机制，努力培养更多德智体美全面发展的社会主义建设者和接班人。

4. 打造学科高地——加强教研组建设

在立人教育理念的指导下，晋元附校教研组建设取得了显著成效，形成了具有自身特色的学科高地。教研组建设的成功经验主要有以下几个方面。

一是明确教研组建设的目标与定位。晋元附校教研组建设的首要任务

一是明确目标与定位。学校坚持立人教育理念，以学生全面发展为核心，注重培养学生的创新精神和实践能力。在这一理念的指导下，教研组确立了"以学科为基础，以教研为引领，以教师专业发展为重点，打造学科高地"的建设目标。同时，教研组还根据学校实际情况和学科特点，制定了具体可行的工作计划和实施方案。

二是构建高效的教研团队。晋元附校教研组注重从三校四校区集团化办学角度加强教研团队建设，通过优化组合、优势互补，形成了一支高效、精干的教研团队。学校在集团内设立学科基地进行带教指导，团队成员互相支持，互相学习，互相借鉴，形成了良好的合作氛围。同时，学校注重专业引领，聘请多名专家指导教研组建设，带教教师。学校还不断引进优秀人才，为教研组注入新的活力和动力。在团队建设中，学校注重培养教师的专业素养和教研能力，通过定期的培训、学习和交流活动，提高教师的教育教学水平和研究能力。

三是开展丰富多彩的教研活动。晋元附校教研组注重开展丰富多彩的教研活动，包括集体备课、听课评课、教学研讨、课题研究、撰写"学历案"等，每年举办"华童杯"教学技能竞赛。这些活动不仅有助于提高教师的教学水平和质量，还能促进教师之间的交流和合作。同时，学校鼓励教师积极参加各种学术交流和研讨活动，拓宽视野，提高学术水平。通过开展这些活动，教研组不仅提升了教师的专业素养，还形成了浓厚的教研氛围。

四是注重教研成果的转化和应用。晋元附校教研组注重教研成果的转化和应用。学校鼓励教师将教研成果应用于实际教学中，通过实践检验和完善教研成果。同时，学校注重将优秀的教研成果进行推广和分享，让集团校更多的教师和学生受益。

五是建立完善的评价和激励机制。晋元附校教研组建立了完善的评价和激励机制，激发教师的积极性和创造性。学校制定了科学、合理的评价标准和方法，对教师的教学、科研等方面进行全面、客观的评价。同时，学校采取了多种奖励和激励措施，如优秀教研组、优秀科研成果奖、我心目中的好老师等，表彰和鼓励在教研组建设中做出突出贡献的教师。

六是加强与外界的交流与合作。晋元附校教研组注重与外界的交流与合作。学校积极与晋元教育集团、华师大等建立合作关系，共同开展教育研究和实践活动。学校作为市普教所的科研基地校，积极参与多项课题研究，承担教学实验研究，取得丰硕成果。通过交流与合作，教研组不仅可以借鉴和吸收外部的优秀经验和资源，还可以拓展自身的视野和思路，推动学科建设和发展的步伐。

综上所述，晋元附校在教研组建设方面取得了显著成效，形成了具有自身特色的学科高地。在未来的发展中，晋元附校将继续坚持立人教育理念，加强教研组建设，推动学科建设和发展，为学校的高质量发展奠定人才基础。

优秀教研组建设案例

学习进取，实现教师专业发展新突破
——晋元附校小学英语教研组创共青团号先进事迹

有一种情愫叫做感动，有一种使命叫做责任。在"教师"这个神圣职业的光环下，我们承担的是责任，收获的是感动。我校小学英语教研组共有教师十九名，其中专职教师17名，中层领导兼职2名；党员3名，团员5名。这是一支朝气蓬勃、敬业爱生的青年队伍。在开展创建青年文明号活动以来，教研组在上级团工委和学校党支部的领导下，积极进取，开拓创新，收获了成长和发展。教研组始终围绕学校"立己立人、共同成长"的办学理念，坚持"厚德而和、行健而立"的学校精神，贯彻课标，强化能力，营造快乐，不断创新，以追求教师个体和整个团队更大的发展和成功为创建目标，做实基础工作，做好特色工作，进行校本教材的研发，积极投入科研工作。教研组坚持教师要为学生服务、为学生的专业发展服务的宗旨，在为学生提供优质教育服务的同时，谋求个体与学校的共同发展。

1. 稳扎稳打，为做好创建工作奠定坚实的基础

教研组以课程改革实验为主线，加强学习培训，进一步增强教师的课改意识，推动教师向专业化发展，提高教师的综合素质；扎实有效地抓好教学工作，加强教学设计的研究、课堂教学的调研和学科质量的调研，进一步提高教育教学质量。

（1）加强学习，提高认识

树立正确的教学观、质量观。教研组以发展为主题，质量为主线，创

新为动力，用"走出去"和"请进来"的方法，学习理论知识和教学实例，确立课改的新理念、新策略，坚定不移地推进教学方式和学习方式的转变，真正做到以"为了每一个孩子的发展"为核心。

(2) 讲求方法、落实实效

构建学生自主学习的新方式，让学生的自主性、独立性、能动性和创造性真正得到张扬和提升。教师在课堂中给学生更多自主发展的时间与空间，关注学生的学习过程，尊重学生的需要，保护学生的自尊心和自信心；赋予学生在教学中的主体地位，以交往互动的教学活动促进学生发展，建立积极、和谐的师生关系，沟通教学与生活、社会的联系，改革课堂教学结构，提高课堂教学效率。

2. 爱岗敬业、务实求新，创造性地开展创建活动

(1) 课程改革有新意

2015年1月，英语教研组在"普陀区教育系统干部培养工作坊"各位专家的指导下，在校级领导的关心下，根据上海市中小学英语课程标准的理念，根据我校学生年龄特点和语言学习的发展规律，进行校级英语课程的改革，调整教学内容、教学手段、评价方式等，以求事半功倍、减负增效，发挥最大的教学效果。

去年暑假，教师冒着高温酷暑，完成了一年级英语第一学期校本教材的编写、配图及印刷，让一年级新生在开学及时用上教材。该教材体现了我校英语课程改革的理念——让学生快乐学习，以听说为主，其课程内容与牛津英语相比更具有生活性、趣味性、时代性和文化性，通过英语学习和语言实践活动，初步培养和提高学生语言综合运用能力。

在课改中，教师通过快乐的活动有序实施课程，减轻学生负担，提高学习质量；同时聘请专家把脉，组织教研组所有教师参与听课研讨，根据课堂实效再次改编教材，使之更贴近学生。一年级的小学生使用这套教材后，在学习兴趣和口语表达上与往届相比有较大提高。

(2) 课题研究有突破

近几年来，教研组在校科研室的有力指导下，参与多个全国、市级课题研究并均顺利结题，这些课题分别是全国级重点课题"小学英语教师课程实施的程度检测与干预方案研究"（2009—2012年）、上海市课题"英语低年级文本再构的实践研究"（2010—2011年）、上海市课题"英语'任务

链'设计与应用"（2011—2012年）等。在一年级英语校本教材研究的基础上，教研组继续研究二年级校本教材，不断研究，不断突破。

（3）志愿精神身体力行

本年度，教研组继续发扬"团结、友爱、奉献、互助"的志愿服务精神，除积极参与校内外各大公益活动，还开展送真情、送温暖、与学生"大手牵小手"义务辅导活动。为落实"爱心守护、快乐回家"，教研组青年教师主动加入学校青年义工队伍。教研组教师还积极参与学校周边社区、街道开展的"同心家园"共建活动。在正在进行的全市交通大整治活动中，教研组青年教师自发组队，与交管、家长志愿者协同合作，在校门口为孩子开出一条"绿色通道"。

（4）帮扶贫困传递爱心

教研组内青年教师积极响应学校号召，帮扶贫困，将爱心传递进行到底。不仅如此，每年这些青年教师总是带头捐款，积极动员其他师生踊跃捐款。近年来，随着网络微信平台的发展，教师们更是通过线上公益活动集爱心，大手牵小手，让爱心串起希望。他们是学校的榜样，更是学校爱心传递的旗帜。

3. 加强监督，严格管理，确保创建活动有序开展

（1）依据创建青年文明号工作的需要，教研组制定了"青年文明号"创建计划及实施方案。

（2）严格自查考核制度，定期对创建工作进行总结，自查小组对发现的问题及时提出整改意见，并由创建领导小组对创建活动给予指导和评价。

（3）聘请校内外同志担任义务监督员，随时对教研组的工作质量、进度和服务水平等提出批评意见。教研组汇总意见后及时改进工作，推动创建活动的深入开展。

创建"青年文明号"为教研组提供了广阔的舞台，既带来了新的机遇，也带来了新的挑战。"一分耕耘，一分收获"，在上级领导的关怀和全体成员的共同努力下，教研组由稚嫩逐步走向成熟。在今后的工作中，教研组将不断总结经验，改进不足，争取再创佳绩。

实践案例分析

晋元附校小学英语教研组是一支充满活力、勇于进取的青年团队，该团队通过不断学习、积极创新，实现了教师专业发展的新突破，展现了青年文明号的独特风采。

1. 以学习为基础，构建专业发展新平台

教研组始终将学习放在首位，"走出去"与"请进来"相结合，使教师们不断汲取新的教学理念和方法，确立了课改的新理念、新策略。这种学习不仅限于理论知识，更多的是对教学实践的深入探索。例如，在校本教材的研发过程中，教师们结合学生实际，不断调整教学内容和手段，使之更具生活性、趣味性和时代性。这种以学习为基础的专业发展，为教师们构建了一个全新的发展平台，也为教学质量的提升奠定了坚实基础。

2. 以创新为动力，实现教学方式新转变

在课程改革的大背景下，教研组积极倡导创新，他们不仅关注学生的学习过程，更尊重学生的需求，致力于构建学生自主学习的新方式。在课堂中，教师们给予学生更多自主发展的时间和空间，通过交往互动的教学活动促进学生发展。这种以创新为动力的教学方式转变，不仅提高了学生的学习兴趣和学习效果，也进一步推动了教师的专业发展。

3. 以科研为引领，拓展专业发展新领域

教研组注重科研工作的开展，通过参与多个全国、市级课题研究，教师们不仅提升了自身的科研能力，也为学校的教学改革提供了有力支持。在校本教材的研发过程中，教研组以科研为引领，结合学生实际和课程标准，进行了深入的研究和实践。这种以科研为引领的专业发展，不仅拓展了教师们的发展领域，也为学校的教学改革注入了新的活力。

4. 以团队为保障，凝聚专业发展新力量

教研组注重团队建设，通过优化组合、优势互补，形成了一支高效、精干的教研团队。在这个团队中，教师们互相支持，互相学习，互相借鉴，形成了良好的合作氛围。这种以团队为保障的专业发展，不仅凝聚了教师们的力量，也为学校的持续发展提供了有力保障。

5. 以监督为手段，确保专业发展新成效

为了确保教师专业发展的新成效，教研组加强了监督工作。通过制定详细的创建计划和实施方案，以及严格的自查考核制度，教研组对创建工作进行了全面的监督和管理；同时，教研组聘请校内外义务监督员对工作质量、进度和服务水平等方面提出批评意见，及时改进工作。这种以监督为手段的专业发展，确保了教研组工作的有序开展和成效的取得。

综上所述，晋元附校小学英语教研组通过不断学习、积极创新、注重科研、强化团队和加强监督等措施，实现了教师专业发展的新突破。这种突破不仅体现在教师们个人的专业素养和教学能力的提升上，更体现在学校整体教学质量和办学水平的提升上。未来，教研组将继续发扬"团结、友爱、奉献、互助"的志愿服务精神，为学校的发展和社会的进步贡献更大的力量。

四、改革课堂　创新教学

1. 改革课堂创新教学的内涵

随着教育改革的不断深化，课堂教学作为教育的核心环节，其改革与创新显得尤为重要。从上轮规划课改的"有效教学"到本轮规划课改的"素养为导向的优质课堂建设"，课堂教学改革的主题不断升级，旨在更好地适应时代发展的需要，培养具备全面素养和创新能力的学生。

有效教学作为上轮规划教学改革的主题，强调教学效果的达成和学习效率的提升。在这一主题下，教师们开始关注学生的学习需求，注重教学目标的明确和教学内容的优化，通过精心设计教学环节、采用多样化的教学方法和手段，激发学生的学习兴趣和积极性。同时，有效教学评价体系的建立，使得教学效果的评估更加科学客观，为课堂教学改革奠定了坚实的基础。

随着教育理念的更新和发展，本轮规划课改提出了"素养为导向的优质课堂建设"。在这一主题下，课堂教学的目标不再仅仅是知识的传授，更重要的是学生全面素养的培养。为实现这一目标，学校从以下几个方面实施改革。

一是大单元教学设计。打破传统教学中以课时为单位的设计模式，以大单元为单位进行整体设计，通过整合教材内容、优化知识结构、明确教学目标和重难点，使得教学更加系统、连贯、高效。同时，大单元教学设计有利于培养学生的整体思维能力和综合运用知识解决问题的能力。

二是跨学科教学。打破学科壁垒，实现跨学科融合教学。通过整合不同学科的知识和方法，学校设计跨学科的教学活动和项目，培养学生的跨学科思维能力和创新能力。跨学科教学有利于拓宽学生的知识视野，提高综合运用知识解决问题的能力。

三是综合实践活动。注重学生的实践体验和能力培养，设计丰富多样的综合实践活动，如实验、调研、社会实践等，让学生在实践中学习，在实践中成长。综合实践活动有利于培养学生的实践操作能力、创新能力和社会责任感。

四是项目化学习。以项目为载体，引导学生主动探究和合作学习。学校设计具有挑战性的项目任务，激发学生的探究欲望和合作精神。在项目化学习过程中，学生需要自主搜集资料，设计方案，解决问题并展示成果。这种学习方式有利于培养学生的自主学习能力、团队协作能力和创新能力。

实现素养为导向的优质课堂建设目标，需要对教学方式进行变革。启发式教学和合作探究式教学是两种重要的教学方式变革方向。

启发式教学注重引导学生自主思考和发现问题，通过创设问题情境、提出启发性问题、引导学生自主探究等方式，激发学生的思维活力和探究欲望。启发式教学有利于培养学生的独立思考能力和问题解决能力。

合作探究式教学注重学生的合作学习和共同探究，通过分组合作、共同讨论、互相评价等方式，引导学生开展合作学习和探究活动。合作探究式教学有利于培养学生的团队协作能力和创新精神。

随着信息技术的快速发展和教育信息化的推进，信息化与课堂教学的深度融合已成为必然趋势。利用信息技术手段辅助课堂教学，可以提高教学效果和学习效率，例如利用多媒体教学资源展示教学内容，利用在线教学平台进行远程教学等。同时信息技术手段还可以为个性化教学提供支持，如通过数据分析学生的学习情况和学习需求，为每个学生提供个性化的学习方案和指导服务等。这种个性化的教学方式有利于满足学生的不同学习需求，挖掘学生的发展潜力。

总之，从上轮规划课改的"有效教学"到本轮规划课改的"素养为导向的优质课堂建设"，课堂教学改革在不断深化和发展中取得了显著成效。未来我们将继续探索，创新教学方式和手段，为培养具备全面素养和创新能力的学生而努力！

2．改革课堂创新教学的实施

随着教育改革的推进，课堂教学改革成为培养具备全面素养和创新能力学生的关键。从"有效教学"到"素养为导向的优质课堂建设"，课堂教学改革的主题不断升级，我们拟定了实施路径，以指导实践者有序、有效地推进课堂教学改革。

（1）明确改革目标与理念

首先，明确改革的目标，即从传统的知识传授转变为全面培养学生的素养。这要求教师转变角色，从单纯的知识传授者变为学生学习的引导者和合作者。同时，学校确立以学生为中心的教学理念，关注学生的需求和发展，确保教学活动的设计和实施能促进学生的全面发展。围绕新课改学校组织了多轮学习及专家报告，各教研组对学科新课标进行深入研学，并推进素养导向的教学设计和教学。

（2）推进大单元教学设计

大单元教学设计是实现素养导向教学的重要途径，它要求教师整合教材内容，优化知识结构，明确教学目标和重难点，设计系统、连贯、高效的教学活动。在大单元教学设计中，教师注重知识的内在联系和逻辑性，确保学生能够形成完整的知识体系，同时关注学生的学习过程和方法，培养学生的自主学习能力和问题解决能力。学校各教研组均广泛开展大单元教学设计的实践，编撰大单元教学设计案例集。

（3）实施跨学科教学

跨学科教学有利于培养学生的综合素养和创新能力。在实施跨学科教学时，教师打破学科壁垒，整合不同学科的知识和方法。教师设计跨学科的主题活动或项目，让学生在探究过程中综合运用所学知识解决问题。学校鼓励教师进行合作与交流，共同设计跨学科的教学方案和评价标准，《望远镜中的星空奥秘》跨学科案例荣获区一等奖。

（4）开展综合实践活动与项目化学习

综合实践活动和项目化学习是培养学生实践能力和创新精神的有效途径。学校通过开展实验、调研、社会实践等活动，让学生在实践中学习，在实践中成长。在活动过程中，学校注重学生的体验和感悟，鼓励学生自主发现问题，提出假设并验证结论。同时，学校引导学生学会合作与分享，培养团队协作精神和社会责任感。在项目化学习中，学校以真实问题为驱动，设计具有挑战性的项目任务，激发学生的探究欲望和合作精神，既关注学生的自主学习和问题解决过程，又培养学生的批判性思维和创新能力。2023年底，学校组织了全校性"龙文化"项目化学习活动。

（5）变革教学方式，开展启发式与合作探究式教学

启发式教学注重引导学生自主思考和发现问题，通过创设问题情境、提出启发性问题等方式激发学生的思维活力和探究欲望。在教学中，教师扮演引导者的角色，鼓励学生大胆质疑，勇于探索。合作探究式教学则注重学生的合作学习和共同探究过程，通过分组合作、共同讨论等方式引导学生开展合作学习和探究活动。在合作过程中，教师关注学生的互动与交流情况，及时给予指导和支持，确保合作探究的效果。

（6）深度融合信息技术与课堂教学

利用信息技术手段辅助课堂教学可以提高教学效果和学习效率，实现个性化教学。例如利用多媒体教学资源展示教学内容，可以增强学生的学习兴趣和直观感受；利用"在线双师教学平台"进行远程教学，可以打破时空限制为学生提供更加灵活的学习方式；利用"智学网"数据分析技术，可以实时监测学生的学习情况和学习需求，为个性化教学提供支持。在深度融合信息技术与课堂教学的过程中，学校确保技术的有效性和适用性，避免过度依赖技术而忽视教学本质的现象发生。

（7）完善评价体系与激励机制

学校建立以素养为导向的评价体系，关注学生的全面发展而不仅仅是知识掌握情况；注重过程性评价而不仅仅是结果性评价；鼓励学生开展自评和互评，培养学生的自我评价能力和批判性思维；及时给予反馈和指导，帮助学生改进学习方法和提高学习效果；完善激励机制，激发学生的内在动力和学习兴趣；关注教师的专业发展和成长，为教师提供必要的培训和支持，确保课堂教学改革的持续推进和不断深化。

3. 改革课堂创新教学的实践成果及经验

多年的课堂教学改革实践，学校积累了丰富的成功经验和案例。我曾于2011年在核心期刊《上海教育科研》发表《有效教学的诊断：以一堂数

学课为例》。2006年，在上海市高中地理新教材《地球的伙伴——月球》的说课比赛中，我荣获一等奖，该说课稿被上海市教研室编撰于《地理学科教学目标与课堂教学设计》一书，供全市高中地理教师参考。2007年，我在《上海教育》发表《有效教学的理论思考与实践探索》。二十多年来，学校以"信息化""数据"为视角，坚持围绕"信息化打造课堂""精准化分析课堂""线上线下融合教学"等信息技术背景下的多维度课题作持续研究，将现代信息化技术融入课堂教学，取得多项研究成果。

实践经验之一

有效教学的诊断：以一堂数学课为例[①]

在有效教学蓬勃发展的今天，衡量有效教学的关键指标已经从教师的教学行为转移到学生的学习。所谓"有效"，是指通过教师一段时间的教学之后，学生获得具体的进步或发展，也就是说，学生有无进步或发展是教学有没有效益的唯一指标。课程学者古德莱德区分了教师运作的课程和学生经验的课程。这种区分提醒我们，教师所教的，学生并不一定都学到，而教师没有教的，学生却有可能学到了。当教师在讲台上滔滔不绝时，学生学到了多少？我们想当然地认为，教师的教肯定比不教好，教师教了后，学生理解得更深入。但是，事实是否如此呢？而当教学后目标达成度反而降低的事件真的发生的时候，我们能采取怎样的方法分析学生达成度降低的原因，又应如何运用学生的学习来启示、调整教师的教学呢？

1. 教学后目标达成度反而更低？

2007年4月11日，上海市晋元高级中学附属学校举行了"利用互动技术提高小学课堂教学有效性研究"的研讨会。与会成员有课题组指导专家，洛川学校、普雄学校、宜川附校、浦东新区六师附小及我校课题组的负责人和实验教师。研讨会上我校秦老师开设了一节二年级数学课研究课《时、分、秒》。

本节课主要要求学生在认识整时和几时半的基础上进一步认识钟面结构，知道钟面上一共有12个大格、60个小格；时针走一大格的时间是1时，分针走一小格的时间是1分；认识时间单位时、分、秒，知道1时=

[①] 本文发表于《上海教育科研》2011年第1期，选入时有改动。

60分，1分＝60秒；学会读钟面上所表示的时刻。本节课的教学难点是认识几时几十几分，特别是几时五十几分。

在新课开始时，教师让学生做了一道前测题，通过"按按按"的白板互动发现，学生的正确率为80.5%。在新授课结束时，教师又出示了检测题，用"按按按"验证教学效果，结果正确率为63.9%。也就是说，教学后，学生的正确率反而下降了！

在课后反思中，执教教师是这样记载当时的感想的："当我翻牌看到这一个结果时，心一下子凉了大半，脑子里一直在盘旋，怎么会这样！怎么现在又有13个人选择错误，怎么教了还错得更多了！"

二、确定无效的症结——多种诊断方法的运用

针对秦老师教学中出现的这一问题的产生原因有二种猜测：一是学生粗心看错了。但是，错的比例不可能大到全班同学的36.1%！而且在前测中，正确率高达80.5%。二是教师的教学存在错误。但是，错误又出现在哪里呢？对这一问题，应该怎样分析呢？

有效教学来自对教学过程的准确分析，对教师的教学行为和学生的认知轨迹做出精确的分析，而这些分析需要借助一定的方法。在此案例中，我们尝试了课堂观察、访谈、合作研讨和调查等四种方法，确认问题的症结所在。

（1）课堂观察

本课采用的课堂观察方法是关键事件记录法，主要是对涉及认识几时几十几分的教学重难点环节进行记录。主要记录如下。

T：秦老师让时针和分针同时从12开始转动。请小朋友仔细观察，它们是怎么转动的？看一下。时针和分针它是怎么转动的？S1。

S1：时针和分针都是从左往右转的。

T：哦，有不同意见，我请S2说说看（学生举手者很少，说明学生不清楚）。

S2：时针和分针是从右往左走的。

T：是从右往左转动的，对不对？是不是（学生应者寥寥，说明学生普遍存在疑惑）？请坐，这就是通常所说的顺时针。

从关键事件的记录来看，教师确实在教学中存在错误（见图3-5）。从钟面指针的运动方向来看，从9时位置运动到3时位置，指针是从左向右

转动的，而从 3 时位置运动到 9 时位置，指针是从右向左转动的。教师自认为时针和分针同时从 12 开始转动时，它们是从右钟面向左钟面转动。但这不是转动方向，而是位置变化。

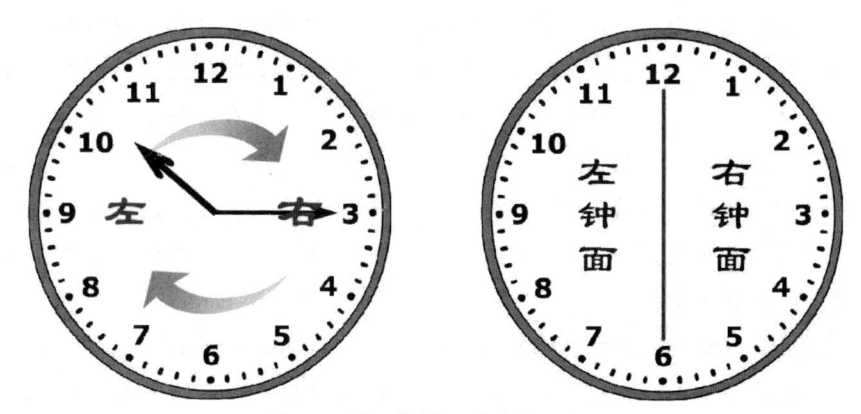

图 3-5　钟面指针运动方向示意图

(2) 学生访谈

课后，授课教师对那些选择错误的学生进行访谈。访谈问题是："你认为这是几点钟？为什么？在上课时，你是在什么地方开始觉得不清楚的？"学生的回答表明，在前面教学 9 时 58 分时，学生脑子很清楚，几时五十几分也知道关键要看时针。但是，在学生还没有完全消化时，教师就马上让他们判别 11 时 22 分和 7 时 58 分，此时学生就易产生错判。

由此可见，教师出示的例子也有很大的问题——11 时 22 分，时针接近 11；而 7 时 58 分，时针接近 8，在对一个概念的关键特征还没有清楚掌握时，教师就同时出示两个例子，并要求进行判别，这样就产生了两个知识点的负迁移。造成负迁移的最关键的原因还是学生对时针顺时针转动的特点缺少认识。

(3) 合作研讨

课后执教教师和听课教师进行了研讨，各位教师直抒己见，场面甚是热烈。下面是执教教师的分析。

教师甲认为造成执教教师"接近整点的钟面判读"教后检测正确率不理想的原因是在教授接近整点的钟面判读方法时，老师虽然概括了方法，即先看时针，过几不到几确定几时，再看分针来确定几分，并安排学生进行拨钟的实践体验，但这种实践活动并没有体现教师的预设目标。为解决本课的难点，拨钟的环节要让学生明确观察任务，带着任务去操作。例如从整时开始拨，通过分针转动一圈的逐一变化观察时针的变化情况。

教师乙认为造成执教教师"接近整点的钟面判读"教后检测正确率不理想的原因有两个。一是学生拨钟面的活动缺少针对性过程。要弄清楚到底是7时58分，还是8时58分，教师要引导学生掌握钟面指针顺时针转动的规律。其次，在让学生拨钟面的活动中，教师没有引导学生实时观察时针和分针的实际变化，导致学生没有掌握钟面显示时间的本质规律。二是教师对"顺时针转动"的表述不正确，不能说"从左往右或从右往左"，而应该说"钟面上分针从12到1，再至2、3、4，……又转至12。这样转动就是顺时针方向转动。"

从上述教师的分析中我们可以发现，他们把问题产生的最根本原因归结为学生对钟面上指针顺时针转动方向，以及时针及分针在转动中的位置关系缺乏感性认知，而教师在教学中没能有效地帮助学生突破这一"最近发展区"。

（4）课后调查

为了了解学生在日常生活中对时钟的感性接触情况，执教教师设计了学生问卷。图3-6是问卷调查的结果统计。此班学生共36人，有7（19.4%）人经常看时钟，有25人（67.8%）在学习时分秒这课之前很少看时钟，有4人（9.3%）平时只看有数字显示的电子钟。

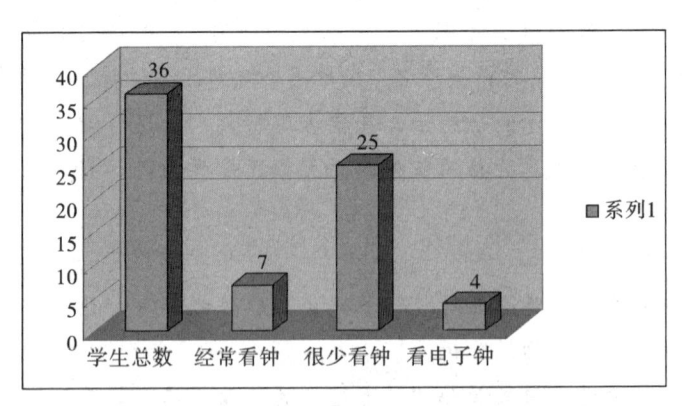

图3-6 学生问卷统计

从统计图表中，我们发现，学生缺少生活经验，对钟面上指针顺时针转动缺少感性认识，这给学生学习带来困难。例如8：10时，时针接近8，但此时已超过8时；7：58时，时针接近8却是7时多8时不到，部分学生在判读时可能会受到接近数的影响。如果教师在课堂上设计一些环节巩固强化学生对钟面指针顺时针转动的认识，相信学生在看时针时可真正理解老师所讲的方法，提高正确率。

3. 有效教学应该怎样练成？

（1）研究学生经验的课程

有效的教学应该是从学习者的生活经验和已有的知识背景出发，关注学生的进步或发展。首先，教学不是唱独角戏，离开"学"，就无所谓"教"，教师需要有鲜明的对象意识。其次，这种意识如何才能转化到课堂中，需要我们研究学生经验的课程，在发生每一次类似的错误时细致地分析、诊断，积累对学生认知结构和特点的数据和理性认知，这样才能了解学生认知情况。只有知道学生的认知起点在哪里，将教学建立其上，才能使教学目标真正"有的放矢"。在《时、分、秒》的教学中，正是因为教师对学生"钟面感性认知缺乏"这一学情把脉不准，才造成了"指针转动方向及其相对位置关系"教学不到位的遗憾。超出学生"认知起点"的教学，使"有意义"失去了逻辑链条，"建构支架"失去了支点，最终不能建立起通达"最近发展区"的桥梁。

2. "互动反馈技术"不是万能的，却是必要的

要所有教师在所有的教学中都能准确地把握学生的"认知背景"和"建构过程"是不可能的。教学活动是一项非常依赖经验积累的工作。教学经验丰富的教师对学生的了解多一些，教学的针对性强一些，教学的有效性明显一些。那么有没有办法突破这一宿命使教学活动从经验性走向科学性？"互动反馈技术"可能可提供一条探索之路。

"互动反馈技术"最突出的优势就是有可能即时全面地获取课堂教学中的生成信息，将之提供给教师作为应变教学的客观事实基础。秦老师的这节课正是应用了"互动反馈技术"才发现了"真实的结局"。同时，也正是因为她在教学中没有充分应用"互动反馈技术"去细致破解学生在认知时、分、秒过程中的思维密码，才使她没能准确地把握学生的"认知背景"和"建构歧见"，从而造成了"遗憾的结局"。

（3）面对教学问题的诊断和改进策略

教学中产生问题总是不可避免的，教师教的没有能被学生很好地接

受，或者教学目标产生落差甚至落空。出现问题并不可怕，可怕的是对问题无动于衷的态度和无所作为的行动。有效教学需要反思，更需要良好的问题解决策略。在这堂课上，教学目标的降低已经发生了，教师做了问题诊断，执教者和听课者在交流中曾有过十分激烈的争论，最后结合诊断提出了改进的策略和方法。作为校长，我参与其中，感受到教师的思索在涌动，智慧在闪光，专业化在提升。围绕着秦老师的这节课，事件、差异、思索和学习等要素组合在一起，演奏出一曲动听的有效教研交响乐！对学生认知规律的认知应是每一位教育工作者永恒的追求。我们到达的不是彼岸，地平线还在远方！

实践经验分析

有效教学，作为现代教育理念的核心，强调教学效果的最大化，追求学生在单位时间内获得尽可能多的进步与发展。本文所呈现的案例，不仅是对一堂数学课的深入剖析，更是对有效教学理论的一次生动实践。这篇文章从多个维度揭示了有效教学的深层价值。

其一，这篇文章彰显了有效教学理念中"以学生为中心"的核心思想。在整个案例分析中，学生的学习状态、认知起点、思维轨迹以及学习成效都被置于了研究的中心位置。教师的教学行为、教学策略以及教学反思都是围绕着如何更好地促进学生的学习而展开的。这种以学生为中心的教学理念，是有效教学的基石，也是现代教育理念的重要组成部分。

其二，文章通过具体的教学案例，揭示了有效教学需要精准的教学目标和恰当的教学内容。在本案例中，教师在教学前对学生的前测结果表明，学生对整时和几时半的认知已经较为扎实，但对更为复杂的几时几十几分的认知存在困难。然而，在教学中，教师未能针对这一难点进行充分的教学设计和实践，导致教学目标未能达成。这提醒我们，在有效教学中，教师需要深入分析学生的学习需求和认知难点，制定精准的教学目标，并选择恰当的教学内容和方法，确保教学的有效性。

其三，文章强调了有效教学需要教师对学生的学习过程进行细致的观察和深入的分析。在本案例中，教师通过课堂观察、学生访谈、合作研讨和课后调查等多种方法，对学生的学习过程进行了全面的诊断。这种诊断不仅帮助教师找到教学问题的症结所在,也为教师提供改进教学的有力依据。这体现了有效教学中教师对学生学习过程的关注和对教学效果的追求。

其四,文章通过反思和改进策略的提出,展现了有效教学的自我完善和发展性。面对教学目标未达成的问题,教师并没有选择回避或推卸责任,而是进行了深入的反思和剖析,并积极寻求改进的策略和方法。这种勇于面对问题、积极寻求改进的精神和行动,是有效教学的重要特征,也是教师专业成长的重要途径。

综上所述,这篇文章从有效教学的理论角度出发,通过具体的教学案例深入剖析了有效教学的核心理念、教学目标、教学过程以及教学反思和改进等多个方面。它不仅提供了对有效教学理论的深入理解和实践启示,也展示了有效教学的魅力和价值所在。

实践经验之二

《地球的伙伴——月球》说课稿

【教材分析】

1. 地位和作用

《地球的伙伴——月球》是高中地理中的一个专题,它的主要内容包括月球概况、月相和潮汐三部分。第一课时介绍月球概况和月相。

"谈天"是为了"说地",教材介绍这些内容主要是为了让学生了解月球与地球在自然环境方面的差异,以及月球对我们地球产生的地理影响。

2. 教学目标

(1) 认知与技能

①通过观看有关月球表面自然环境的一段视频,发现并分析月球与地球在自然环境方面的主要差异及其成因。

②合作探究并演示月球的同步自转和公转,且能用语言进行表述。

③通过对月球绕地球运动模拟情境的观察,分析月相变化的原因。

④能分辨不同的月相,并说出主要月相的名称及其相应的农历日期。

⑤能结合农历对主要月相进行简单的观察。

(2) 过程与方法

创设情境生成问题,通过自主合作探究问题。

(3) 情感态度与价值观

①激发对月球的探究欲望。

②在自主合作探究的过程中，养成科学的态度和探究的精神。

③获得战胜困难、赢得成功的心理体验。

3. 重点和难点

(1) 重点——月相。

人们根据月相制定了阴历，它与人类的关系比较密切。所以月相是本课的重点。

(2) 难点——月相。

日、地、月三者位置的变化造成了月相的变化，这种三维空间变化的思维如果没有实际的模拟情境或动画支撑，学生难以理解，所以它是教学的难点。

【教学程序】

建构主义教学设计原理强调：学生的学习活动必须与一定的任务或问题相结合，让学生在真实的教学情境中带着任务学习，以探索问题的解决方法来驱动和维持学习者学习的兴趣和动机。"问题——探究式"教学模式以问题解决为中心，通过发现问题、分析问题、创造性地解决问题等步骤去掌握知识、培养创新精神和实践能力。

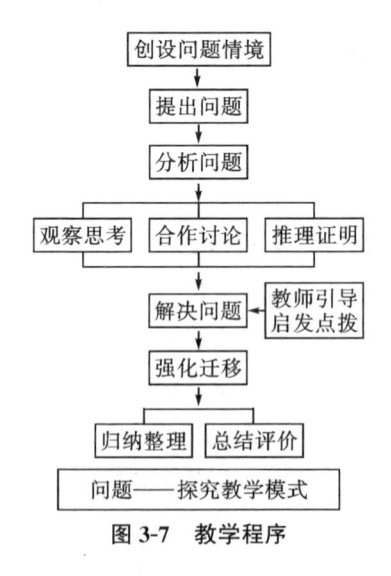

图 3-7 教学程序

【教学媒体的运用】

（1）一只半边涂黑的白色排球。

（2）月相 flash 课件。

（3）相关图片和视频资源。

【教学过程】

1. 引入

从有关月亮的古诗词引入，通过提问学生对课题名称的理解使学生明确月球与地球的关系。

设计说明："伙伴"——同属地月系；月球围绕地球公转——月相变化、潮汐现象都与这种运动有关，因此要点一下课题。

2. 月球概况

（1）月球表面的自然环境

①情境创设：观看月球视频介绍。

②学生自主发现月球与地球在自然环境方面的主要差异。讨论思考：月球表面的自然环境与地球相比有哪些主要的差异，为什么会这样呢？解释：月球上没有空气，没有水，重力加速度小，昼夜温差大，白天能看见天空中的星星，表面布满环形山等，造成这一切的最主要原因是什么？（学生没有发现的教师提示。）

③合作探究讨论，教师适时进行引导。

设计说明：a. 通过看、听和思考，培养学生自主发现问题的能力，"自主发现问题的能力"是突显学生主体性的重要方面，在我们的教学中常被忽略，所以尤显珍贵；b. 对于高二学生而言，难度并不大，可充分发挥他们的主体性；c. 可达到引发竞争、激发兴趣的目的。

（2）月球的同步自转和公转

①情境创设：看月球照片。你看见的月亮是哪一张？

②教师提出问题：为什么月球始终是同一面朝向我们地球呢？

③学生自主合作探究：在学生讨论后，请一位学生上台扮演月球，围绕教师（扮演地球）进行绕转演示并说明道理（同步自、公转），其他同学进行补充和纠正。对最容易产生错觉的月球有公转而没自转情况可再演

示一次，防止错误理解。

设计说明：①情境激趣设疑，也可以激发学生以后去观察；②问题难度适宜，有利于培养学生自主合作的探究能力；③分析表述"公转、自转同向且同步"较难，所以需增加讨论和演示启发。

（3）月相

①创设情境：通过看不同的月相照片和古诗"月有阴晴圆缺"导入。

②提出问题：月相为什么会有变化？让学生猜测月相变化的原因。

设计说明：学生知道月相有变化，但对其成因普遍缺乏深入了解，让他们猜测可激趣激欲。

③情境演示，任务驱动：让全体学生团坐于教室中央，一名学生手持涂黑半边的排球围绕着大家作自西向东的绕转（注意白色一边始终朝向假设的太阳方向）。其他同学认真观察白色部分，即"月相"的变化。

设计说明：a. 观测者能对月相变化实现身临其境的仿真观察，体验习得过程，Flash课件只能做到旁观；b. 月相变化是三维空间变化，实物演示能让学生"直接看见"月相及其变化过程，而Flash课件是两维的，只能让学生"想象"出对应的月相，所以创设类似的实物情境比两维的Flash课件演示具有更强的直观性，更有利于学生在大脑中建构"月相图式"，也更容易理解月相的成因。

（4）探究月相变化的规律及原因

①学生依据对上述演示的观察，在Flash课件上正确拖放不同月相的位置。

设计说明：a. 立体——平面：将三维立体转换成平面图形；b. 动态——静态：强化日、地、月位置和月相的关系，利于学生分析月相成因；c. 有利于识记月相；d. 纠正观察者位置偏差而造成的误差。

②看Flash课件演示月相成因。

设计说明：支持学生思维，教师启发学生讨论分析月相变化的成因；培养学生从"表象"提取"本质"的思维和表达能力；教师归纳，让学生建构正确的月相变化成因的概念。

③看 Flash 课件"认识月相"部分，识记主要月相和名称及相对应的农历日期，理解月相的变化规律。

设计说明：强化学生对月相图的系统掌握。

4. 迁移拓展

（1）探究"新月—满月"为西侧亮，"满月—新月"为东侧亮。

设计说明：深化学生对月相图象系统的理解。

①情境激趣设疑。上、下两幅图中哪幅表示农历的前半个月，哪幅表示农历的后半个月？为什么？

②学生讨论回答。

③探究演示：学生应用排球情境演示和观看 Flash 课件获得正确的结论。

设计说明：a. 因为还没有学习地球自转，学生的空间方向感较差，排球情境演示可让学生获得身临其境的切身感受；b. Flash 课件的动态翻转有利于学生将实物场景思维转化为图像场景思维；c. Flash 课件的动态翻转统一了方位参照系，有利于学生理解；d. 两种不同的方式有利于不同基础学生的理解，体现分层指导。

（2）探究月相的实际简单观察问题（并简单介绍日食和月食，课程标准的要求）。

设计说明：联系实际、学以致用。

①情境激趣设疑。

②学生合作探究尝试回答。

③Flash 课件演示。启发学生根据日、地、月三者的角度关系（按月球公转方向度量，即新月为 0 度，上弦月为 90 度……）及太阳方位显示的大致时间进行判定。教师可在课件上以满月为例启发学生自己得出结论，在此基础上再让学生举一反三学会分析其他月相。

设计说明：课件制作体现贴近学生生活实际经验的原则，有利于学生理解。

【板书设计】

板书设计见图3-8所示。

地球的伙伴——月球

一、月球概况

1. 月球表面的自然环境。

2. 月球的同向同步自转、公转现象。

二、月相

1. 月相变化的成因

由日、地、月三者之间位置不断变化而造成。

2. 月相变化的规律

（1）规律：新月—蛾眉月—上弦月—凸月—满月—凸月—下弦月—蛾眉月—新月。

（2）周期：朔望月。

（3）月相与农历。

图3-8　板书设计

实践经验分析

合作探究式教学强调学生在教师的引导下，通过合作与交流，共同探究知识，解决问题。这种教学方式有利于培养学生的自主学习能力、合作能力和创新思维能力。《地球的伙伴——月球》的说课教案充分体现了合作探究式教学的理念。

1. 明确教学目标，注重学生主体地位

该说课教案的教学目标包括认知与技能、过程与方法、情感态度与价值观三个方面，既注重知识的传授，又重视能力的培养和情感态度的引导。在教学过程中，教师始终以学生为主体，通过创设情境、提出问题、合作探究等方式，引导学生主动参与学习，充分体现了学生的主体地位。

2. 创设情境，激发兴趣

教师通过引入有关月亮的古诗词、观看月球视频介绍等方式，创设了生动、有趣的教学情境，激发了学生的学习兴趣。这些情境与学生的生活经验和认知水平相贴近，有利于学生在情境中发现问题，提出问题，进而产生探究的欲望。

3. 问题导向，合作探究

在合作探究式教学中，问题是探究的起点和主线。该说课教案中，教师根据教学内容和学生实际，精心设计了一系列问题，如"月球表面的自然环境与地球相比有哪些主要的差异？""为什么月球始终是同一面朝向我们地球呢？"等。这些问题具有针对性、启发性和层次性，能够引导学生由浅入深、由表及里地进行探究。

在问题的引导下，教师组织学生开展了多种形式的合作探究活动。如让学生自主发现月球与地球在自然环境方面的主要差异，合作探究月球的同步自转和公转，观察月相变化等。这些活动让学生在合作中交流，在交流中碰撞，在碰撞中深化认识，有效地促进了学生对知识的理解和掌握。

4. 注重过程与方法，培养探究能力

该说课教案注重过程与方法的传授，让学生在探究过程中学会学习，学会合作，学会创新。教师通过引导学生观察、思考、讨论、演示等方式，让学生亲身经历了知识的形成过程，体验了科学探究的乐趣。在这个过程中，学生不仅获得了知识，更重要的是掌握了科学探究的方法，培养了创新思维能力和实践能力。

5. 拓展迁移，学以致用

合作探究式教学注重知识的拓展与迁移，鼓励学生将所学知识应用于实际生活中。在该说课教案中，教师设计了迁移拓展环节，让学生探究月相的实际简单观察问题，并介绍日食和月食现象。这些设计让学生将所学知识与实际生活相联系，提高了学生运用所学知识解决实际问题的能力。

6. 多元评价，促进发展

合作探究式教学强调多元评价，重视过程性评价和表现性评价。在该说课教案中，教师采用了多种评价方式，如观察学生的表现、听取学生的发言、检查学生的作业等。这些评价方式能够全面、客观地反映学生的学习情况和发展水平，为教师的教学提供有力的反馈和支持。

综上所述，《〈地球的伙伴——月球〉说课稿》充分体现了合作探究式教学的理念，注重学生的主体地位、情境的创设、问题的引导、过程的体验、知识的拓展和多元的评价。这种教学方式有利于培养学生的自主学习能力、合作能力和创新思维能力，对于提高学生的科学素养和综合素质具有重要意义。同时，该说课教案也为教师提供了可借鉴的教学思路和方法，有助于推动高中地理教学的改革和创新。

实践经验三

有效教学的理论思考与实践探索[①]

1. 背景

二期课改的核心理念是以学生发展为本，坚持全体学生的全面发展，关注学生个性的健康发展和可持续发展。课堂教学是素质教育的主阵地，因此，实施有效教学成为实现二期课改核心理念的重要途径。有效教学是教师遵循教学活动的客观规律，以尽可能少的时间、精力和物力投入，取得尽可能好的教学效果，从而实现特定的教学目标，满足社会和个人的教育价值需求。教学的有效性表现为教学有效果、有效益和有效率。有效果——学生的进步与发展；有效益——教学目标与特定的社会与个人的教育需求相吻合；有效率——以较少的教学投入获得较好的教学效果。

晋元高级中学附属学校原名万里学校，是一所新创九年一贯制学校，基础比较薄弱。2002年学校由晋元高级中学承办。近几年来学校不断加强现代学校制度建设，构建教学质量保障体系，通过校本研修不断提高教师的专业化水平，大力探索实施有效教学的途径。经过努力，学校的教学质量有了大幅度的提升，在近两年的中考中，学校均获得了优异的成绩。

2. 我们的一些思考和做法

（1）以人为本，激发潜能

我校高度重视教师和学生的思想工作，学校在实施管理制度和目标考核的同时努力"让教师满意"，给予教师以人文关怀。校长成为教师工作上的领导者，业务上的支撑者，心理上的疏导者，生活上的关心者，不断激发教师保持强烈的核心发展力。

学校对学生实施思想工作的目标是使学生"自信自律而有宏大的志向"。自信是人最核心的人格，它是人战胜困难实现成功的心理基础；顽强的意志力是人实现成功的过程性心理保障；宏大的志向可以使人长期保持一种心理的稳定倾向性。

---

① 本文发表于《上海教育》2007年第18期，选入时有改动。

（2）构建科学严密的教学质量保障体系

我校教学质量保障体系架构的建立主要依据两条原则。一是贯彻以人为本原则。学校管理既强调"让责任无法逃避"，同时也给予教师以人性关爱，使教师在和谐的学校氛围中勤奋工作。二是贯彻科学规范原则。学校教学质量保障制度的建立符合教育教学规律，流程细致周密且具有很强的操作性，如图3-9所示。

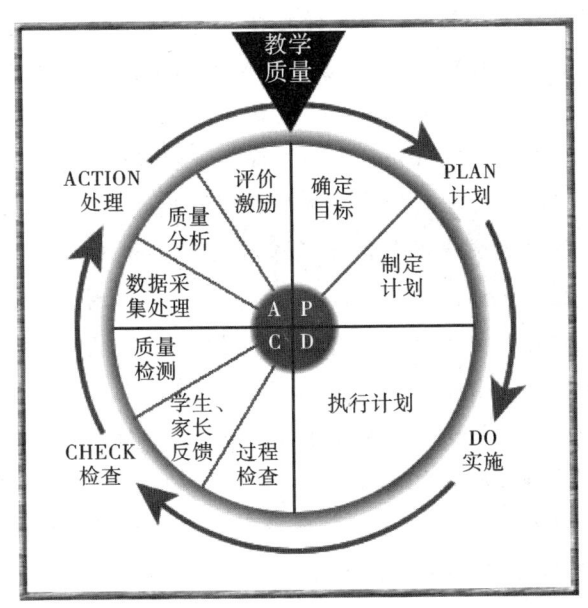

图3-9 晋元附属学校教学质量PDCA循环示意图

（3）提升教师专业化水平

①基于教师自我优势的发展。发展动力缺失是教师专业化发展的最大问题。"科层制"管理模式往往造成被管理者发展的被动性，突破这一问题的最好方式莫过于在规范制度框架下实现民主式自主发展。而自主发展的最大动力则来自教师的成功欲望，即自我价值实现。所以我们要充分激发教师专业化发展的内驱力。我校采用的方法是促使教师从自我教学的优势中寻找生长点，在相关教学理论支撑的基础上使教师自己成为研究自我的专家。学校尊重差异性，兼容并蓄，大力激发教师的创造性，让教师在行动中研究，在研究中反思，在反思中学习，在学习中成长。

②差异是一种资源。我校的教学工作实践证明，一个教研组内如果有

教师教学业绩比较好，那么整个教研组的教学质量往往普遍提高。为了充分挖掘这种"资源"的价值，我校努力搭建校本教研平台，开展了形式多样的同伴互助活动。

③发挥专业引领的优势。我校开展的专业引领包括自主学习和专业人士指导，引领重点是围绕着教师的自主发展进行教育理论的个性化应用性研究。

（4）创最近发展区教学，优化学生自主建构

①"心中有书、目中有人"。教学的最核心问题就是教师必须在预设的基础上，按课堂动态生成施教，有效地实现教学目标在学生头脑中的自主有意义建构。教学实践证明，教师在课堂上对教学内容愈是熟悉，对学生学习状况的观察就愈全面清楚，对教法的灵活运用愈得心应手，教学效果也愈显著。所以我校要求教师必须深入研究教学内容，深入了解学生，通过谙熟两头获得一份在课堂上的淡定从容和气定神闲。

②实施有效的课堂互动。有效互动应建立在认知学层面，而不应建立在社会学层面。要实现有效互动就必须使教学发生在学生的"最近发展区"，因为有效互动的内在需求源于学生认知结构的"同化"和"顺应"过程。建立在学生认知结构基础上的"同化"和"顺应"幅度的大小决定了有效互动外显欲望的强弱。互动既有外显的（语言交流）也有内隐的（非语言类交流），而外显和内隐的互动都是有效的，因为它们都使学习主体的认知结构发生有效重构。当然我们更需要外显式的有效互动，因为这种互动方式更有利于推动学生的"相异构想"发生碰撞，使学生能更正确有效高速地进行有意义的建构。

③将"最近发展区"拓展的维度和大小作为衡量课堂教学有效性的依据。二期课改强调"以学生发展为本"，新课程标准将教学目标确定为三个维度。不同的教师在进行课堂教学时实现三维目标的程度是有差异的，维度的丰富性和区域的广大性是教学有效性的重要标志。

④衡量好课的标准。教学的目的是使学生获得发展，课堂教学评价更应注重"以学论教"。好课的标准是能让学生达到"学会（知识与技能）、会学（过程与方法）、爱学（情感态度价值观）"。

（5）指导学生进行有效学习

学法指导是实施有效教学必不可少的重要环节，我们要求学生在平时

的学习中做到以下几点。

一是学不存疑。课堂学习新知识是学生的第一次建构过程，在这个过程中我们要求学生不放过一个疑点，这样才能真正实现"有意义的学习"而不是"机械学习"。这个过程的特征是有待验证的建构。

二是业不容过。"业不容过"并非不容许作业有过错，而是要求学生不容许放过作业中的过错。针对作业中的过错，教师要求学生分析原因，修正认知结构中的"误区"。这个过程是第二次建构过程，特征是通过检测来修正建构。

三是学而时习。学习会发生遗忘，学习也存在着不同知识点之间的有意义连接。"时习"一方面有利于所学知识的保持；另一方面可以深化对知识的理解，使认知结构实现融会贯通。这是第三次建构过程，特征是强化保持，深化认知并使认知结构融会贯通。

3. 取得的成效

近几年来，通过对有效教学的理论思考和实践探索，我校在教学质量管理、教师专业化发展和教学质量等方面有了明显的提升，教师主动发展的欲望得到较有效地激发，校本教研活动普遍能围绕着提升教师专业化发展这一主题积极开展专业引领、同伴互助和个体反思。教师努力从已经有的教学经验中寻找生长点，从教学实践的突出问题中寻找突破点，从教学实践发展的趋势中寻找挂钩点，从教学的先进理论中寻找支撑点。教师专业化水平的提升有效地推进了二期课改的深入开展，为了提高教学的有效性，教师能深入地分析教学内容和学生实际状况，精心设计能推动学生主动学习的教学方法，不断摸索有效的课堂互动模式，提高教学质量。通过思想工作和学法指导，学生能普遍做好预习和复习，学习的主动性和自主性不断增强，有效地提高了对知识的有意义建构水平。

实践经验分析

这篇文章对有效教学的理论思考与实践探索进行了全面而深入的阐述。

其一，文章明确提出了有效教学的核心理念，即以学生发展为本，关注全体学生的全面发展，注重学生个性的健康发展和可持续发展。这一理念与当前教育改革的方向一致，体现了教育的本质要求。

其二，文章对有效教学的理论进行了深入探讨。文章认为，有效教学是教师遵循教学活动的客观规律，以尽可能少的时间、精力和物力投入，取得尽可能好的教学效果，从而实现特定的教学目标。这种教学理念强调了教学效果、教学效益和教学效率的统一，为教学实践提供了明确的指导。

其三，在实践探索方面，文章介绍了学校在实施有效教学方面的具体做法。这些做法包括以人为本、激发潜能，构建科学严密的教学质量保障体系，提升教师专业化水平，创最近发展区教学、优化学生自主建构，以及指导学生进行有效学习等。这些实践探索不仅具有创新性，而且具有很强的可操作性。

其四，文章强调了教师在实施有效教学过程中的重要作用。教师不仅要深入研究教学内容和学生实际状况，精心设计能推动学生主动学习的教学方法，还要不断激发自身专业发展的内驱力，提升自己的专业化水平。

其五，文章介绍了学校实施有效教学所取得的成效。通过实施有效教学，学校在教学质量管理、教师专业化发展和教学质量等方面得到了明显的提升。这充分证明了有效教学理念和实践探索的正确性和有效性。

综上所述，这篇文章从有效教学的理论角度出发，对有效教学的理念、理论、实践探索以及教师的作用等方面进行了全面而深入的阐述，具有理论价值和实践价值。对于学校教师来说，阅读和学习这篇文章将有助于更好地理解和实施有效教学，提高教学质量和水平。

实践经验之四

项目化学习案例
——龙腾晋元，喜迎新岁

新年的钟声就要敲响，瑞兔蹦蹦跳跳着隐入林中，祥龙金光闪闪从云中探出身姿，交替往复，日月荏苒，教会我们鉴往知来，心怀感恩，以全新的面貌和昂扬的斗志，踏上崭新的征程。晋元附校于2023年12月29日开展了"龙腾晋远，喜迎新岁——元旦庆祝活动"，以云起龙骧之势迎接新年的到来。

图 3-10 元旦庆祝活动组图

为了让自家别具一格的龙身牢固矫健，在"接龙"环节，老师和同学们颇动了一番脑筋。有的在材料上增加厚度，提供支撑，有的在设计上找到窍门，保证结构稳固；硬板纸、不织布、环保饭盒、塑料薄膜……只有想不到，没有做不到！

走笔生游龙，点睛即飞去。班主任老师将同学们制作完成的创意之龙点上了眼睛，让龙儿一下变得生动传神，活灵活现；而"点睛"也寓意着老师对同学们年复一年的启迪与点拨，希望同学们能带着这只"点睛之龙"高飞远翔，龙腾万里。

朝晖起舞跃龙长，辞旧迎新呈吉祥。舞龙是一种历史悠久的传统文化活动，龙腾飞舞象征着吉祥如意，来年顺遂。

在舞龙比赛正式开始前，学校领导向大家致上了贺词，希望同学们能够发扬团结互助、勇于拼搏的精神，在新的一年里，展现风华，拥抱挑战，和晋元附校一起携手共进，为创造更加美好的明天而努力奋斗！

随着金锣"哐"的一声，比赛拉开了帷幕，一条条五彩斑斓、姿态各异的祥龙闪亮登场，每班3男3女组成的金牌舞龙队蓄势待发。龙头摆动，龙身起伏，龙尾摇曳，每个看似轻盈流转、行云流水的动作都需要同学们互相协调、通力合作才能完成，不仅如此，每队还必须在有限的比赛时间内完成循环接力跑，取得5个"龙珠"回到原点摆出"游龙戏珠"之姿才算完成一个接龙，这可真是个不小的挑战啊！

比赛开始，随着同学们的舞动，龙的身体逼真得要飞腾起来一般。龙姿各异也能看出各班不同的风格来，施施而行的龙落后一截但好在一个稳扎稳打；举步生风的龙胜在速度但龙身岌岌可危……"取龙珠"的环节更是刺激，一个神龙摆尾看似行云流水却困难重重，掉头太快差点将龙身扯坏，晕头转向的龙儿直接扑到隔壁班级的龙珠框里，瞬时间形成一个"二龙戏珠"之势……

激烈胶着的比赛看得班主任和观赛的同学们摩拳擦掌，欢声雷动地为自家龙儿加油造势，一时间操场上热闹非凡，好一派喜气的节日氛围。

除了舞龙比赛，学校还为四个校区各自定制了形态各异的"龙门"，摆放至校门厅处，供各班师生取景拍摄全家福。龙门下是一个个团团圆圆的班级、一张张纯真可爱的笑脸，"咔嚓"定格此刻，"咔嚓"记录今年，"咔嚓"把全家福放入我们珍贵的青春纪念册。

喜跃龙门，也是一个美好的祝福，祝同学们一跃龙门得偿所愿，不辜负每一滴努力奋斗的汗水，不浪费每一个难能可贵的机会，挥别过去展望未来，向着更美好的明天一起出发吧。

实践经验分析

"龙腾晋元 喜迎新岁"不仅是一场庆祝新年的传统活动，更是晋元附校对项目化学习理念的一次深入实践。此次活动巧妙地将传统文化、团队协作、创新思维和问题解决能力等多重要素融合在一起，为学生们提供了一个全面、综合的学习平台。

其一，活动的设计充分体现了项目化学习的核心思想——以学生为中心，以问题为导向。从制作龙身到舞龙比赛，每一个环节都需要学生们亲自动手动脑。他们不仅要理解和运用相关的知识和技能，更要学会如何在团队中协作，如何面对和解决问题。这种学习方式有效地激发了学生们的学习兴趣和动力，让他们在实践中体验到了学习的乐趣和价值。

其二，活动注重培养学生的创新思维和实践能力。在制作龙身的过程中，学生们需要发挥想象力和创造力，设计出别具一格的龙身。而在舞龙比赛中，他们则需要根据比赛规则和实际情况，灵活调整策略，以最优的方式完成比赛任务。这些不仅锻炼了学生们的创新思维和实践能力，也培养了他们的批判性思维和解决问题的能力。

其三，活动注重培养学生的团队协作和社交技能。无论是制作龙身还是舞龙比赛，都需要学生们相互协作、共同努力。在这个过程中，他们学会了如何与他人沟通，如何分工合作，如何解决团队中的冲突和问题。这些技能不仅对学生们的个人发展有着重要的意义，也对他们未来的职业生涯和社会生活有着深远的影响。

其四，活动的设计体现了项目化学习的另一个重要特点——跨学科性。活动融合了历史、文化、艺术、体育等多个学科领域的知识和技能，让学生们在实践中实现了跨学科的整合和应用。这种学习方式不仅有助于学生们更全面地理解和掌握知识，也有助于他们形成更完整、更系统的知识结构。

综上所述，"龙腾晋元，喜迎新岁"迎新活动是一次成功的项目化学习实践。它以学生为中心，以问题为导向，注重培养学生的创新思维、实践能力、团队协作和社交技能等多方面的能力。通过这样的活动，学生们不仅能够体验到学习的乐趣和价值，也能够在实践中不断提升自己的综合素质和能力水平。

实践经验之五

信息化蝶变教学　新技术活力课堂

晋元附校是中国教育技术协会常务理事校，二十多年来，学校坚持以"信息化""数据"为视角，坚持围绕"信息化打造课堂""精准化分析课堂""线上线下融合教学"等信息技术背景下的多维度课题作持续研究，将现代信息化技术融入课堂教学，取得诸多研究成果。下面将从学校近年来开展的信息化课题研究的主要内容和成果，以及推进信息化课堂建设的做法及经验等方面进行总结。

1. 主要内容及成果

信息化课堂与传统课堂是"相对"的而不是"相对立"的，这一"不执两边"的思维更有助于教师跳出就信息化论信息化的窠臼。从传统课堂向信息化课堂转变是一个来回往复的过程，如何脉动到更适合学生有效发展的点，需要研究者站在不同的时空下，进行有的放矢地研究。

（1）指向"在课堂中产生真正的学习"的信息化研究

《指向学习目标达成的课堂观察实践研究》旨在通过课堂观察的方式对学习目标达成度进行研究，从而提升教师的专业能力，改善学生的课堂学习。其主要内容涵盖：研究如何设计"指向学习目标达成的课堂观察评价指标体系"，以此作为课堂观察的主要工具；研究教师之间多向互动，开展自我反思与专业对话，形成教学案例；研究课堂观察所得问题的改进措施。

其成果在于：①课堂观察体系表指导课堂观察实践，提高学习目标达成度的课堂观察效率。该研究形成了《三维目标观察指标体系》，并对该表运用于实践进行了尝试。教师在观察表的开发中有依据可循，并能够清晰地得知课堂观察中的重点，提高了教师课堂观察的能力，集中了教师课堂观察的注意力，提高了课堂观察的效率。②通过课堂观察的实践研究，指导教师关注课堂教学目标达成，提升了课堂教学的实效性。③课题成果《指向学习目标达成的课堂观察实践应用手册》推广与应用于教研实践课课堂的观察与分析，指导教师进行科学的课后反思，有效提升了教师的专业能力。

(2) 指向"教师专业能力发展"的信息化研究

《互动反馈教学环境下的教师专业能力发展研究》内容包括：面向全体教师，全面开展互动反馈技术校本培训；以教科研合一的形式，在以教研组为载体的实践活动中，建立教师学习共同体，通过协同与分享，借助新技术的使用促进教师教学习惯、教学行为有大的改变；开展利用互动反馈技术教学促进教师专业能力发展的实践研究。

成果有：①运用互动反馈教学目标体系，提高教师钻研教材、准确定位、合理设计教学活动、按点评价多种能力。②互动反馈技术应用，提升教师及时反馈教学信息、调整教学策略的能力。③通过在不同学科开展互动反馈技术常态化教学的研究，提升教师研修、反思、评价能力。④应用互动反馈技术检测微视频教学课堂成效，提升教师整合应用能力。⑤随着课题的深入研究，形成培训机制流程，打造一支理念新、技术精、专业精、技术熟的教学骨干队伍。

(3) 指向"关注学科核心素养"的信息化研究

《信息技术环境下指向学科标准的课堂个性化学习研究》内容包括：基于课程标准与个性化学习的教学设计研究；针对学生个性化学习的资源设计与制作的研究；基于课程标准获取有效教学反馈信息，开展个性化学习的研究。

此课题的研究成果：一是依据课程标准，在新技术支持下，构建符合学习需求的个性化教学方法。①遵循课程标准，精准定位目标，精心设计教学环节，开展个性化学习。②依据课程标准，在新技术支持下，精细设计问题，指导学习方法，开展学生思维活动。③依据课程标准，及时检测学情，设计个性化作业，满足不同学生学习需求。④依据课程标准，形成有趣、有效的个性化教学方法。

二是遵循课程标准，设计与应用个性化学习资源，为学生个性化学习提供支持与服务。①运用多样录制工具，设计、制作微课，供学生自主选择、自主学习。②利用网络优质的学习资源，供学生自由浏览，自主选择，自主学习。

三是依据课程标准，在课堂上实现技术与学科深度融合，满足学生个性化学习需求。①以平台电脑为工具，运用微视频、互动反馈技术等，满足学生个性化学习需求。②及时检测评价，获取反馈信息，关注每位学生，落实个性化教学。

四是在课程标准背景下加速提升教师信息素养，推进个性化学习的发展。①课题研究，有效地提升了教师信息素养，促进了教师专业能力的发展。②特殊时期的在线教学，催生了技术与学科的融合创新。线下到线上，推动了教育理念和教学方式的转变，线上个性化教学得以实现。

（4）指向"数据分析与有效教学关系"的信息化研究

《基于数据分析背景下的有效教学改进的实证研究》研究有以下几项内容。

①数据间的横向比较分析——分析全体学生存在的问题，并寻找行之有效的途径实施教学改进策略。根据获得数据，进行分年级、分学科学生全体样本分析，寻找学生在学习中遇到的难点问题；收集教师在教学中对该问题的教学解释案例、相关作业布置及作业讲解；通过比较分析，对该问题的解决制定教学改进策略。

②数据间的纵向比较分析——分析教师教育教学中存在的问题，并寻找行之有效的途径实施教学改进策略。在每次横向数据比较中，有的教师会出现教学质量不高的情况，该研究对这些教师任教班级进行历年教学数据分析，获悉教师教学中的问题；以教研组教师观察记录教师教学中出现的问题为实证数据，对教师教学改进提出相关策略支持。

③再检测问卷的制定和数据分析。基于教师个体间差异存在的问题，根据数据分析制定有针对性的有效教学改进后，为检测教学行为改进效果，对该教学内容进行再检测；对再检测问卷进行数据统计和分析，将其与以往数据进行对比分析，获悉有效教学改进的成效，进一步总结出有效的教学策略。

该研究的成果在于在数据分析背景下实现以"一"求"多"的有效教学改进。教师能够基于一份数据或者一组数据甚至是一类数据等，比对自我的既往教学行为，发现不足，进而校正教学方向，通过新的教学方法和路径，使学生实现更为有效的习得。这里的数据，既包括年级中班级之间的横向比较数据，也涵盖一个班级不同时段的纵向比较数据。"一"是源点，教师依托智学网等平台所形成的"数据源"，整理比对数据，研究分析数据，切中教学中的薄弱点，鞭辟入里，实现实打实的有效教学改进。而所谓求"多"具有相对的广泛性，比如教学准备中备课组改进的"多"维教学目标、探究改进后的"多"效课堂、教学语言中的"多"重表达等，其最终指向性在于"合"，即"数据合"。以"一"求"多"的教学改进过程也可以诠释为由"数据源"到"数据合"的过程。教师将数据分析后的所有改进的教学行为融入新的教学，最终实现强大的课堂教学"合力"，达成教育教学最优化的目标。

（5）指向"学生学习能力评价体系构建"的信息化研究

所谓"多一把尺子育人"就是强调在技术的引领下，拓宽评价的路径，完善评价的思维，优化评价的体系。

《基于智能反馈技术开展线上线下融合学习能力评价研究》的内容：①研究线上资源准备工作（如教学视频、PPT、数字材料及练习题的设计、导学反馈的问题）。②研究线上、线下融合的教学流程（含教学准备、教学设计、教学组织、教学评价）。③研究对学生学科能力检测反馈的数据获取、统计、分析、诊断，调控教学策略与效果。④研究设计基于智能反馈技术的学科学习能力评价量表。⑤研究促进教师专业发展的方法、途径、策略。

该研究的成果表明，技术赋能教育是时代发展的必然。校课题组以智能反馈技术为切入口，从线上线下融合的维度，开展指向学生学习能力评价的研究，在适情、适度、适向的线上线下融合中，探究溯源追因式、数据分析式、核点主析式的评价路径，以期实现评价理念的变革，扭转功利的评价观，创建契合学校及学生实际的个体与群体的数据评价画像。学习能力评价不局限于某个教学环节，变成催动教改前行的重要力量，这对于真正落实以学生为本的育人观有着重要的促进意义。

一是由"果"及"因"，"溯源追因"式评价。"溯源"就是向上寻找根源，"追因"是追寻发生该问题的本因。该评价适合学生的个性化诊断，找到这些学生在学习中面临的具体难点，并能给予更合情合理的评价，既不会消磨学生学习的积极性，又能助力其更快地跨越学习沟堑，实现更稳健地成长。

二是由"数"及"实"，"数据分析"式评价。这一指向备课组的"数据分析"式评价对于备课组的把脉和定向有着重要的指导意义。此评价模式实现了技术评价与教师评价的有效结合，这样的结合在备课组建立评价体系时起到了非常重要的作用。

三是由"预"及"引"，"核点主析"式评价。该评价是教研组对学期出现的主要问题的评价与主析。

以上三种评价路径，针对学生的学习能力构建起了一个相对的层式评价体系。这种层式评价体系打破了传统的唯分数评价,将学生的学习能力的评价置于各个层级之中,且适用于各学科建立属于学科属性的层级评价系统。

2. 主要做法及经验

(1) 信息化"点"的有效确立

围绕信息化,学校从教、学、研、管、评五个点进行科学规划与有效确立。

在教的层面,学校搭建各种平台,倡导教师培养自身的信息化素养,包括信息意识、信息知识、信息技能等。学校重视教师信息化能力的培训,提高教师的信息技术应用能力和信息化教学水平,通过专业的定期培训、学术交流等方式,促进教师之间的合作与共同进步;强化信息化的理论学习,要求教师逐步了解信息化教育的内涵和价值,认识到信息化教育是提高教育质量和效率的重要手段;要求教师学习掌握信息化技术,包括各种数字化教学资源、教学软件、在线平台等,且学以致用到实际教学行动中,积极参与信息化教学尝试,主动应用新的教学方式和方法,探索适合自己学科的信息化教学模式,并形成教学经验和案例在备课组内分享与研讨。学校提位"信息化助力有效教学"的新高度,建设智慧教学平台,利用信息化平台开展有效教学主题研究与实践。

在学的层面,学校以信息化赋能"立人教育"特色课堂与课程的构建,注重学生的信息化参与度与参与效果的数据分析。学校建构"明德、善学、敏事、康健"课程体系,配套信息技术实现学习内容多元融合、学习形式线上线下融合,建构"立人课程"体系与学习平台,利用信息技术打造"适合教育"维度下的自适应学习平台,达成"品行端正、学业精进、自主能干、健康活泼"的学生培养目标。

在研的层面,学校开展"基于信息化教学问题"的研修,以教与学的全过程数据的挖掘来发现问题,以协同合作教研来解决问题;打造协同的科研平台、课题协作平台、资源共享平台,将学校优势教研组扎实的科研能力向其他教研组辐射。

在管的层面,学校建立趋向完善的信息化基础设施、必备的硬件设施为学生提供良好的信息化学习环境,让他们能够方便地使用各种信息化资源进行学习。学校该根据自身发展的规划和需求,制定信息化发展规划,明确信息化建设的目标、任务、实施方案及考核标准。此外,学校积极推进数字化教学资源建设，包括数字化教材、课件、教学视频，以及优质教学资源的共享和推广等。

在评的层面，学校利用大数据技术，以数据为驱动力，为教师的教学、学生的学习提供评价服务，加强对学生学习规律的研究，以新技术促进学法优化，减轻作业负担，促进科学学习和健康成长。学校建立了信息化评价体系，该体系可以通过在线测试、在线作业、课堂表现等多种方式进行评估，及时反馈教学效果和改进教学方案。同时，信息化评价体系还可以提供数据分析功能，帮助教师更好地了解学生的学习状况和需求。

(2) 信息化"链"的能效协作

信息化技术可视作教改中的先锋力量，它是激发课堂活力的有效工具，促成了教学环节更为紧密的联结。

一是学校重视信息化视域下"问题链"的驱动，利用信息技术打通学科之间的壁垒，进行分年级、分学科学生全体样本分析，帮助教师基于数据分析存在的问题，持续改进教学行为、教学策略，提高教学质量。同时，教师利用大数据改进学习评价，关注学生个体学习差异，建立临界生跟踪档案，深入细致地分析学生学习情况，量身定制"一对一"个性化学习指导。围绕育人目标，学校以"课程"合点，开展集教学资源、教学应用、教学环境、课程管理、课程评价、教师发展为一体的建设，利用信息技术实现课程建设与育人目标的融合。

二是学校重视信息化视域下的"评价链"的反馈。信息化助力打通模块评价的藩篱，将学习的网络德育数据、课堂行为数据、家庭行为数据等予以整合。比如：以互联网为基础，学校构建德育管理的新空间，主要模块包括德育考评、学生干部、德育活动、社团参与等，建立起系统化、层次化、网络化的德育工作体制，促进德育工作更加顺利、更加有效地实施，对学生在校内外的德育与社会实践的数据进行随时采集。再如，学校利用移动智能终端与智慧教学平台产生的课堂互动数据，对学生课堂行为进行实时采集与建模分析，对学生在课堂中的提问、回答、作题等各类学习行为进行记录与分析。学校还建设基于手机端的家校互动 APP，实现家校即时消息、通知推送、教育咨讯、学生学业、作业、请假、家庭表现、校外活动记录等服务的信息化、移动化，通过家校互动系统实现数字化学习的延伸，同时对学生在作业、家庭生活的数据进行实时采集。不同模块的评价在信息化环境里整合，这对于形成学生完整的"评价链"有着重要的积极意义。

(3) 信息化"圈"的多效勾画

以"信息化"为笔，以"数据"着墨，"圈"合于数据画像。学校基于数据库提供的各种来源的共享数据，数据分析模块提供的分析模型、数据分析和可视化能力与工具，平台为个人角色提供的个人数据中心，勾画教师及学生的数字画像。在学生方面，学校立足现有的综合评价系统，对学生整体的学习生涯发展情况进行可视化分析，从德育表现、学业表现、身心健康、艺术素养、社会实践等维度对学生整体发展水平进行评价分析，尤其注重学生学习习惯、学习态度、学习负担、学业水平与身心发展水平的关联分析；梳理建立学习者模型，基于努力程度、生活规律性、基础知识以及兴趣爱好等，分析学业成绩和学习行为各要素的相关性。通过这些数据的挖掘，学校能更好地对学生进行学习计划调整、知识点推荐、资源推荐、图书推荐，引导学生提高自主学习能力。教师维度的数据主要包括：教学应用、教学工具使用占比、频率、趋势等；备课的课例数、资源建设贡献情况、使用电子书包上课情况；教师和学生的互动、和家长沟通的频次等；教师在听课、评课、教研等工作上的投入、时间花费占比等。通过构建教师数字画像，学校为教师提供精准匹配的教育资源和智能化的"教、学、考、评、测"服务，帮助教师快速了解学情因材施教，提高教学效率与质量。

"蝶变"是向美向好的发展过程，不弃微末，久久为功，我校将坚如磐石地抱定"破茧成蝶"的恒心与信念，矢志不移地推动信息化教育生态建设，牢牢践行"立己立人 共同成长"的办学理念，努力"为每一位学生提供适合的教育"，探索适应新时代和未来教育的新型人才培养和教育治理模式，力促学校信息化教育发展朝着精稳质实的方向嘹歌迈进！

实践经验之六

人工智能与教育信息化现场会

为推进人工智能技术和信息化技术在中小学的应用开展，促进学生核心素养、学习能力的提升以及教学数字化转型工作，2024年1月16至17日，由北京圣陶教育发展与创新研究院指导、国际信息研究学会中国分会教育信息化专委会组织的"人工智能与教育信息化现场会"在上海市晋元高级中学附属学校顺利举行。

出席现场会的领导专家有中共上海市教育卫生工作委员会委员、上海市教育委员会副主任杨振峰，普陀区教育工作党委副书记、教育局局长赵平，普陀区教育局副局长陆杰，上海晋元高级中学附属学校党总支书记、校长骆奇，国际信息研究学会中国分会教育信息化专委会主任马尽文，北京圣陶教育发展与创新研究院执行副院长汪婧，华东师范大学教育心理学系专家周加仙，专委会专家委员潘克明、贾康生、沈文华、谭晓培、刘爱武、朱雯等（见图3-11）。

图3-11 人工智能与教育信息化现场会组图

在开幕式上，领导、专家们进行了精彩致辞。

骆奇校长先就晋元附校的规模、办学理念、办学成绩等向与会人员进行了介绍，之后围绕人工智能与教育教学深度融合，论说了晋元附校开展的探索研究、取得的成果以及做出的普及与拓展，并提出了对未来的展望。

赵平局长肯定了晋元附校近些年在教育信息化上所做的努力，并对未来各校教育信息化发展提出了三点希望，即希望各校进一步探索教育信息化发展的新智慧，希望各校进一步创新教育信息化评价的新路径，希望各校进一步辐射教育信息化研究的新经验。

专委会副主任贾康生对国际信息研究学会中国分会2022—2023年的工作进行了总结，并畅想未来在信息化研究的道路上的不断探索。

马尽文主任对国际信息研究学会中国分会教育信息化专委会进行了简要介绍，阐述了其任务与使命，并对本次大会的目的及研讨内容进行了概述。开幕致辞及专家发言见图3-12。

图3-12 人工智能与教育信息化现场会开幕致辞及专家发言组图

随后,展示团队在真金、武威校区的录播室上了一堂双师远程互动教学现场课——《Unit 5 It's a nice autumn day. Lesson 16》,北京圣陶教育发展与创新研究院及晋元附校上了三堂人工智能现场课——《避障小车》《鹰击长空》《智能灌溉》(见图3-13)。

图3-13 教学现场课展示组图

本次现场会广受关注，汇集了来自北京、上海、深圳各学段的教师。活动当日下午，教师们通过 21 节现场课、11 篇论文、20 节说课共同探讨教育信息化与人工智能技术在中小学的应用。

现场课上，教师们将先进的教学工具和技术，如互动反馈技术等融入课堂，展示了一线教师关于信息化教学的见解与经验。这些课程生动有趣，深入浅出地显现出信息技术在促进学生积极学习方面的巨大潜力。

说课现场，教师们围绕自己的信息化教学案例进行深入讲解，分享了在课程设计、教学方法以及学生互动方面的心得体会。这些宝贵的经验为参与交流的教师们提供了教育信息化的新思考（见图 3-14）。

图 3-14 说课现场组图

论文交流现场，教师们分享了自己在信息化教育领域的研究，论文内容涵盖信息互动反馈技术、数据驱动技术、多媒体技术等信息技术在教学中的应用，以及信息技术对学生学习的影响等（见图 3-15）。教师们将先进的信息技术和方法有效地应用到典型课例中，显著提升了学生的学习兴趣和教学质量，展现了一线教师对信息化教育应用与发展的深刻认识。

图 3-15　论文交流环节组图

信息化现场交流活动后，专家进行了精准的点评。我们相信本次活动不但能加深教育工作者对教育信息化的理解，更能通过对信息化教育现状和未来的深入探讨，为中国教育信息化的未来铺展一条充满希望的道路。

次日上午，全国人工智能与教育信息化现场交流活动正式开始，国际信息研究学会中国分会教育信息化专委会副主任刘爱武老师主持活动（见图 3-16）。

图 3-16　刘爱武老师主持活动组图

来自北京城北中心小学的张雪辉老师和上海晋元附校的严菲儿老师分别介绍了在数学与语文学科教学中运用智能交互反馈技术的教学案例。她们利用该技术突破传统教学重难点，在不断研究探索中落实教学评一体化（见图 3-17）。

图 3-17　学科教学中运用智能交互反馈技术经验分享组图

华东师范大学教授周加仙进行主题为"打开黑箱：教育神经科学为人工智能教育奠定科学的基础"专题讲座，周教授以学术前沿知识理论介绍神经科学在教育领域的运用与开发，通过科学数据分析脑电波，解析学习这一行为的科学原理，让与会老师对教与学有了更加深刻的认识（见图3-18）。

图 3-18　周加仙教授现场发言

上海市教育委员会副主任杨振峰在听取了报告与讲座后有感而发，结合当下教育改革的前沿政策，他表示教育改革首先要改变教师教育模式，改进教学环节，解决课前、课中、课后的问题，基础教育课程教学与前沿科学研究的结合，是教育改革发展的重要探索方向（见图3-19）。

图 3-19　杨振峰副主任现场发言组图

随后上海课题组以"凝聚、持久、深入、有效"为主题进行了各校联合汇报：平利路一小史国明老师介绍《基于智能反馈技术开展个性化学习能力评价研究》的课题成果；宜川中学附属学校苏志芳老师分享了运用智能反馈技术赋能线上教学的经验；曹杨中学附属学校殷雪梅作了主题为"双互教学促成长，多元评价助课堂"的报告；晋元附校虞凌洁分享了《评价助力课堂优，反馈技术促成长》报告，金鼎学校马敏芳分享了《聚焦教育技术打造智慧课堂促进专业发展》报告（见图3-20）。

图3-20 上海课题组各校联合汇报组图

最后，普陀区教育局陆杰副局长高度评价了课题组多年来将信息技术融入教学所取得的成果（见图3-21）。他说：我们的教育是把过去的知识，由昨天培养的教师，交给今天的学生，让他们去应对明天的问题。因此，广大教师必须不断加强思想意识、知识结构和能力结构的更新。在人工智能不断发展的当下，教育行业更需要探索自身价值，革新教育方法，成为新一轮教育改革的先行者。

图 3-21　陆杰副局长发言

下午，本次现场会闭幕式正式开始，专家学者们对此次研讨会丰富的内容进行了分析与总结。

北京圣陶教育发展与创新研究院执行副院长汪婧以"中小学人工智能教育的实践探索"为主题，分享了从科技部中小学人工智能教育项目实践中提炼出宝贵的经验，供与会教师研究学习（见图 3-22）。

中国教育技术协会学术委员会副主任潘克明针对学校开展的人工智能与信息化课题展开综述，分享了课题研究中的心得体会，帮助与会教师提升课题研究的规范性与实效性（见图 3-23）。

专委会谭晓培委员就本次研讨会中的六节数学现场课展开分析，对其中的共性与特性进行逐一点评（见图 3-24）。

图 3-22　汪婧副院长发言　　图 3-23　潘克明副主任发言

图 3-24 谭晓培委员在活动现场

专委会沈文华教授在文科课例的基础上展开综述与指导，对参与交流教师的文科现场课予以肯定，强调教师要在教学中要紧抓学生核心素养的提高（见图 3-25）。

最后，北京大学数学科学学院马尽文教授对本次活动会议论文组的研究成果、存在的问题和有待提高的方面进行总结（见图 3-26）。以人工智能在高效教学中的应用为引子，马主任对本次大会进行了总结与展望。由此，"人工智能与教育信息化现场交流活动"于 1 月 17 日完美落幕。

图 3-25 沈文华教授发言　　图 3-26 马尽文教授发言

本次活动中，诸多优秀的教师研究团队展现了各自在教育信息化研究方面取得的优秀成果。专家委员们也针对这些成果一一进行指导、点评和研讨，在交流的过程中碰撞出智慧的火花。未来，学会也会在促进学生核心素养、学习能力的提升以及教学数字化转型的路上不断前行，不断突破，迈向崭新的未来。

实践经验分析

随着科技的飞速发展，人工智能和信息化技术在教育领域的应用已成为教学改革的重要推动力。在这样的背景下，学校召开"人工智能与教育信息化现场会"，无疑为教育工作者提供了一个深入探讨和交流的平台。本次现场会不仅是一次技术的展示，更是一次对教育理念、教学模式的深度思考。

1. 推动课堂教学模式的创新

传统的课堂教学模式往往是"一言堂"，教师主导课堂，学生被动接受知识。而人工智能和信息化技术的引入，为课堂教学模式的创新提供了可能。在本次现场会上，展示团队通过双师远程互动教学、人工智能现场课等多种形式，展现了技术与教学的深度融合。这些新的教学模式不仅提高了学生的学习兴趣和参与度，也使得教学更加个性化、精准化。例如，在人工智能现场课中，学生们通过亲手操作智能小车、灌溉系统等，更加直观地理解了科学原理和技术应用。这种"做中学"的教学模式，不仅提高了学生的实践能力，也培养了他们的创新思维和解决问题的能力。

2. 促进教育资源的均衡分配

教育资源的不均衡一直是教育领域面临的重要问题。而人工智能和信息化技术的普及，为教育资源的均衡分配提供了新的解决方案。本次现场会不仅展示了上海学校的先进教学成果，也有来自其他城市的教师分享了他们在信息化教育方面的探索和实践。通过远程教育和在线教育平台，优秀的教育资源和教学经验可以更加便捷地共享给所有需要的学生和教师。这不仅有助于缩小城乡之间、地区之间的教育差距，也为所有学生提供了更加公平、高质量的教育机会。

3. 提升教师的教学能力和专业素养

教师是课堂教学的关键。在人工智能和信息化技术的冲击下，教师的角色和职责也发生了深刻的变化。本次现场会通过现场课、说课、论文交流等多种形式，为教师们提供了学习和交流的平台。在这里，教师们不仅可以学习到先进的技术和教学方法，还可以与来自全国各地的同行进行深入的交流和探讨。这种跨地区、跨学校的交流和学习，有助于教师们开阔视野，更新观念，提升自身的教学能力和专业素养，同时也有助于培养一支具备现代化教育理念和教学能力的高素质教师队伍。

4. 为学生的全面发展提供有力支持

教育的最终目的是促进学生的全面发展。在人工智能和信息化技术的助力下，教育可以更好地关注学生的个体差异和多元化需求。本次现场会上展示的多种教学模式和工具，如互动反馈技术、数据驱动技术等，都可以为学生提供更加个性化、精准化的学习支持。例如，通过互动反馈技术，教师可以及时了解学生的学习情况和反馈意见，从而调整教学策略和方法，更好地满足学生的学习需求。而通过数据驱动技术，教师可以对学生的学习数据进行深入挖掘和分析，发现学生的学习特点和规律，为因材施教提供有力支持。

综上所述，"人工智能与教育信息化现场会"从课堂教学改革的角度来看具有深远的价值和意义，它不仅推动了课堂教学模式的创新和教育资源的均衡分配，还提升了教师的教学能力和专业素养，为学生的全面发展提供了有力支持。展望未来，我们有理由相信在人工智能和信息化技术的助力下，中国的教育事业将迎来更加美好的明天。

五、五育并举　发展个性

"五育并举"是国家教育方针的重要内涵，也是我校"立人教育"思想的必然要求。首先，它符合现代社会对人才的需求。随着社会的快速发展，单一的知识或技能已经无法满足社会的需要，全面发展的人才更具竞争力。其次，"五育并举"有助于培养学生的综合素质。五育的有机融合，可以全面提高学生的道德品质、知识水平、身体素质、审美情趣和实践能力，培养出既有才华又有德行的人才。最后，"五育并举"有利于学生的个性化发展。每个学生都有自己的兴趣和特长,"五育并举"提供了多样化的教育内容和方式,可以满足学生的个性化需求,促进学生的个性化发展。

五育并不是孤立存在的,而是相互联系、相互渗透的。德育是根本,为其他四育提供方向指引;智育是核心,为其他四育提供知识和智力支持;体育是基础,为其他四育提供身心健康的保障;美育是升华,为其他四育提供审美体验和情感熏陶;劳育是实践,为其他四育提供实践机会和能力锻炼。

1. 德育为先,培养学生的道德品质

德育是"晓之以理、动之以情、导之以行、持之以恒",是各要素互为关联、相辅相成而又知行合一的整体。晋元附校确立的育人目标是"品行端正、学业精进、自主能干、健康活泼"。为达成培养目标,学校从培养人格品质、主题教育实践、团队自主管理、班级民主管理、学科德育育人、心理健康教育、家校社区共育及育德队伍建设等八个方面全面推进学校的德育工作。2019年,学校荣获上海市优秀少先队大队、上海市红旗大队。2020年,学校荣获全国优秀少先队集体。

(1) 培养人格品质

学校的办学理念"立己立人,共同成长"提出了如何"厚德""行健",即如何做人,也就是"己欲立而立人,己欲达而达人"。"修己"的过程就是全面"立己"的过程,"立人"的过程就是"济天下"的过程。

结合德育整体培养目标,学校不断建设、优化"九年一贯制学生生活价值"德育课程体系(见表3-1),以一年级到九年级人格培养细化主题目标——明礼、自理、互助、诚信、感恩、正直、自信、谦虚、笃志,与学科德育、家庭教育等各类德育工作融合,及时修订和完善,不断丰富人格培养阶梯式成长课程体系,构建学生德行成长轨迹,完善人格品质培养,创新学校德育工作品牌特色。我主持的该研究项目荣获2017年上海市德尚课题一等奖,并入选普陀区德育"一校一品"项目。

表 3-1 "九年一贯制学生人格品质"德育系列课程

年级	核心价值观	六课时框架
一年级	明礼	明礼教育第一课——学校礼仪记心间 明礼教育第二课——午休用餐讲文明 明礼教育第三课——课间文明记心间 明礼教育第四课——待人接物有礼貌 明礼教育第五课——不乱扔果皮纸屑 明礼教育第六课——爱护公物有爱心
二年级	自立	自理教育第一课——我是学习小主人 自理教育第二课——夸夸我们的小手 自理教育第三课——整理我的小书包 自理教育第四课——清洁班级大家来 自理教育第五课——班级事务我能行 自理教育第六课——小小雏鹰学自护
三年级	互助	互助教育第一课——我是当代小雷锋 互助教育第二课——乐于分享我快乐 互助教育第三课——团结友爱，和睦相处 互助教育第四课——答疑解惑，互帮互助 互助教育第五课——协力阻止，好言相劝 互助教育第六课——危险困难，智慧保全
四年级	诚信	诚信教育第一课——说文解字谈诚信 诚信教育第二课——言必行，行必果 诚信教育第三课——言而无信、无人信言 诚信教育第四课——友谊需要忠诚 诚信教育第五课——绝不推卸责任 诚信教育第六课——诚信乃立信之本
五年级	感恩	感恩教育第一课——滴水之恩，涌泉相报 感恩教育第二课——感恩父母，无私关怀 感恩教育第三课——感恩师长，助我成长 感恩教育第四课——感恩同伴，共同进步

续表

年级	核心价值观	六课时框架
五年级	感恩	感恩教育第五课——感恩对手，给我动力 感恩教育第六课——感恩社会，满满爱意
六年级	正直	正直教育第一课——行得端，做得正 正直教育第二课——正直是道德之本 正直教育第三课——人间正道是沧桑 正直教育第四课——堂堂正正的中国人 正直教育第五课——正值是人生的脊梁 正直教育第六课——公正廉洁进校园
七年级	自信	自信教育第一课——做一个更好的自己 自信教育第二课——告诉自己我能行的 自信教育第三课——自信源于好的心态 自信教育第四课——正视自己、取长补短 自信教育第五课——闪亮自己、照耀他人 自信教育第六课——我型我秀、提升自信
八年级	谦虚	谦虚教育第一课——谦谦君子，温润如玉 谦虚教育第二课——懂得尊重，与人谦虚 谦虚教育第三课——见多识广使人谦虚 谦虚教育第四课——不耻下问，相互请教 谦虚教育第五课——谨于言而慎于行 谦虚教育第六课——淡然面对显赫声名
九年级	笃志	笃志教育第一课——制定阶段目标 笃志教育第二课——学会自我分析 笃志教育第三课——具备良好习惯 笃志教育第四课——合理安排时间 笃志教育第五课——用于面对逆境 笃志教育第六课——总结成功经验

《九年一贯制学生生活价值教育的实践研究》课题，在理论层面首先立足于价值观教育的理论基础。价值观教育作为德育的重要组成部分，旨

在引导学生形成正确的价值取向和行为准则。课题中指出以社会主义核心价值观为指导思想，并将宏观的价值观细化到具体的年级和课程中，实现了价值观教育的具体化和可操作化。

课题还充分考虑了九年一贯制学校的特点。学生从小学到初中都在同一所学校接受教育，这为长期、连贯的价值观教育提供了有利条件。课题根据不同年级学生的年龄特点和认知规律，设计了递进式的价值观教育内容，确保了教育的连贯性和有效性。

生活价值教育强调教育与生活的紧密联系，认为教育应该回归生活、服务生活。课题很好地贯彻了这一理念，将价值观教育与学生的日常生活紧密结合起来，让学生在生活中体验、感悟和践行价值观。

从实践层面，课题通过文献综述和问卷调查等方法，确立了九年一贯制学校学生生活价值教育的核心价值观，并制定了详细的实施计划。这些核心价值观既符合社会主义核心价值观的要求，又贴近学生的实际生活，具有很强的针对性和实用性。

课题通过班会课、团队活动等形式，将核心价值观教育融入学生的日常学习和生活，同时还结合学科特点，将价值观教育渗透到各个学科的教学中，实现了价值观教育与学科教学的有机融合。

课题在实践中还探索了混合式新课程的形式。这种课程形式将独立的德育课程和基础型课程相结合，既保证了价值观教育的系统性，又避免了"德育"和"教育"两张皮的现象。通过开发校本德育课程读本、梳理学科德育框架、设计主题活动方案等措施，课题构建了完整的混合式新课程体系。

教学评价是检验教学效果的重要手段。课题在教学评价方面也进行了一些有益的探索。例如，通过设计多样化的达标活动，采用学生自我评价、相互评价、教师评价和家长评价等多种评价方式，课题试图全面、客观地评价学生的学习成果。虽然目前在德育评价方面还存在一些难题，但课题已经为未来的研究奠定了基础。

《九年一贯制学生生活价值教育的实践研究》课题在理论和实践层面都取得了显著的成果。在理论层面，课题明确了价值观教育的目标和内容，构建了完整的理论体系；在实践层面，课题通过一系列具体的措施，将理论转化为实践，取得了良好的教育效果。

今后我们还会在以下几个方面进行深入研究。

一是进一步深化价值观教育内容。随着社会的不断发展和变化，价值观也在不断演变。因此，课题需要继续关注社会价值观的变化，及时更新教育内容，确保教育的时代性和针对性。

二是拓展价值观教育途径。除了班会课、团队活动等途径外，课题还可以探索更多有效的价值观教育途径。例如，可以通过校园文化建设、社会实践活动等方式，将价值观教育延伸到课外，形成全方位的教育网络。

三是完善教学评价机制。虽然课题在教学评价方面进行了一些探索，但仍然存在一些不足。未来可以进一步完善教学评价机制，建立更加科学、客观、全面的评价体系，为价值观教育的持续改进提供有力支持。

综上所述，《九年一贯制学生生活价值教育的实践研究》课题在理论和实践层面都取得了显著的成果，为九年一贯制学校的价值观教育提供了有益的借鉴和参考。未来，该课题还有很大的发展空间和潜力，值得进一步深入研究和推广。

（1）主题教育实践

生活即教育，社会即课堂。社会生活具有丰富性与复杂性，学校德育工作必然也呈现出多样性。学校通过特色德育项目——"谢晋元将军精神代代传"，将爱国主义教育、中华优秀文化融为一体，开展系列主题教育，编撰了《赤胆忠心昭日月，八百壮士守四行》研学手册，传承伟大的爱国民族精神。学校曾获上海市"中华传统文化传播行动"系列活动优秀组织奖，2019年承办了普陀区文明办、教育局主办的"向国旗敬礼——清明祭英烈"全区启动仪式。

此外，学校系统梳理各项重大节庆活动、纪念日、传统节日，创造性地开展丰富多彩的主题教育，做到月月一活动，人人来参与。

《谢晋元将军精神代代传》主题教育课程简介

爱国主义，作为中华民族精神的核心与社会主义核心价值观的鲜明底色，一直在晋元附校的立人教育中占据着举足轻重的地位。这所学校的名字来源于伟大的抗日爱国将领谢晋元将军。谢晋元以英勇无畏的斗志和坚定不移的爱国信念，在中国抗日战争时期为上海乃至整个中华民族谱写了壮丽的篇章。上海市晋元高级中学及其附属学校以他的名字命名，不仅是对历史的缅怀，更是对爱国精神的传承。

晋元附校，作为普陀区备受赞誉的九年一贯制优质品牌学校，深入挖掘这一独特的教育资源，以将军文化为主线，构建了丰富多彩的校园文化氛围。学校针对各年级学生开展形式多样的爱国主义主题教育，旨在引导学生缅怀先烈，继承遗志，培养他们关心社会、坚定信念的历史使命感和社会责任感。

将军文化在晋元附校得到了深入的挖掘和广泛的传播，它以民族文化为根基，以爱国文化为灵魂，以军事文化为特色，强调回报社会、服务当代的价值观。学校积极响应区"十四五"规划的号召，厚植红色基因，拓展全球视野，培养创新思维，将将军文化与少先队活动紧密结合，创新开展了一系列健康向上、特色鲜明、形式灵活的学生活动。这些活动不仅增强了学生对民族文化的认同感和自豪感，更激发了他们深厚的爱国情感。

在晋元附校的教育实践中，将军文化的传承和弘扬成为一项重要使命。学校通过多种形式的教育活动，让每一位学生都能深切地感受到爱国主义的伟大力量，培养他们的历史使命感和社会责任感。在这样的教育环境中成长起来的青少年，不仅具备了坚定的理想信念和扎实的知识基础，更将成为实现中华民族伟大复兴中国梦的中坚力量。课程项目包括以下几个方面。

一是清明祭英烈活动。

每年的清明节，学校政教处、团队部组织少先队员开展形式多样的清明祭英烈活动。线下，队员代表们怀着崇敬与肃穆的心情，前往晋元高级中学，瞻仰民族英雄谢晋元将军像。少先队员代表用荡气回肠的爱国诗篇，向先烈诉说少年人的爱国情怀；用气宇轩昂的话语郑重宣誓，不忘革命先烈，继承先烈遗志，弘扬先烈精神，树立远大理想。线上，在清明节当天，队员们通过四行仓库的线上展览，走近先辈们抛头颅、洒热血的场景，见证黄埔四期的抗战英雄谢晋元将军率领八百壮士，在日军重重包围中孤军奋战，誓死不退。队员们向人民英雄致敬，为先贤英烈献花，表达自己的感恩和崇敬之情。

我校曾承办了普陀区青少年"国旗下成长"升国旗仪式暨清明祭英烈活动启动仪式。晋元附校队员代表、晋元高中学生代表同谢晋元之子谢继民先生一起，重温革命历史，传承革命遗志。仪式上，队员们用精心编排的情景歌舞剧《忆将军当年》，再现了抗日战争时期谢晋元将军率八百壮士死守上海的动人英雄事迹。本场活动得到团市委、普陀区政府、区文明办、区教育局、团区委、万里街道等单位代表的高度评价，领导们对队员们的爱国热情留下了深刻的印象。

二是将军文化研学活动。

为了进一步拓展队员社会实践能力，学校在初中部开展"将军文化"研学实践活动。研学活动紧密围绕学校"品行端正、学业精进、自主能干、健康活泼"的培养目标，成为学校课程建设的有机组成部分，引导和带领队员利用社会资源拓展学习空间，丰富知识以及社会经验，同时激发学生学习自主性。研学活动在六年级半日社会实践活动的基础上，根据学生的年龄特点，精心选择研学项目内容，确立学生研学活动的基本流程，规范、细化研学过程。

学校组织师生前往将军故居，开展了以"追寻将军足迹，感受非遗魅力"为主题的暑期研学活动。活动中，队员们走进谢晋元将军的母校——广东蕉岭晋元中学。在这百年老校的校园里，队员们走过谢将军当年在这里求学时的石桥，站在荷花池边，聆听邱校长介绍将军当年的求学经历。研学团队参观完校园和校史陈列室后，与蕉岭晋元中学师生互动交流，并向晋元中学赠送了将军之子谢继民先生编撰的《谢晋元与八百壮士图志》等精心准备的礼物。队员们沿着谢晋元将军少年时代每天上学的路线，来到了谢晋元的故居和谢晋元纪念馆。在这里，队员们更加深刻地了解了谢晋元将军少年时的学习与生活，这鼓舞着队员们树立立志报效祖国的宏大理想。队员们在研学活动中，分组完成研学考察报告，充分体现学生在研学过程中的主体地位，进一步落实育人目标。

三是各年级将军主题实践教育活动。

学校政教处联合大队部，根据实际情况和中小学生的身心发展特点与成长规律，以贴近实际、贴近生活为原则，以社会主义核心价值观为核心，设计形成各年级弘扬将军精神的主题实践教育活动，寓教育于活动，进行爱国主义教育。学生们通过参与活动，感受将军精神的崇高意义，激发热爱祖国的高尚情感。具体主题及活动内容见表3-2。

表3-2 各年级具体主题及活动内容

年级	主题	活动内容
一年级	学习将军精神	结合将军文化开展队前教育，厚植爱国情怀
二年级	聆听将军故事	聆听四年级哥哥姐姐讲将军的故事，感受将军爱国的高尚情感
三年级	品读将军故事	阅读将军故事，加深对英雄的热爱崇尚之情
四年级	讲述将军故事	向二年级弟弟妹妹讲述将军故事，传播爱国精神
五年级	缅怀将军精神	队员代表前往晋元高中，开展祭扫将军像活动，进一步弘扬将军精神，树立热爱祖国、热爱人民的人生信念
六年级	寻访将军遗址	结合半日社会实践活动参观四行仓库，走进抗战遗址，寻访八百壮士和英雄后代
七年级	追寻将军故里	开展研学活动，走进谢晋元将军故里，了解民族英雄的成长经历，感悟英雄风采
八年级	将军像前的誓言	在将军墙（像）前举行入团仪式，庄严宣誓，不负祖国的殷切期待
九年级	将军像前的承诺	在将军墙（像）前举行毕业典礼，向将军承诺继续深造，努力成才，传承将军精神

通过《谢晋元将军精神代代传》这一主题教育课程的开展，晋元附校不仅让每一位学生深切地感受到了谢晋元将军英勇无畏、坚定不移的爱国信念，更在他们心中播下了关心社会、报效祖国的种子。这一系列活动不仅增强了学生对民族文化的认同感和自豪感，更培养了他们的历史使命感和社会责任感。在未来，晋元附校将继续以将军文化为引领，厚植爱国情

怀，培育更多具有坚定理想信念和扎实知识基础的青少年，为实现中华民族伟大复兴的中国梦贡献自己的力量。

（2）专题社会实践

学校构建校级、年级、班级、个人的四级社会实践体系。校级社会实践活动以"春秋游活动"为主体；年级的"半日社会实践"以专题考察研究为主；班级的社会实践依托"雏鹰假日小队"开展各种公益活动；个人社会实践一般以家庭为单位，开展"今天去哪儿了"亲子活动。以"雏鹰假日小队"为例。假日小队根据学生所住地域远近，打破年级界限自由组合，自定目标、内容、形式、小队长等。假日小队由队员自主建立，家委会、居委会协助，结合"15分钟少先队校外幸福活动圈"开展活动，成为社区最活跃、最具生命力的群体，培养学生成为品行端正，具有社会责任感的时代新人。

此外学校还开展多项专题性社会实践，如五年级和八年级的学农社会实践、六年级新生军训实践、"锦绣河湾"环保护河实践等。王星霖同学获评"普陀区十佳小河长"。

（3）团队自主管理

学校在实施立人教育的过程中，始终将培养学生的自主性、创新性和社会责任感放在首位。在这一理念的指导下，学校积极推动团队自主管理，为学生提供发展平台和锻炼机会。经过多年的实践探索，学校积累了丰富的团队自主管理经验，形成了独具特色的管理模式。学校获评"上海市少先队幸福教育实验校"，夏靖涵同学荣获"上海市十佳少先队员""上海市优秀少先队员"称号；静远中队获得"上海市优秀中队"称号；辅导员刘靓获得"上海市优秀中队辅导员"称号；王星霖和夏靖涵同学分别获得了上海市和普陀区的"中小学生道德实践风尚人物奖"；学校曾承办普陀区"红领巾心向党"主题活动。

①确立立人教育理念，明确团队自主管理方向。

立人教育理念强调以学生为中心，关注学生的全面发展。在这一理念的引领下，晋元附校明确了团队自主管理的方向和目标。学校注重培养学生的自主意识和自我管理能力，鼓励学生在团队中发挥主体作用，积极参与团队决策和管理。同时，学校还注重培养学生的团队协作精神和集体荣誉感，让学生在团队中学会相互尊重、理解和支持。

为了更好地实施团队自主管理，学校定期召开少代会，民主推选学校团支部、大队委员、中队干部。这一举措有效地培养了学生的民主意识和参与能力，为团队自主管理奠定了坚实的基础。

②构建完善的团队自主管理体系，确保有序运作。

为了确保团队自主管理的有序运作，晋元附校构建了完善的团队自主管理体系。首先，学校制定了详细的团队自主管理制度和规则，明确了团队成员的职责和权利。团队部制定《晋元附校动感中队创建手册》《少先队15分钟幸福生活圈活动手册》，引导各班建设动感中队，提高志愿者服务意识。在动感中队的创设中，学校积极倡导少先队自动化建设的"四自"要求，即自己的活动自己搞，自己的事情自己管，自己的伙伴自己帮，自己的进步自己争，鼓励全员动员、全员参与，通过开展主题鲜明、生动活泼的少先队活动，共同创建自主、平等、友爱的少年队集体。《少先队15分钟幸福生活圈活动手册》（假日小队活动）根据学生所住地域远近，打破年级界限自由组合，自定目标、内容、形式、小队长等。小队由队员自主建立，家委会、居委会协助，结合"15分钟少先队校外幸福活动圈"开展活动，成为社区最活跃、最具生命力的群体，培养学生成为品行端正、具有社会责任感的时代新人。这些制度和规则不仅为团队成员提供了行为准则，还确保了团队工作的规范化和制度化。

其次，学校注重团队文化的建设，通过组织丰富多彩的团队活动和交流活动，增进团队成员之间的了解和信任，形成积极向上的团队氛围。这种团队文化不仅增强了团队的凝聚力和向心力，还为团队的长远发展奠定了坚实的基础。

此外，学校建立了有效的团队自主管理评价机制，对团队成员的工作表现、贡献和成果进行客观评价，激励团队成员不断进步和提高。这种评价机制不仅促进了团队成员的个人成长，还推动了团队整体水平的提升。

学校先后有3支中队分别获得了"上海市快乐动感中队"和"普陀区快乐动感中队"荣誉称号。2018年，我校晨曦中队因表现突出，获得全国少工委的表彰。

③培养自主管理技能，提升团队综合素质。

在团队自主管理的过程中，培养自主管理技能是至关重要的。晋元附校注重通过课程培训、实践锻炼等方式，提升学生的自主管理技能。学校开设了专门的自主管理课程，教授学生时间管理、自我激励、沟通技巧等方面的知识和技能。同时，学校还鼓励学生积极参与团队项目和实践活动，让学生在实践中锻炼和提升自主管理能力。

除了培养学生的自主管理技能外，学校还注重提升学生的综合素质，通过组织丰富多样的课外活动和社团组织，为学生提供展示自我、锻炼能力的平台。这些活动和组织不仅丰富了学生的课余生活，还培养了学生的兴趣爱好和特长优势，提升了学生的综合素质和竞争力。

④鼓励创新与持续改进，推动团队不断发展。

在立人教育理念的指导下，晋元附校鼓励团队成员勇于创新并持续改进。学校为团队成员提供创新的机会和平台，激发他们的创造力和潜能。同时，学校还注重培养学生的批判性思维和问题解决能力，让他们在面对挑战和问题时能够迅速应对并寻求有效的解决方案。

为了推动团队的持续发展和进步，学校定期组织团队反思和总结活动，回顾团队的工作历程和成果，总结经验教训和不足之处，为团队的未来发展提供有益的借鉴和指导。这种反思和总结活动不仅促进了团队成员的个人成长和进步，还推动了团队整体水平的提升和发展。

⑤实施值周中队制度，创设学生自主管理平台。

值周中队是晋元附校一项重要的校园自主管理活动，也是学生在校园生活中主动获得感知与体验的窗口。通过值周中队制度，学校将行为规范的管理由被动转为主动，提供学生当家作主的实践机会。为每个学生开辟更为广阔的成长空间，值周中队承担分布于校园内外约 30 个监督、服务小岗位，并对本周校区内的各班级表现作出客观公正的评价。这一制度的实施不仅锻炼了学生的自主管理能力，还培养了学生的社会责任感和集体荣誉感。

⑥开展动感中队与雏鹰假日小队活动，培养学生社会责任感

晋元附校积极开展主题鲜明、生动活泼的动感中队与雏鹰假日小队活

动，引导学生走出校园，参与社会实践活动，培养学生的社会责任感和实践能力。同时，学校还鼓励学生结合自身特长和兴趣爱好，自主策划和组织活动，进一步提升学生的自主管理能力和创新能力。

总之，在立人教育思想的引领下，晋元附校团队自主管理取得了显著的成效。通过构建完善的团队自主管理体系、培养自主管理技能、鼓励创新与持续改进等措施，学校成功地推动了团队的发展和进步。未来，学校将继续深化团队自主管理的实践探索，培养更多具有自主性、创新性和社会责任感的学生。同时，学校也期待向更多的教育工作者和团队管理者分享经验和成果，与同仁一起共同推动教育事业的进步和发展。

实践案例之一

大队部的一周

大队部的一周从每周一早晨的升旗仪式排练开始，不顾炎热、寒冷，每周的大队部工作都会有条不紊地进行。

我校大队部除主席团之外，共分为四个部门：文体部、宣传部、纪律部和组织部。两位大队主席各分管两个部门，根据本月各部门的表现进行考评，评选"明星部门"。每一个部门都有自己的分工，整个大队部就在这一个个部门的配合下完成一周的工作。文体部主要负责每周升旗仪式的排练，宣传部主要负责分发报纸及每月黑板报的检查，纪律部主要负责每周的风纪检查以及礼仪队员训练，组织部主要负责流动红旗的评比以及两本手册的检查。各部门里的部员都有具体分工，切实做到人人参与。

每周一的中午，我们都会迎来每周一次的大队部例会，所有的大队委员都会准时到达团队部，由大队主席召开例会，各部门的部长简单总结上一周各部门的工作情况，大家对工作中所产生的问题进行统一讨论。会后，大队主席布置下周执勤中队工作，辅导执勤中队提前做好值周准备。

每周二午自习，宣传部的大队长们便会来到大队部，将每周的报纸分类整理并一一送到各班。每天的大课间，他们都会轮流去广播室播放早操音乐。同时，他们也需要完成每月一次的黑板报检查工作，对各班板报进行评比打分。

周三，大队文体部汇总下周升旗仪式稿件，进行审稿和修改。每周课间，纪律部的大队长们会对各班进行风纪抽查。周三、周四，下周执勤中队的校门口礼仪队员进行训练。

每周四、五的中午则是文体部排练升旗仪式的时候，文体部的大队长们会组织值周班级参加排练。在排练升旗仪式的同时，大队部也会训练升旗手、护旗手走正步，以及如何升旗。几天的辛苦排练正是为了每周一正式升旗时的一刻完美呈现。

在周五中午，宣传部会在广播室进行每周一次全校范围内的"红领巾广播"，让同学们知道一些常识，也倾听一下其他班级同学对中队辅导员的心里话。

到了一周结束的时候，主席团与组织部的大队长们则会对一周的流动红旗以及值周中队进行评分。除此之外，组织部每月还会定时对各中队的《志愿者手册》与《动感中队手册》进行检查。

大队部是一个自主能动的团结集体。每周自主地运转，每个部门由部长组织管理，在一周五天内做到各司其职；每个部门之间也可以相互配合，完成工作。以上所讲述的一周五天的工作就构成了大队部的一周，我们在职能部培养自己的能力，为和谐校园做出贡献！

（第十七届大队委员：强芸珂）

实践案例之二

自主自动　力争上游

——《上海中学生报》对我校六（2）晨曦中队的介绍

普陀区少工委充分发挥少先队组织的作用，增强少先队员的集体主义精神和小主人意识，共同创建自主、平等、友爱、向上的大中小集体，发动每一位队员主动融入队集体，履行队员义务，发挥自己所长，活跃集体活动，共享快乐生活。

这一点，上海市晋元高级中学附属学校六（2）晨曦中队做得非常有特色。

自主自动　力争上游

上海市晋元高级中学附属学校六（2）晨曦中队是一个朝气蓬勃、团结向上的集体，就如同它的名字一样如清晨的太阳冉冉升起。队员们努力创设自主管理型的特色中队，培养自主能力发展、个性发展。在这个集体中，有一种人人争上游、个个比学赶帮的良好氛围，每位队员都为自己是集体的一员感到骄傲，同时又用自己的实际行动为集体添光彩。

争当红领巾小健将

在上海市晋元高级中学附属学校的操场上，每天清晨都会看到有一支小队伍在锻炼，他们就是六（2）晨曦中队的红领巾"小健将"。这群跑步爱好者自发锻炼，在中队里形成了热爱运动的良好氛围，强健了体质，同时在运动会上获得了多个奖项。

"我们中队的每个队员都是运动健将！"纪逸琳同学说，"在运动会开始之前，大家都跃跃欲试。体育课上，我们努力练习；放学后，只要有空，我便围着小区跑5圈，因为我可是要代表我们班参加50米和4×100接力的。谁知到了比赛那天，我突然发生了意外，一不小心左脚踩到了鞋带，摔倒了。我顶着伤痛参加4×100米接力，通过我和小伙伴们的努力，获得了第3名的好成绩。这就是我们六（2）中队，一个具有体育精神的中队，也是让我引以为傲的集体！"

在六（2）中队队员们的坚持和带领下，越来越多的其他年级和班级的同学加入了晨跑的行列，每天早上晨跑的队伍越来越壮大。

中队辅导员陈丽老师告诉记者，一名优秀的少先队员不仅要品德好、学习好，更要身体好。晨曦中队的队员们在运动场上热情地挥洒青春的汗水，为自己的青春奔跑，为中队的荣誉而加油呐喊。本学期的运动会上，队员们获得了4项第一、2项第二的优良成绩。晨曦中队还获得了运动会团体一等奖的好成绩。

做好红领巾小主人

队员们的红领巾"小主人"也做得风生水起。

"自己的干部自己选"，在民主选出队干部之后，他们自发开展了"自己的队友自己帮"的一帮一活动。

"多亏了师傅的帮助啊！"说起自己的师傅夏靖涵，钱鹏就打开了话匣子。钱鹏原本是个坐不住的男生，学习成绩也一般。中队里开展了"自己的队友自己帮"的一帮一活动后，在夏靖涵的帮助下，钱鹏总是每天第一个交作业的人，上课也能集中精神听老师讲课。下课后，还主动找夏靖涵讨论数学题呢！

夏靖涵笑着告诉记者："良好的班风、和谐的氛围、自主的学习才能让队员们不断提高自己的学习成绩和个人能力。在我们中队，大家互相帮助，互相学习。在每次课上讨论时，每个人都能积极参与，并养成了积极发言的好习惯。课上举手的人也是数不胜数。"

陈丽老师向记者展示了一帮一结对表，并告诉记者，快乐一帮一活动是由队员们民主投票产生的队干部自发开展的，就连表格都是队长们自行设计的。队长们心里想的，就是帮助每一个需要帮助的队员，不辜负队员们对他们的信任和期望。"现在看来，在师傅们的帮助下，徒弟都取得了卓越的进步。自己的伙伴自己帮，在我们中队已经实现了。"陈丽老师笑着说。

自己的轨迹自己记录

之后，队员们又开展了"自己的事情自己做"小岗位认领工作和"自己的轨迹自己记录"的班级日志撰写工作。在队员们心中，中队就是自己的家。他们将中队的岗位分为纪律岗位、学习岗位和生活岗位三大类，纪律岗位又分为礼仪监督员、课前检查员、放学路队长、护眼小天使、课间协管员、文明小导师、常规督促员这7个小岗位，学习岗位则分为早读检查员等5个小岗位，生活岗位包括门窗管理员、黑板清洁员、讲台小卫士等12个小岗位，涵盖了校园生活的每一方面。在自己的岗位上，队员们尽心尽责。

中队"小当家"是由队员们轮流任职，轮流参与班级的日常事务管理，负责一天的大小事务，记录中队日志。

记者看到了这本图文并茂的中队日志。

"今天我们六年级去公安博物馆，刚下车时，队员们叽叽喳喳，吵个不停，但在参观时和回学校的路上表现得都很不错。"

"美术公开课上，同学们没有积极举手发言，下次要改进。但同学们在'七巧板拼图'和其他一些自主操作的活动中的作品很有创意，值得表扬!"

"这几天降温,大家注意保暖,不要感冒哦!"

这就是"自己的轨迹自己记录"。队员们在中队日志中点评一天的情况,并对第二天的学习生活进行温馨提示。陈李老师说:"中队日志可以说是中队辅导员的一个摄像头,让我全面地看到了中队各个方面的情况,及时处理了许多问题,同时还给了我一个走进学生心里的机会,让我和他们走得更近。"

在短短几个月里,队员们收获颇丰:在学校的流动红旗评比中,良好的行为规范让晨曦中队每周都脱颖而出,周周获得流动红旗;在执勤周里,队员们凭借尽职的工作态度和良好的成效获得"五星执勤中队"荣誉称号。

(《上海中学生报》记者:马晓敏/文,选入时有改动)

实践案例分析

学校六(2)晨曦中队,无疑是一个充满活力、自主性和集体荣誉感的少先队集体。从他们的日常活动中,我们可以看到中队辅导员的巧妙引导、队员们的积极参与以及由此产生的卓越成效。

其一,晨曦中队的自主管理能力令人印象深刻。无论是红领巾小健将的自发锻炼,还是红领巾小主人的一帮一活动,都体现了队员们高度的自觉性和责任感。他们不仅为自己的成长付出努力,也为集体的荣誉而拼搏。这种自主管理的模式,不仅锻炼了队员们的个人能力,也增强了集体的凝聚力。

其二,晨曦中队的队员们展现出了良好的团队合作精神。在一帮一活动中,他们互相帮助,共同进步;在小岗位认领工作中,他们各司其职,尽心尽责;在班级日志撰写中,他们真诚交流,互相提醒。这些活动不仅让队员们学会了合作与分享,也让他们在实践中体会到了集体的力量。

其三,晨曦中队所取得的成绩也是对他们努力的最好肯定。无论是运动会上的优异成绩,还是流动红旗评比中的脱颖而出,都证明了晨曦中队是一个具有优秀综合素质的集体。这些成绩的取得,离不开中队辅导员的悉心指导，更离不开队员们的共同努力。

综上所述，学校六（2）晨曦中队是一个值得学习和借鉴的优秀少先队集体，他们的自主管理模式、团队合作精神以及取得的优异成绩，都为我们提供了宝贵的经验和启示。

(4) 班级民主管理

班级是学生在学校生活学习的最主要场所，是学生阶段实现人的社会化的核心环境之一。班级民主管理是通过全员参与、责任明确、制度完善等手段，培养学生的自主意识、民主意识，进而提高学生的综合素质。学校制定了《晋元附校班级管理实施方案》并申报了上海市学校德育课题《我是小当家——九年一贯制学校班级民主管理模式的实践研究》。班级民主管理以"人人有管理小岗位""人人撰写班级日志""人人都是监督员"等作为实践平台，使学生在承担责任和义务的过程中完善了人格，提升了能力，增长了才干，也使班集体的凝聚力得以增强。多年来，我校积极探索和实践班级民主化管理的理念和方法，取得了一些成果和经验。

①班级民主管理的理论与实践探索。

班级民主化管理是一种基于民主原则的管理方式，它强调学生的主体地位和自主性，注重培养学生的民主意识和民主能力。在理论上，班级民主化管理有以下几个方面的特点。

全员参与。班级民主化管理注重全员参与，即每个学生都有机会参与班级的管理。这种参与不仅体现在班级规章制度的制定和执行上，还体现在班级文化的建设、班级活动的策划和组织等方面。全员参与有助于培养学生的责任感和参与意识，提高学生的主动性和创造性。

责任明确。在班级民主化管理中，每个学生的职责都是明确的。通过制定班级规章制度和岗位职责，每个学生都清楚自己的责任和义务。这种责任明确有助于提高学生的自律性和自觉性，促进学生的自我管理和自我发展。

制度完善。班级民主化管理需要建立完善的制度体系，包括班级规章制度、岗位职责、检查反馈机制等。这些制度为班级的管理提供了有力的保障和支持，使得班级的管理更加规范化、科学化。

在实践层面，学校在班级民主化管理方面进行了一些有益的尝试和探索，具体体现在以下几个方面。

设立民主化管理组织机构。学校建立了班级管理机构和检查机构，实行班干部、十大员的竞聘制上岗制。管理机构由民主竞选产生，负责班级日常管理；检查机构由学生轮流担任，负责检查班级的各项管理。这种组织机构的设置有助于明确学生的职责和权力，提高学生的参与度和责任感。

制定班级规章制度。学校引导学生共同讨论并制定班级纪律制度，确立了"文明学生"评比标准，细化了文明学生的评估细则。这些规章制度为学生的行为提供了明确的规范和标准，有助于培养学生的自律性和自我管理能力。

实行班级管理责任制。学校着力营造"人人有事做，事事有人干"的良好氛围，注重为每个学生都创设参与班级管理的机会。例如，学校开展了"一日制班长"活动，让每位学生都有机会体验班长的角色和责任。这种责任制有助于培养学生的责任感和管理能力，提高学生的综合素质。

经过一段时间的实践和探索，学校的班级民主化管理取得了一些成效。首先，学生的自主意识和民主意识得到了明显的提高，他们更加积极地参与班级的管理，更加主动地表达自己的意见和建议。其次，学生的责任感和管理能力得到了锻炼和提高，他们更加清楚地认识到自己的责任和义务，更加自觉地遵守班级规章制度。最后，班级的凝聚力和向心力得到了增强，学生之间更加团结友爱，班级氛围更加和谐融洽。

然而，在实践中我们也发现了一些问题和不足。例如，有些学生对于民主化管理的理解还不够深入，参与度和责任感还有待进一步提高；有些班级的规章制度还不够完善和科学，需要进一步改进和优化；家校互动还需要进一步加强和深化等。针对这些问题和不足，学校将继续加强班级民主化管理的宣传和教育力度，完善和优化班级规章制度和管理机制，加强家校互动和合作等方面的工作。

综上所述，班级民主化管理是一种有效的班级管理模式，它注重全员参与、责任明确、制度完善等方面，能够培养学生的自主意识、民主意识和管理能力，提高学生的综合素质。在今后的工作中，学校将继续探索和实践班级民主化管理的理念和方法，为学生的全面发展创造更加良好的教育环境。

②班级民主管理的课题研究。

在班级民主管理的实践中，我主持开展了《我是小当家——九年一贯制学校班级民主化管理的探索与实践》的课题研究。

该课题的提出基于对当前教育环境和社会背景的认真思考。随着社会的不断进步和教育改革的深入，传统的、以教师为中心的班级管理模式已经不能完全适应现代教育发展的需要，学生的主体性、能动性和民主参与意识在班级管理中应得到更多的重视和体现。因此，探索和实践班级民主化管理成为当前教育领域的一个重要课题。

课题的理论支撑主要来自教育学、心理学、管理学和社会学等多个学科的研究成果。这些学科的研究成果为班级民主化管理提供了坚实的理论基础和科学的指导原则。例如，教育学强调学生的主体性和能动性，心理学关注学生的心理需求和个性发展，管理学注重效率和效果，而社会学则强调社会适应和社会责任。这些学科的研究成果在课题中得到了充分的体现和应用。

在实践探索方面，该课题从班级民主化管理的岗位设置、学生个体综合素质培养、师生互动载体运用等多个方面进行了深入的研究和实践。这些实践探索不仅具有创新性，而且具有很强的针对性和可操作性。

例如，在班级岗位设置方面，让每个学生都有机会参与班级管理，这不仅增强了学生的责任感和主人翁意识，也提高了班级管理的效率和效果。在学生个体综合素质培养方面，课题注重培养学生的自我管理能力、民主参与能力和社会适应能力等，这些能力的培养对于学生的全面发展具有重要意义。在师生互动载体运用方面，课题通过《班级日志》等形式加强师生之间的沟通和互动，营造了民主、和谐、积极向上的班级氛围。

从实践成效来看，该课题在班级民主化管理方面取得了显著的成果：通过实行班级民主化管理，学生的主体性得到了更好的体现，学生的能动性得到了更好的发挥，班级的凝聚力和向心力得到了明显的增强；同时，学生的自我管理能力、民主参与能力和社会适应能力等也得到了有效的提升。

在实践中，我们也遇到了一些问题和挑战。例如，如何平衡学生的自主性和教师的引导性？如何确保班级民主化管理的公平性和公正性？如何处理班级民主化管理中出现的矛盾和冲突？这些问题和挑战需要我们在未来的实践中进一步探索和解决。

对于未来的班级民主化管理实践，我们提出以下建议。

一是进一步加强理论研究和实践探索的结合。理论研究和实践探索是相辅相成的，只有加强两者之间的结合，才能更好地推动班级民主化管理的发展。

二是注重培养学生的民主意识和民主参与能力。民主意识和民主参与能力是班级民主化管理的基础和前提，只有注重培养学生的这些能力，才能更好地实现班级民主化管理的目标。

三是建立和完善班级民主化管理的制度和机制。制度和机制是班级民主化管理的保障和支撑，只有建立和完善相应的制度和机制，才能更好地确保班级民主化管理的顺利实施。

四是加强师生之间的沟通和互动。沟通和互动是班级民主化管理的重要手段和途径，只有加强师生之间的沟通和互动，才能更好地营造民主、和谐、积极向上的班级氛围。

总之，《我是小当家——九年一贯制学校班级民主化管理的探索与实践》这一课题从理论到实践进行了深入的探索和实践，取得了显著的成果。在未来的实践中，我们应该进一步加强理论研究和实践探索的结合，注重培养学生的民主意识和民主参与能力，建立和完善班级民主化管理的制度和机制，加强师生之间的沟通和互动，推动班级民主化管理不断发展和完善。

（5）学科德育育人

学科德育是学校德育工作的重要组成部分。学校鼓励教师在课堂教学中融入德育元素，将德育与智育相结合，实现教书与育人的统一。为了实现这一目标，学校加强了教师培训和管理，提高他们的专业素养和工作能力。同时，学校还定期开展学科德育研讨会和交流活动，让教师在分享经验、互相学习的过程中不断提升自己的德育水平。

在学科德育的实施过程中，学校注重发挥各学科的特点和优势。学校鼓励教师根据学科特点挖掘德育资源，将德育内容以恰当的方式融入课堂教学。例如，在文科类课程中培养学生的人文素养和审美情趣，在理科类课程中培养学生的科学精神和创新能力，在体育类课程中培养学生的团队精神和拼搏精神等。学校制定并完善《晋元附属学校学科德育渗透方案》，开发了符合中小学生年龄特点、认知规律和教育规律的德育课程。学校将人格品质教育与学科德育整合起来，梳理相关内容，从学科特点入手，挖掘教学内容中的德育因素，结合学校一至九年级的德育主题词开展教学，整理、积累相关的案例、教学设计，完成《学科德育指导手册》的编撰工作。学校的《春风化雨润物无声——推进学科德育的思考和行动》一文被收入由上海教育出版社出版的《德智交融，育人无痕》一书。

实践案例

春风化雨润物无声
——推进学科德育的思考和行动

《国家中长期教育改革和发展规划纲要》中提出"坚持以人为本、推进素质教育"的战略主题，要求做到"德育为先、能力为重、全面发展"。学校的职责不仅是让学生有好的学习成绩，更应该培养他们的理想信念和社会责任感，促进他们在德智体美劳等方面得到全面而有个性的发展。学科德育不是一门课程，它不能依靠单纯的说教，而是要渗透到学校所有的教育教学活动中，形成教育的合力。所以我们以为，以课程为载体依托，才能在潜移默化中让学生接受品德教育。

1. 我们的认识

学校五年规划提出我校的学校精神是"厚德而和、行健而立"，其内涵是人格至善构建和谐，自强不息铸就卓越。学校精神的最高境界是成功而又和谐，即既做好人又做好事。厚德而至"太和"，其包含着自然的和谐、人与自然的和谐、人与人的和谐以及自我身心的和谐。行健而至"功立"，包含着学业的精进、事业的成功、人生的幸福，让每一个晋元附校的学生在做人方面做到"厚德"，在做事方面做到"行健"，以完善的人格塑造未来优秀公民的形象。

依据学校精神的深刻内涵，我校确立了"立人教育"的核心价值观，其主要内涵为仁爱、包容、进取、合作。学校在学校文化建设、德育、课程、师训等工作中加强学校核心价值观的学习与践行。

目前，学校人格教育已经落实在"九年一贯制学生生活价值"的德育课程体系的建设中，学校在九年的学校生活中努力培养学生成为"品行端正、学业精进、自主能干、健康活泼"的社会主义事业的接班人，九个年级的校本德育课程教材已经完成，一年级为"明礼"，二年级为"自立"，三年级为"互助"，四年级为"诚信"，五年级为"感恩"，六年级为"正直"，七年级为"自信"，八年级为"谦虚"，九年级为"笃志"。

我校学科德育工作是围绕着人格教育进行的。根据每个年级的人格教育关键词，各学科努力挖掘相关教育资源，探索行之有效的教育方式。

2. 我们的实践

（1）制定方案　管理保障

学校学科德育工作领导小组由校党总支书记、校长、教务处、德育处、班主任、学科教师等组成，由专管员制定《晋元附属学校学科德育渗透方案》《晋元附属学校学科德育专管员制度》。学科德育专管员要求每位教师撰写教案时，必须在"三维目标"中将德育要点表述出来；学科德育专管员定期组织听课，教师的随堂课、公开课、各级评比课的课堂教学评价都要参照课堂教学评价表，并将是否自觉、有机渗透学科德育教育作为重要评课内容。

（2）理论导航　培训跟进

学校要求每位教师重点研读《中学德育教学论》一书，通过学习，基本了解相关的教育教学理论，同时，学校还开展了《关于学科德育若干问题阐释》的全校主题培训。

（3）实践体验　交流分享

学校要求教研组将"围绕人格培养的学科德育"的研究放入教研组计

划中，做到学科德育在教研中明确，在教案中体现，在教学中落实。学校从学科特点出发，挖掘教学内容中各年级的人格教育素材，在教学中寻找结合点，把各科教学与教育活动结合起来，认真进行教学实践。

依托教研组、备课组，学校每个学期推选教师进行一次公开教学，完成一份教学实录片段（视频）；在实践中，教师做好一份教学设计，制作好一个相关的课件，实践结束后及时进行反思整理，撰写教学案例或论文。在此基础上，教务处进行学科德育优质课展示和优秀案例征集评选活动，通过这些活动，老师们研究改进方法，提高德育效果。

（4）提炼心得　推陈出新

学校越来越重视德育进入课堂，这确实是一件好事，但是课堂教学不能只注重形式，德育渗透不能贴标签、喊口号地走过场。只有依托课程，根据学生的特点，运用恰当的教学策略，才能更好地发挥德育润物细无声的教学效果。

结合近几年的研究及实践探索，老师们各有所得。

一是在课堂教学中以任务的形式提出要求，让学生在完成任务的同时，也完成人格培养与教育。这种方法适合用于学生已有认知中较模糊的内容。

如余跃老师依据五年级的德育主题词"感恩"，在音乐教学中渗透感恩教育。"亲情与关爱"这方面的知识学生并不陌生，可以说是天天都接触。这就不需要教师反复说教，而应该把重点落到提升认识——懂得珍惜与回报。于是，余老师在教学时，放映了影片《和你在一起》的高潮部分，即得知自己弃婴身世的晓春放弃比赛赶去车站为准备回去给自己挣学费的养父送行。余老师有意去掉了这个片段的配乐，要求学生根据自己的理解，配上一段合适的小提琴曲。任务一提出很快吸引了学生的注意，他们反复仔细地研读电影片断。而导演陈凯歌在处理这段戏时，运用蒙太奇的手法，将十多年前父亲捡回晓春抚养、晓春车站寻父并第一次为父亲演奏巧妙地组合在一起。学生全身心地投入观看，伟大的父子情，深深地感染了他们，有的同学甚至潸然泪下。交流时，有的学生说："无言的父爱深沉而广博，所以我们选择旋律较为舒缓而略带感伤的曲调来表现。"另外一组的学生则补充道:"晓春的一切都是养父给予的,当他用最真挚的情感演奏小提琴曲时,既是感谢也是回报,所以在这个片段中,我们选择节奏较快但包含激情的音乐。"在学生的眼中,老师发现思考与感动在闪烁。下课前,老师播放了电影原来的音乐,在柴可夫斯基的D大调小提琴协奏曲中,同学们真正领悟到了亲情的力量,明白了感恩的重要性。

这节课,因为老师找到了人格教育与学科教学的结合点,采用任务驱动的方式,打开了学生的心灵之门,从而收到了极佳的效果。

二是在课堂教学中,让学生在小组或团队中为了完成共同的学习任务,进行有明确责任分工的互助性学习,在相互接纳、相互诉说、相互倾听中培养尊重他人的品质,在互相配合、互相支持、互相评价、互相激励、共同解决问题中懂得平等协作的重要性,在平等协作中共享成果和共同提高。这个方法尤为适合运用在比较复杂而学生一时很难理解的内容上。

比如林辰杰老师根据六年级的德育主题词"正直",从课文《藏羚羊跪拜》中找到了教学结合点。老师补充播放了《可可西里》的一个片段:巡山队长日泰单枪匹马截住一大帮偷猎藏羚羊的枪手。老板想以送他汽车、帮他盖房子来做交易,日泰不干。面对老板的嘲笑,他更一拳打了过去。枪响了,日泰被撂倒在地,老板离开时,在他身上补了几枪。

播放完片段后,老师问学生:"主人公毫不犹豫地放弃了生命或财富,他们这样做值得吗?"来自六个班的学生很快形成了正反两种观点,思考在这里产生,观念在这里碰撞。

反方:"生命是最宝贵的,为了一头藏羚羊轻易地失去,不值得。"

正方:"我不同意,保护藏羚羊是日泰队长的责任,如果为了苟且偷生而听之任之,队长的正直体现在哪里?"

反方:"我们并没有说不管,只是日泰队长完全就该灵活应变,以退为进,等待时机,将他们绳之以法。"

正方:"虽说邪不压正,但相当长的时间内,邪恶往往会占据优势。一味退缩,不就意味着要牺牲更多的藏羚羊?只要遇见一次偷猎者就必须抗争到底，哪怕付出生命的代价。事实证明，正是有了队长他们的牺牲才推动了保护藏羚羊法规的制定。这样的牺牲值得，为人就应该如此正直。"

由于以小组的形式完成辩论，学生们不仅仅在探讨问题，更是一次绝好的实践体验。教师尊重学生的主体性，形成一个师生互教互学的真正的"学习共同体"，让学习活动变成一个对话、参与、相互建构的动态系统。

果然，这一次学习收效显著，同学们对"正直"这一抽象的概念有了直观的了解。从学生所写的课后感中，我们看到了将人格教育渗透于学科教学中的教育价值。

三是学生的智力发展突出表现在形象思维向逻辑思维的发展，他们对具有故事情节及具体形象的历史事件和历史人物感兴趣，最容易掌握那些用直观形象作支柱的概念，但对此作全面的分析还有一定的困难。尤其是一些离他们生活较远的话题，他们更难掌握和理解，这就需要教师巧妙地引导他们参与教学活动。

例如，在教授历史时，老师结合九年级的德育主题词"笃志"，让学生从身边寻找"笃志的故事"。在交流课上，老师惊奇地发现学生呈现出来的资料让人耳目一新：有学生找来了学过的《口哨》这篇课文，重读课文，张海迪的坎坷命运与乐观的精神给学生留下了深刻的印象；有的学生走出课堂，实地参观了一大、二大会址，通过ppt的形式展示那个血雨腥风的年代，共产党人凭着坚定的信念，为新中国的美好未来而努力奋斗；还有的同学找来了爷爷奶奶的老照片，给大家展示抗日战争时期老一辈上海人的风采。事实证明，通过引导学生积极参与，学生的兴趣与需求生成了人格教育的课程资源，在这里，历史的体验融进了学生身心成长的历程，使得课程的内涵大大地丰富了。

可见，关注学生个体生命的尊严与体验的教育，将人格教育与学科教学紧密结合，必定能使课堂永远充满朝气，生动活泼。

3. 我们的思考

学校教务处、政教处还将根据每个年级的人格培养目标向学生、教师和家长推荐阅读书目，设计人格培养课程，努力构建适合学生身心发展特点的、符合学生认知发展规律的、充分体现人格教育的新型课堂环境，为学校立人教育的实验推进探索，积累经验。

同时，学校要加强师德师风建设，提升教师人文素养。学科德育的教育资源之一是教师本身的师德、情感和人格魅力。因此，在校本师训工作中，学校设计安排教师人文素养课程，开展"我心目中的好老师"等先进评选活动，在教师中辐射正能量，加强教师职业理想和职业道德教育，促进教师人文素养和创新素养提升。

古罗马教育家普鲁塔克说过，孩子的心灵"不是一个需要填满的罐子，而是一颗需要点燃的火种"。点燃学生心灵的火种，需要有完满的课堂精神生活，需要唤醒学生的主体意识。只有以学生为本，从学生的角度出发，在学生主动体验的过程完成人格教育，才能真正将人格教育的点点滴滴渗透到学生的心田，才能促进学生个体生命的充分发展，让课堂成为师生生命飞扬的绿洲。

实践案例分析

学科德育育人，作为现代教育理念的重要组成部分，旨在通过学科教学渗透德育内容，达到润物细无声的教育效果。本文从认识、实践到思考三个层次，详细阐述了学科德育在学校教育中的实际应用和深远意义。

在理论层面，该文明确了学科德育的核心价值和目标。依据学校精神"厚德而和、行健而立"，学校确立了"立人教育"的核心价值观，旨在培养学生"仁爱、包容、进取、合作"的品质。这一理念不仅体现了德育为先的教育战略，也符合全面发展的教育目标。学校通过制定详细的德育课程体系，将人格教育细化为九个年级的具体德育目标，为学科德育提供了明确的方向和依据。

在实践层面，学校通过一系列具体举措，将学科德育落到实处，如制定方案和管理制度确保德育工作的有序进行，理论导航和培训跟进提升教师的德育意识和能力，实践体验和交流分享让德育真正走进课堂融入教学。特别是文中提到的几个教学案例，生动地展示了学科德育在实际教学中的运用和效果。这些案例不仅体现了教师对德育理念的深刻理解和创新实践，也反映了学生在德育熏陶下的积极变化和成长。

在思考层面，文章对学科德育的未来发展提出了展望和建议：一方面，强调要构建适合学生身心发展特点、符合认知发展规律的德育课堂环境；另一方面，也指出要加强师德师风建设，提升教师的人文素养和创新能力。这些思考不仅体现了对德育工作的深入反思和不断完善，也展示了学校对德育工作的高度重视和长远规划。

综上所述，该文在理论和实践两个层面对学科德育育人进行了全面而深入的阐述。通过明确德育目标、创新德育方式、丰富德育内容、提升德育效果等一系列举措，学校成功地将德育渗透到了学科教学的方方面面，实现了润物细无声的教育效果。这不仅为学生的全面发展奠定了坚实基础，也为学校的教育改革和发展注入了新的活力和动力。

（6）心理健康教育

学校将"优化全体学生的心理素质，培养不同年龄段的学生积极乐观、健康向上的心理品质，塑造全体学生的积极人格"作为学校心理健康教育的总目标，制定了《晋元附校心理健康教育激励机制与保障制度》。学校积极开展心理健康教育和辅导，建立个体心理干预学生档案，积极加强相关心理方面的课题研究。2018学年，学校申报的《小学生积极情绪培养的途径探究》课题荣获普陀区学校心理健康教育宣传月活动二等奖；学校荣获上海市2015—2017年心理工作先进集体，2018年通过上海市心理健康达标校复验，2019年度获上海学校心理健康教育活动月优秀组织奖，2021年被评为上海市中小学心理健康教育示范校。

晋元附校作为一所注重全面发展的学校，在心理健康教育方面进行了大量的实践和探索，从组织管理、保障条件、教育实施和教育成效四个方面，对心理健康工作作出全面安排。

①构建完善的组织管理体系。学校心理健康工作的顺利开展，离不开完善的组织管理体系。晋元附校成立了以校领导为核心的心理健康教育领导小组，定期研讨和指导心理健康教育工作。同时，学校还建立了心理健康教育网络，包括学校、家庭和社区三个层面，形成了全方位、多层次的心理健康教育体系。

在制度建设方面，学校制定了一系列心理健康教育相关制度，如《晋元附校心理健康教育激励与保障制度》《晋元附校危机干预制度》等，为心理健康工作的规范化、制度化提供了保障。此外，学校还建立了学生心理健康档案，对每位学生进行心理测评和跟踪记录，确保每位学生都能得到及时、有效的心理关注和帮助。

②提供有力的保障条件。为保障心理健康教育的顺利实施，晋元附校在硬件配置、经费保障和队伍建设方面提供了有力的支持。学校按照标准建设了心理辅导室，配备了完善的设施设备，为心理健康教育提供了良好的硬件环境。同时，学校将心理健康教育经费纳入年度财政经费预算，确保心理健康教育的各项工作能够得到充足的经费支持。

在队伍建设方面，学校配备了专业的心理教师，他们持有相关证书，具备丰富的心理健康教育经验。此外，学校还定期对班主任及全体教师进行培训，提高他们的心理健康教育能力，逐渐形成了以专职心理教师为核心，班主任为骨干，全体教师广泛参与的心理健康教育教师团队。

③实施多样化的教育活动。晋元附校注重通过多样化的教育活动来实施心理健康教育。学校为不同年级的学生开设了心理健康活动课，通过课堂教学、团体辅导等形式，帮助学生掌握心理健康知识和技能。同时，学校还以班团队会、主题教育等为载体，开展丰富多彩的心理健康教育活动，如"考前心理辅导""认识新朋友，熟悉新环境"等主题班会和"心舞飞扬'疫'起成长"等心理健康教育月活动。

此外，学校积极开展心理实践活动，如心理社团、家庭教育指导等。心理社团通过开展各种心理团体辅导活动，帮助学生提高心理素质和社交能力。家庭教育指导则通过讲座、座谈会等形式，为家长提供育儿及家庭教育指导方法，促进家校合作，共同关注学生的身心健康。

④注重教育成效的评估与提升。学校非常注重心理健康教育成效的评估与提升，通过学生评教、课题研究等方式，对心理健康教育的效果进行评估和反馈。学生评教数据显示，学生对心理辅导活动课的整体满意度很高，说明学校的心理健康教育得到了学生的认可和喜爱。同时，学校还积极开展课题研究，探索心理健康教育的有效方法和途径，不断提升心理健康教育的质量和水平。

总之，学校通过构建完善的组织管理体系、提供有力的保障条件、实施多样化的教育活动以及注重教育成效的评估与提升等策略，有效地推进了学校心理健康工作的开展。这些策略不仅有助于提高学生的心理素质和社交能力，还有助于促进家校合作和教师的专业发展。未来，学校将继续深化心理健康教育的实践和研究，为学生的全面发展提供更加优质的教育服务。

实践案例

"心悦成长"心理健康教育特色项目

学校心理室结合学校心理工作理念与目标，开发品牌项目——"心悦成长"心理健康教育特色项目。

1. 项目背景

我校将"立己立人、共同成长"理念渗透于学生教育工作，结合学生身心发展的实际需求及心理健康教育的现状，立足积极心理学理念，开展包含生命教育在内的丰富多彩的心理健康教育活动，旨在化解学生的心理问题，推动学生形成健康的心理和健全的人格，学会积极生存、健康生活与独立发展，并通过彼此间对生命的呵护、记录、感恩和分享，实现自我生命的最大价值，获得全面和谐的发展，立己立人，达己达人。基于以上理念与目标，我校心理室设立"心悦成长"心理健康教育项目。

2. 项目内涵

学校期望通过全员参与下的一系列心理健康教育举措，助力学生心理保持在健康的状态，让学生体验自己的情绪与感受，接纳每一刻的自己，用乐观、积极、勇敢的正确心态面对生活中的喜怒哀惧，愉悦地享受自己的成长过程。

3. 项目体系及实施举措

（1）"心悦成长"·慧心

慧心，慧及心灵助力学生心理成长，以"慧心课程"实现学生心理健康知识的全员普及。

基于积极心理学理念背景，我校在为四、六年级学生开设日常心理健康教育课的基础上，开发晋元附校特色校本课程，为学生开展普适性的心理健康教育。

学校开发了"主观幸福感之积极情绪培养"的心理校本课程，通过6节积极心理学系列辅导活动课，帮助学生认识接纳情绪，控制负面情绪，练习用乐观的方式调节自我等。

学校为学生开发了《九年一贯制学生生活价值教育》校本课程，每个年级有不同的重点培养的积极心理品质，通过班会课、心理课等途径，学校分年级培养学生的社交能力、自控能力等。

另外，学校利用每年的心理健康教育宣传月，为全校师生开展丰富多彩的心理健康教育活动，以期学生获得成长的力量。同时，学校创新沟通渠道，尤其是疫情防控期间，通过公众号、网站、微信视频等方式，加强家校联系，关注学生的心理健康状况，普及宣传心理健康知识。

除此之外，学校心理室对全体教师多次进行育心能力培训，如"中小学生常见心理症状""学生心理危机预防与干预"等，增强教师对学生的心理健康教育能力。

(2)"心悦成长"·知心

知心，知其心念助力学生心理成长，以"知心辅导"满足不同学生的塑造健康心理的需求。

针对有需要的学生，心理老师对其进行个别辅导，通过各种心理辅导技术，疏导学生的负面情绪。每位学生都有辅导记录，对重点学生，心理老师进行必要的家庭教育指导，帮助学生优化家庭教育环境。如因不愿面对孩子有多动症倾向而不带孩子就医的父母，通过心理健康知识指导，带孩子就医等。除了个别辅导，心理老师还为心理委员进行心理团体辅导，例如"曼陀罗心灵之旅""MSSM＋C"法绘画团辅等，增进学生同伴辅导的力量。另外，心理室每学年设计心理健康教育主题班会，提供给班主任老师为学生开展，如《新征程，心起点》《阳光自信伴我行》等，从不同的维度帮助学生心理健康发展。

(3)"心悦成长"·智心

智心，智术研究助力学生心理成长，以"智心研究"提升老师，尤其是心理老师开展工作的科学性和有效性。

学校心理室借助各级各类课题的力量，探索学生心理健康教育的方式方法。心理室每年申请校级心理小课题，如《互动反馈信息技术在心理教学的运用研究》等，研究信息技术进心理课堂、小学生积极情绪培养等学生心理健康教育的途径。另外，我校申请了市级关于"生涯启蒙"的课题且成功立项，如《家长参与学校职业启蒙教育的探索与实践——以晋元附校初中年段的研究为例》，开展"家长进课堂"的活动，为学生生动形象地介绍各行各业，让学生了解不同职业的心理素质需求，由职业兴趣引发自我心理素质训练的内驱，挖掘自我潜能，发展自我优势，为自己的未来规划寻找定位。

(4)"心悦成长"·联心

联心，联动家社校助力学生心理成长，以"联心互动"打破校园壁垒，延伸心理健康教育范围，让社区中更多学生、家庭受益。

与家庭社区联动，以期家校社协作共育学生心理健康。我校心理老师积极参与了万里街道的心理互助联盟，同时携手党员教师义工，每学期假期进对口社区开展志愿服务，带领社区学生参与团体心理活动，如《火红的春节》《纽扣拼画》等，通过丰富的活动，引导学生体验亲情、社会责任等。同时，心理老师利用假期在社区接待家长带学生来进行个别心理咨询，对于某些学生个案，进行校社联动关注。

通过"心悦成长"项目，我校已构建心理健康教育课程、辅导、研究、联动的多维体系，用心拓展心理健康教育的深度和广度，助力学生形成乐观、积极、勇敢的心理品质，帮助学生更全面地成长。

4. 示范辐射

我校的"心悦成长"心理健康教育项目，通过开展丰富多彩的心理健康教育活动，如讲座、学生心理团体辅导、个别心理辅导、心理健康知识宣传等，扩大了我校心理健康教育辐射面，助力了学生的心理成长，同时，我校的心理健康教育也辐射到了兄弟学校、家庭、社区等，对本区中小学学校心理辅导工作起到了一定的推进作用。

学校心理室开展的心理教育能力培训工作，在全区进行了展示与分享交流。同时，心理室配合政教处对家长开展系列心理辅导活动，借助"心悦成长"心理健康教育项目，联动家庭、社区、街道等开展学生心理工作，如"一师一居委""万里街道心理互助联盟"等，为社区居民提供心理健康服务。同时，心理教师利用假期在社区接待个别家长带学生来进行个别心理咨询，对于某些学生个案，进行校社联动关注。学校老师还在阿基米德网络广播"名师E课"上就心理健康主题开展了系列讲座。

此外，我校的心理工作及心理健康教育活动，多次得到"上海普陀""普陀德育"等官方媒体的宣传与展示。在2020年疫情最严峻的阶段，从在家线上学习到学生分年段返校复课等，大家在心理上都承受着不同的压力，心理室配合政教处，在不同时段给出一系列情绪调节指导课程与行动指南，通过公众号发送，希望学生、家长、教师能参考后进行自我心理调节。这一工作也得到了区里的认可，并通过"普陀德育"公众号给予转载展示。由我校承办并参与的区级心理健康教育活动以及普陀区心理健康校园行系列活动启动仪式"随心而动　彼心相悦"，得到"上海市普陀区教育学院""上海普陀""文汇报""健康普陀医立方"等公众号的报道。我校与社区联动共同组织的班主任"智慧泉"心理团体辅导，也得到"上海普陀"公众号的宣传和报道。

我校将心理专业指导的优势从校内辐射到校外，把学校、家庭、社区、街道、社会有机结合起来，提高了家长教育子女的能力，改善了家庭教育环境，赢得了家长的欢迎，体现了"立己立人、共同发展"的学校办学理念，推动家庭、学校、社会逐渐形成合力，共同为学生创造更有利的成长环境。

实践案例分析

随着社会的快速发展和教育改革的不断深入，学生的心理健康教育日益受到重视。晋元附校推出的"心悦成长"心理健康教育特色项目，正是基于这样的背景。该项目结合学校自身的教育理念和目标，为学生打造了一个全方位、多层次的心理健康教育体系。

一是构建全员参与的心理健康教育格局。"心悦成长"项目强调全员参与。无论是日常的心理健康教育课、特色校本课程，还是心理健康教育宣传月活动，都体现了学校对每一个学生心理健康成长的重视。这种全员参与的格局，有助于营造一个积极、健康、和谐的校园氛围，让每一个学生都能在这种氛围中感受到关注和支持，从而更好地成长。

二是实现心理健康知识的普及与提升。通过"心悦成长·慧心"板块的实施，学校为学生提供了普适性的心理健康教育。这不仅包括日常的心理健康教育课，还有特色校本课程，如"主观幸福感之积极情绪培养"和《九年一贯制学生生活价值教育》。这些课程和活动，旨在帮助学生认识、接纳和控制自己的情绪，培养积极的心态和乐观的生活方式。同时，学校还利用多种渠道，如公众号、网站等，加强与家长的沟通，普及心理健康知识，形成家校共育的良好机制。

三是满足不同学生的个性化需求。每个学生都是独一无二的个体，他们在成长过程中会遇到各种各样的问题和挑战。"心悦成长·知心"板块正是基于这样的认识，为有需要的学生提供个别辅导和团体辅导。通过这些辅导，心理老师能够深入了解学生的内心世界，帮助他们疏导负面情绪，解决心理问题。同时，心理老师还对心理委员进行团体辅导，以增强同伴辅导的力量。这种个性化的辅导方式，能够更好地满足学生的需求，促进他们的健康成长。

四是提升心理健康教育的科学性和有效性。"心悦成长·智心"板块注重心理健康教育的科学性和有效性。学校心理室借助各级各类课题的力量，实践探索学生心理健康教育的方式方法。这些课题的研究，不仅提升了心理老师开展工作的科学性，还为学校心理健康教育的持续发展提供了有力的支持。同时，学校申请了关于"生涯启蒙"的课题，通过"家长进课堂"等活动，让学生了解不同职业的心理素质需求，为自己的未来规划寻找定位。这种将心理健康教育与生涯规划相结合的做法，有助于提升学生的自我认知和发展潜力。

五是打破校园壁垒，延伸心理健康教育范围。"心悦成长·联心"板块通过与家庭、社区的联动，打破了校园壁垒，将心理健康教育的范围延伸到了家庭和社区。这不仅有助于家校社协作共育学生心理健康，还让更多学生和家庭受益。心理老师进社区开展志愿服务，带领社区学生开展团体心理活动，不仅丰富了学生的假期生活，还引导他们体验亲情、社会责任等。同时，心理教师利用假期在社区接待个别家长带学生来进行个别心理咨询，也体现了学校对每一个学生心理健康成长的关注和负责。

综上所述，"心悦成长"心理健康教育特色项目在构建全员参与的心理健康教育格局、实现心理健康知识的普及与提升、满足不同学生的个性化需求、提升心理健康教育的科学性和有效性，以及打破校园壁垒延伸心理健康教育范围等方面都表现出了显著的价值。这些价值的实现，不仅有助于学生的全面发展和个性特长培养，还为学校的持续发展和社会的和谐稳定做出了积极贡献。

2. 智育为重，提升学生的知识能力

学校秉持"立己立人、共同成长"的办学理念，以"特色化、优质化"为学校课程发展总目标，既重视全面发展，又鼓励个性发展，既重视知识能力培养，又重视人格发展完善，既重视基本技能和理论，又注重实践能力和创新能力的培养，力求提供适合每一个学生的教育，聚焦以知识学习、能力培养和人格发展为内核的学生综合素养的提升。

在"双新"课程实施背景下，学校坚持"为党育人、为国育才"的育人方向，依据新课程育人目标，全面落实新课程方案和新课程标准，依据国家课程建构了比较完整的立人教育课程，开发了一定数量的优质校本特色课程，不断完善适应学生综合素质发展、体现学生实践创新精神的"明德、善学、敏事、康健"的课程体系，满足学生全面发展的需求。

（1）学校智育实施目的与目标

培养德智体美劳全面发展的社会主义建设者和接班人，是新时代教育方针的本质规定，学校智育课程实施是对时代知识融通的发展趋势的回应。学校智育课程以促进学生的全面发展为目标，通过智育课程融合，整体提升智力水平，把不同学科、不同领域、不同学段的内容、知识、思想、经验和方法整合起来，实现全方位、多层次的"五育融合"真正渗透。

在整体课程方案的基础上，学校完善"善学课程"和"敏事课程"，按照学科领域形成智学、智慧、智创系列课程，将学校智育课程付诸实践，探索五育融合的教学模式，研究学科课程、科学教育、跨学科主题学习、项目式学习活动等五育融合的实践路径，推进智育综合评价改革，聚焦学生发展核心素养，探索面向未来的立人教育生态，促进学生全面而有个性地发展。

①通过智育课程的全面实施，深化学校课程五育融合的价值与内涵，梳理五育的个性特征及它们之间的内在联系，为学校立人教育课程的实践提供理论依据。

②通过智育课程学科融合五育的实践路径和策略研究，推动学校学科融合、知识融合、方法融合和价值融合的教学方式变革，形成五育融合的教学经验模式，打造"新课标·优质课堂"，实现真正的融合课堂。

③通过研究跨学科主题学习和PBL项目化学习中融合五育的途径及实践，在课程中挖掘五育融合价值点，全域培养，全程经历，捕捉学生五育融合成长点，打造全面融合、面向未来的立人教育生态。

④通过智育课程系列校本课程的开发和实践研究，形成学校"五育"联动的课程开发、师资队伍、资源保障的协同育人创新机制，促进学生全面发展、融合发展、多样化个性发展。

（2）学校智育实施原则

①全面性原则。贯彻新时代党对教育的新要求，坚持全面发展，育人为本，落实国家课程；精选课程内容，完善校本课程类别与结构，注重培养学生的爱国情怀、社会责任、创新精神和实践能力，奠基未来；优化学科科目的课时比例，提升智育水平，确保五育并举，促进学生全面发展。

②公平性原则。把握学生身心发展的阶段特征，注重小学、初中各学段之间的衔接，体现不同学段目标要求的层次性，面向全体学生，打好基础，关注学生的差异，因材施教，适当增加课程选择性，提高课程适宜性，促进教育公平。

③综合性原则。加强课程内容与学生经验、社会生活的联系，强化学科内知识整合，统筹设计综合课程和跨学科主题学习；加强综合课程建

设，完善综合课程科目设置，注重培养学生在真实情境中综合运用知识解决问题的能力；开展跨学科主题教学，强化课程协同育人功能。

④实践性原则。加强课程与生产劳动、社会实践的结合，充分发挥实践的独特育人功能；突出学科思想方法和探究方式的学习，加强知行合一、学思结合，倡导"做中学""用中学""创中学"；优化综合实践活动的实施方式与路径，推进工程与技术实践；突出实践，积极探索新技术背景下学习环境与育人方式的变革。

⑤评价原则。立足新课标，坚持素养导向，全面关注学生的智育课程学习、习惯养成、标准达成及素养养成等过程性评价关键要素，构建"教学评"一体化的校本过程性评价指标体系；在过程性评价中，将定量评价与定性评价相结合，采用分项等级评价与写实记录等方式，客观描述学生各方面的水平与发展，重视发挥评价对教师和学生的激励作用。

（3）智育课程的实施

①深化教学改革，高质量落实国家课程。深化学校教学改革，加强教学管理，按照国家课程方案开齐开足开好科智育课程，畅通学段教育机制，构建一体化的课程体系，重点加强智育课程的校本化实施；围绕课改理念和"双新"思路有效深化各育人方式变革，以学生的学习和发展为中心，围绕核心素养智育课程的生命基因，促进现代信息技术与课程教学的深度融合，以课程改革主动适应学生兴趣爱好、人格发展与个性化学习的需求，提升课程教学质量，提升学生智力水平。

②以新教材实施为抓手，大单元整体设计教学。加强双新课改理念下对单元学习、核心素养、大概念等新理念的学习和研究，以教研组为单位，以素养为纲，构建以问题解决为目标，以大主题、大任务、大单元为形式的教学内容结构单元，以学生学习行为的设计为主线，以问题或任务为导向，以学习项目为载体统筹考虑，强调真实情境、真实任务，强调在问题解决过程中渗透学科思维模式和探究模式，凸现学习过程的综合性和实践性，使学生经历完整学习单元，形成结构化整体性的核心素养；注重对"基于学科核心素养的单元专题"的研究，着手编写基于单元设计的学科教案；通过编写学历案使学生对课程内容形成学习经验并结构化；拓宽

课堂时空，满足资优学生的发展需求，建立晋元附校云课堂学习资源库。

③深化课堂教学转型，促进高阶思维品质发展。教师依据课标，针对学生认知目标、思维品质提升细化教学过程研究；学校根据学生实际，开展走班式的拓展学习或分层课程；开展以"优质教学——晋课堂"为主题的有效教学活动和主题式教研活动，引导教师将课程意识与教学实践相融合，通过多种途径，不断提升教师课堂教学的设计能力，促进学生深度学习、迁移及创新能力的发展；利用数字教材平台，整合空中课堂的优质资源，创新教学授课方式。

④跨学科主题学习的研究与实践，培育学生综合素养。跨学科主题学习，即立足某一学科，以主题来组织其他学科的内容和学习方式，实现综合学习。新方案规定，"原则上，各门课程用不少于10%的课时设计跨学科主题学习"。跨学科主题学习主要有两类：一是根据国家课程规定，以各学科新课标中提供的"运用知识以解决复杂问题"来开展跨学科主题学习；二是根据学校特色开发以某一学科为主，与其他学科建立沟通与关联共同开展跨学科主题学习。学校聚焦对学生核心素养的培养，不断尝试变革教学方式，结合已有的课程及师资基础，开设多学科融合的跨学科主题学习，创建形成以"人文·科技·生活·创新"为主题的系列跨学科主题学习课程，以优秀传统文化的积淀为底蕴，以科技发展为认识事物的方法，从生活现象出发再走向生活，激发学生的创新精神和实践能力，提高学生的综合素质，培育五育素养。

⑤丰富课程资源，培养学生的正确价值观，以及必备品格和关键能力。依据不同年龄段学生的发展优势和教育规律，统筹1-9年级，建构纵向衔接的课程链和学习链；贯通学段内智育课程，强化学段内结构统整，形成学段间课程优势，促进智育课程协同育人五育融合；加强校内课程资源的共建共享，建立校内网络化课程布局和立体式课程资源，丰富和促进数字化课程教学资源的开发利用，提升集团内及至全区课程资源共享水平。

⑥科学教育课程升级迭代"立人课程"智学空间，让科学素养在学生中自然萌芽，推动晋元学子的全面发展。打造以多学科融合，集工程学、

生态学、航空学为核心的"立人科创"科学教育品牌。一是依托学校开发的K12工程学课程，进一步通过实验场馆的改造、设备的更新、信息化技术的升级与应用，在原有工程学入门、工程学设计基础和项目活动的基础之上，着力开发工程与新能源、环保相融合的工程学课程资源。学生除了完成集设计与制作、3D打印和激光切割为一体的作品设计制作之外，还可以在作品中增加能源利用、环保等要素，作品用于学校装饰，为校园增添一抹亮丽风景。教师通过课程的设计、实施与反思改进，形成比较完善的工程学课程智学空间。二是融合学校现有的"JY生态园"和"自然探索"项目，打造"地球家园"系列课程。学校充分利用校园现有环境，进一步将校园工程与自然生态紧密结合，着力升级武威校区自然生态园，探索教学环境和设施设备的应用贯通。三是依托学校周边万里社区的生态环境，将生态与艺术、科技、工程、能源等结合起来，开发"绿色校园设计""生态环境规划""生态种养行动""绿色低碳环保"等系列课程。学生可在学习过程中体验到科学、技术、工程以及艺术在实际生活中的运用，进而用可持续发展的眼光审视我们的地球家园，养成科学的学科素养。四是打造学校天文台观测的智学空间。学校将进一步添置天文观测设备，与气象观测站联合，开设跨学科主题式的《宇宙探秘》系列课程，打造航空环境景观、航空器模拟体验主题景观、天文与天体航空学习主题景观等，从环境创设的角度激发学生好奇心和创造能力，为探索相关知识创造更广泛的可能性，满足科学教育的需要。五是学校将与上海航宇科普中心、同济大学航空航天与力学学院、华东师范大学地理科学学院等机构合作，拓宽课程资源和内容，集合并完善创新实验室、活动教室、活动场地等多元功能，增加学生深度体验、自主探究、个性化学习的可能性，进一步拓宽智学空间。

（4）智育课程评价

智育课程评价以课程设计、开发与实施过程为重点，优化结果运用，重视发挥评价功能，提高智育课程教学质量，提升学生智力水平。

智育课程评价主要通过课程设计评价、课程开发准备与投入评价、课程实施过程评价和课程实施效果评价，发挥以评促学、以评促教的功能，对课程实施提供全程质量管理和质量保障。教师深入挖掘过程性评价在"评价所学习，评价促学习，评价即学习"等方面起到的作用，紧扣育人目标，探索建立学生成长数据档案，充分发挥评价的激励、引导和促进功能，形成协同育人合力，促进学生发展以及教师成长。

智育课程过程性评价，除了采用传统的纸笔考试、教师述评等，还可利用成长记录册、实践纪实作品、日常观察、个别访谈等多种方式对学生进行多维度、多侧面的评价。学校加强过程性评价研究，创新评价工具，充分利用现代信息技术，收集学生发展证据；贯通校内外、课内外等评价场景，对学生智育素养发展的关键事件进行记录；将定量评价与定性评价相结合，采用分项等级评价与写实记录客观描述学生各方面的水平与发展；将正式评价与非正式评价相结合，重视发挥非正式评价对教师和学生的激励作用。

3. 体育为基，铸就学生的强健体魄

学校积极贯彻党的教育方针，不仅注重知识的传授，更将体育视为立人之基，通过多样化的体育课程和活动，增强学生的身体素质，培养他们的意志品质和团队精神。这种教育理念和实践，不仅让晋元附校在体育教育领域取得了显著的成就，也为学生的全面发展奠定了坚实的基础。

（1）立人教育理念引领体育发展

晋元附校明确提出以立人教育为办学特色，这一理念强调德育为先、能力为重、全面发展。在这一思想的指导下，学校体育工作不仅关注学生的体能提升，还注重培养学生的体育道德和运动技能，推动学生实现德智体美劳全面发展。学校认为，体育不仅是锻炼身体的手段，更是培养学生意志品质、团队精神和竞争意识的重要途径。因此，学校在体育教育中注重培养学生的综合素质，让他们在体育活动中体验成功与失败，学会合作与竞争，培养坚韧不拔的精神和积极向上的态度。

（2）构建完善的体育课程体系

为了适应学生综合素质发展的需要，晋元附校构建了"明德、善学、敏事、康健"系列课程。在体育方面，学校建立了小学体育兴趣化、初中

体育多样化的国家、学校课程实施体系。这一体系既保证了体育课程的全面性和系统性，又充分考虑了学生的年龄特点和兴趣爱好，有效激发了学生的运动热情。学校通过丰富多彩的体育课程和活动，让学生感受到体育的魅力，培养他们的运动兴趣和习惯。同时，学校还注重体育课程的科学性和实效性，根据学生的身心发展规律和运动技能形成规律，合理安排教学内容和方法，确保学生能够全面、均衡地发展各项身体素质和运动技能。

(3) 依托项目提升体育课程品质

晋元附校积极参与"上海义务教育体育课程设计与研究"项目，通过项目引领和实践探索，不断提升体育课程的品质。在项目实施过程中，学校注重理论与实践相结合，既借鉴先进的体育教育理念和方法，又结合本校实际进行创新和优化，形成了具有晋元附校特色的体育教育模式。学校鼓励教师进行教学研究和实践探索，不断总结经验和教训，完善教学方法和手段，提高教学效果和质量。同时，学校还积极开展校际交流和合作，与其他学校分享教学资源和经验，共同推动体育教育的进步和发展。

(4) 打造多样化的体育特色项目

作为全国校园足球特色学校、上海市青少年羽毛球训练基地、校园田径联盟会员单位等，晋元附校在多个体育项目上都有着出色的表现。学校组建了田径、足球、羽毛球、武术、围棋、篮球、乒乓球、网球、高智尔球、跆拳道、棒球、健美操、冰上运动等多个运动队和社团，为学生提供了丰富多彩的体育活动选择。这些特色项目的开展，不仅增强了学生的体质，还培养了学生的竞技精神和团队协作能力。学校注重培养学生的运动兴趣和特长，为他们提供个性化的教学和训练计划，让他们在自己喜欢的运动项目中得到充分的发展和提升。同时，学校还积极开展校内外体育比赛和交流活动，为学生提供展示自我、挑战自我的机会，激发他们的运动热情和竞技精神。

(5) 加强体育师资队伍建设

晋元附校高度重视体育教师的专业成长和能力提升。体育教研组定期参加市区各级各类培训，不断更新教育理念，提高教学技能。学校鼓励教师进行教学研究和实践探索，支持他们参加各类学术交流和研讨活动，拓宽视野，增长见识。同时，学校还建立了"一师一专业，一师一特长"机制，鼓励每位教师逐步开设一门特色课程，为学生提供更加专业、个性化的体育教学服务。这种机制有效地激发了教师的教学热情和创新精神，推动了体育教学的不断进步和发展。

（6）完善体育设施满足教学需求

晋元附校现有的四个校区均配备有完善的体育设施，包括田径场、足球场、篮球场、综合室内体育馆等，基本满足了体育教学及课余训练的需求。这些设施的完善为学校体育工作的开展提供了有力的物质保障。学校注重体育设施的维护和更新，确保设施的安全性和实用性。同时，学校还积极引进先进的体育教学设备和器材，提高教学效果和质量。这些完善的体育设施不仅为学生提供了良好的运动环境，也为他们的全面发展提供了有力的支持。

（7）创新体育人才培养模式

晋元附校在体育人才培养方面进行了大胆的创新和实践。例如，在羽毛球项目上创新形成普及性培养—校队—区队—市少体的青训模式，打造了一大批"一条龙"体育特色课程。这种模式既保证了体育人才的梯队建设，又为高水平运动员的培养奠定了基础。学校注重体育人才的选拔和培养，通过建立科学的选材标准和培养体系，为具有潜力的学生提供个性化的教学和训练计划。同时，学校还积极开展与高校和职业俱乐部的合作与交流，为有意愿和有潜力的学生提供更多的发展机会和平台。

（8）丰硕的体育成果彰显教育成效

在不懈努力下，学校在各类体育比赛中取得了优异的成绩。如羽毛球队代表上海参加全国青少年组比赛，同时在市区比赛中多次获得多组别冠军；学校选派的选手获得市高智尔球冠军、区初中篮球冠军、小学区足球冠军、围棋冠军等荣誉，这些都充分展示了学校体育教育的成果。成绩的取得不仅提升了学校的知名度，也为学生提供了更多的展示自我、挑战自我的机会。同时，学校还注重培养学生的综合素质和社会责任感，让他们在体育活动中学会感恩和奉献，为社会做出积极的贡献。

此外，晋元附校在体育教育方面还注重以下几个方面的工作。

一是拓展型课程的开发与实施。晋元附校注重拓展型课程的开发与实施，发挥教师专业特长，满足学生个性化发展的需求。学校鼓励教师基于学生的兴趣和需求，结合自身的专业特长，开发具有特色的体育课程。这些课程不仅丰富了学生的体育学习内容，也激发了他们的学习热情和积极性。学校为教师提供充足的教学资源和支持，确保拓展型课程的有效实施。

二是大课间的科学安排与管理。晋元附校充分利用大课间开展丰富多彩的体育活动。小学部推行"广播操＋武术操"，初中部则推行"广播操＋八段锦"。这种安排不仅让学生得到了充分的锻炼，也让他们在紧张的学习之余放松了身心。学校注重对大课间活动的组织和管理，确保活动的安全和有序进行。

三是校园体育文化的建设与传承。晋元附校每年召开校田径运动会，举行隆重的开幕式，激发学生的运动热情。同时，学校还积极开展各类体育比赛和交流活动，如足球班班赛、羽毛球师生对抗赛等，营造浓厚的校园体育氛围。这些活动不仅让学生体验到了运动的快乐，也让他们在比赛中学会了合作与竞争。学校注重体育精神的传承和发扬，通过讲述体育故事、宣传体育人物等方式，激发学生的运动热情和竞技精神。

四是体育社团的建设与发展。晋元附校鼓励和支持学生成立各类体育社团，如足球社、篮球社、羽毛球社等。这些社团不仅为学生提供了展示自我、挑战自我的平台，也让他们在社团活动中培养了团队合作精神和领导能力。学校为社团提供充足的教学资源和支持，确保社团活动的顺利开展。

总之，晋元附校在体育为基的教育理念下取得了显著的教育成效。未来，学校将继续坚持以立人教育思想引领体育发展，构建更加完善的体育课程体系，建强师资队伍，加强体育设施建设，创新体育人才培养模式，为学生提供更加优质、全面的体育教育服务。同时，学校还将积极探索体育教育与德育、智育、美育等相结合的有效途径和方法，为学生的全面发展提供更加全面、系统的教育支持。

全国体教融合优秀案例

探索协同育人新模式 深入践行体教融合发展

党和政府高度重视青少年健康发展，2020年《关于深化体教融合 促进青少年健康发展的意见》的出台极大地鼓舞了青少年体育的发展，全方位推动了体教融合的深入发展。各地积极探索多方位协同育人新模式，促进青少年全面健康成长，培养德智体美劳全面发展的社会主义建设者和接班人。上海市在羽毛球项目的体教融合发展上进行了积极的探索和尝试，2020年上海市少体校与上海市晋元高级中学附属学校（以下简称"晋元附校"）签约，这是上海市羽毛球项目的第一个体教融合示范点。羽毛球培训在晋元附校形成了科学的培训体系和完整的人才输送体系，对体校而言，解决了生源和训练场地的矛盾，又为学龄期运动员提供了优越的科学文化知识学习环境。在社会高速发展的今天，国家以及社会需要全能型人才，转变传统培养模式，由传统的体育"专才"培养逐渐向"通才"培养转变，更适应社会的发展需求。晋元附校体教融合的教育模式无疑是一个典型的成功案例。

因校制宜，发展羽毛球项目

晋元附校是上海市教学优质学校，为学生提供良好的文化教育保障。学校为公办九年一贯制学校，目前学校共有近3500名学生。学校秉持"立己立人、共同成长"办学理念和"厚德而和、行健而立"的学校精神，持之以恒地贯彻"文化立校、质量兴校、特色强校"发展战略，实现了跨越式发展，是普陀区学生规模最大的一体化学校。

晋元附校现有羽毛球室内场地12片，分布在三个校区，这为学校开展羽毛球训练提供良好的场地条件。早在2004年，区少体校羽毛球教练就进驻晋元附校，开展专业的业余训练。晋元附校庞大的学生规模，有效解决了选材难的问题，良好的场地条件和教学质量，既能解决羽毛球训练的场地问题，又能为学生提供良好的文化教育，一定程度上解决了训练中的学训矛盾。

多方协同，强化教练教师团队

晋元附校教练团队由少体校驻校教练、校内教练、俱乐部教练共同构成。驻校教练、校内教练和俱乐部教练为晋元附校开展羽毛球运动提供了全方位的教练资源，多层次满足学生对羽毛球训练和教学的需求，多方联动，融合发展，产生了良好的效果。

在驻校教练方面，市、区体校提供优质教练资源。早在2004年区少体校方教练就已经进驻晋元附校，开始了科学系统的羽毛球训练活动。目前，晋元附校已经成功签约成为上海市少体校羽毛球训练基地，上海市少体校也已派驻教练在晋元附校进行训练，另外，上海市羽毛球协会也对学校的教练员资源给予了支持和帮助。驻校教练有效地提高了学校的训练质量，羽毛球训练更加专业化。

在校内教练方面，晋元附校目前有专职体育教师24人，有羽毛球运动员经历的有两人，他们具备羽毛球教练员资质，羽毛球训练和教学能力突出。另有多名教师具备较强的羽毛球教学能力和训练能力，分别在3个校区内开展羽毛球业余训练。校内教练开展较为专业的羽毛球训练，并与驻校教练保持良好的沟通，满足学生多样化的训练需求。

在俱乐部教练方面，依托校办俱乐部——华童俱乐部，学校拥有一批专业的羽毛球教练。俱乐部通过社会体育公司，大量引入专业执教教练。这支由省市级羽毛球专业队退役选手、体院羽毛球专业毕业生、持证社会优质教练员构成的教练队伍，为晋元附校学生参与羽毛球运动和训练提供了良好的教练员资源，既满足了学生的兴趣，也为学校的羽毛球氛围奠定了坚实的基础，助力学生实现全面发展。

苗苗班科学选材，重视人才梯队建设

运动员选材和人才梯队建设是项目训练的重要内容。从娃娃做起，在政府、学校、家长的多方支持下，2017年晋元附校开设了"苗苗班"。学校将同一学龄段的儿童组织起来，通过一个周期（一学年）的专业化培训、培养、考测，选拔出优质的羽毛球专业苗子。这批学员组成的羽毛球训练队即为我们的苗苗班。苗苗班的开设完善了人才梯队的结构，形成了羽毛球项目的"苗苗班—区少体—市少体"的精英输送体系。

2018年暑假，为了配合普陀区体校每年度的选材工作，学校针对一年级入学新生开设了羽毛球苗苗班，通过特定的训练课程，接替了原先由体校对新入学员开展的羽毛球启蒙阶段的训练工作。在为期一年的启蒙、培养、授教过程中，学校对每一位学员的羽毛球运动潜力进行发掘，采用优胜劣汰的竞争机制进行定期的4次考核，最终把优质的羽毛球苗子筛选出来，送这些苗子进入普陀区体校专业队。苗苗班的建立使普陀区体校从原先的训前评估选才模式转变成训后评测选材模式，大大降低了人才流失的概率，为普陀区羽毛球人才储备作出了积极贡献，自2018年首批苗苗班训练队成立至今，已有三届苗苗班共计近400名学员参与培养选材日常训练，我们为普陀区体校选拔了数十位专业苗子，这些苗子已经在羽毛球赛场上挥洒英姿。2018年，苗苗班选拔至普陀区体校2人；2020年，苗苗班1人进入上海市体校组，9人进入普陀区体校。

训练抓成绩，赛事筑平台

在驻校教练带领下，学校培养出了大批德智体美劳全面发展的羽毛球运动员，他们在全国、市、区众多的比赛中取得优异成绩。2020年，在上海市青少年羽毛球锦标赛中，彭安琪等队员获得D组女子团体银牌。前晋元附校羽毛球运动员孙曼灵，在2019年和2020年的全国羽毛球锦标赛女子团体赛中均取得银牌。

2020年，第一届"晋元附校"杯上海市青少年羽毛球混合团体赛在晋元附校举行。此次活动由晋元附校主办，上海市华童体育俱乐部和上海市羽渊体育发展有限公司承办，普陀区业余体育学校协办，并得到了上海市羽毛球协会的指导。此次比赛项目分男子单打、男子双打、女子单打、女子双打，共有15个代表队参加比赛。赛事为运动员提供了良好的交流和竞技平台，同时为学校、区、市选材提供了良好的平台，促进了交流和学习，有助于发现优秀的苗子。赛事整合了各方优势资源，形成了良好社会效应，今后，"晋元附校杯"必将成为一个重要的羽毛球赛事平台，促进上海市青少年羽毛球的发展。

保障文化学习，处理好学训矛盾

晋元附校先后获得"全国人文与审美素养教育先进单位""上海市新优质项目学校"、上海市校园文化建设"一校一品"特色学校等荣誉称号。运动员在晋元附校享受优质文化学习资源。在运动队管理上，教练不仅仅重视学生的训练成绩，更注重学生的全面发展，尤其是学生文化学习的情况，对在训运动员的成绩进行跟踪，关注学生德智体美劳的全面发展。

学校保障运动员的文化课学习，合理处理学习和训练的关系。晋元附校羽毛球队的小运动员们每天坚持3小时的刻苦训练，每个学生在建立训练档案的同时，建立成绩卡，以跟踪学习和训练情况。运动员家长是沟通的重要对象，学校做好运动员家长的联络和沟通，家校共同关注运动员的训练和学习，为运动员的训练和学习提供坚实的保障。在学校驻校教练、校内教练和俱乐部教练的多元训练模式下，除了"苗苗班—区少体—市少体"的精英体系，学校还培育了大量具备良好训练基础的运动员，他们以较好的成绩进入高中，参与高中阶段的学习和训练。

总之，体教融合之所以在晋元附校实践成功，主要归功于以下几点：校内体育俱乐部的成立为校内体育培训的发展奠定了基础；多方联动，各相关单位领导大力支持，业内人士高度关注，校领导积极协调；科学选材，重视人才梯队建设；面对家长群体营造关于青少年体育培养的良好学习环境，较好地解决学训矛盾；对社会优质体育教培机构打开校门，引入优质的管理团队及师资力量；充分挖掘校内教师资源，与专业体育人才培养单位联合办训，使校内体育业余培训升华为校内体育专业培养，为国家体育人才的培养和储备做出积极贡献。

4. 美育为要，培育学生的审美情趣

在立人教育的深厚土壤中，我校始终坚守教育初心，培养全面发展、具有深厚艺术素养的新时代青少年。艺术，作为人类文明的瑰宝，一直是学校教育工作中不可或缺的重要组成部分。多年来，学紧密结合国家教育政策，全面落实党的教育方针，不断深化艺术教育改革，积极拓展艺术教育途径，取得了显著成果。

（1）构建艺术教育课程体系，实现全面育人

课程是教育的核心，是实现育人目标的重要载体。在艺术教育方面，学校始终坚持以学生为本，以培养学生的审美感知、艺术表现、创意实践和文化理解等核心素养为目标，构建系统完善的艺术教育课程体系。

①分阶段设置艺术课程。根据学生的年龄特点和认知规律，学校分阶段设置艺术课程：第一阶段，以艺术综合课程为主，通过丰富多彩的艺术活动，激发学生对艺术的兴趣和爱好；第二阶段，以音乐和美术课程为主，融入舞蹈、戏剧等姊妹艺术，让学生在艺术的海洋中自由遨游；第三阶段，开设艺术选项课程，学生可以根据兴趣和特长选择适合自己的艺术课程，如舞蹈、合唱、管乐等，从而掌握1~2项艺术特长。

②强化艺术课程实施。为了确保艺术课程的有效实施，学校建立了完善的艺术教育管理体系，成立了教育领导小组，负责制定教育规划和实施方案，监督课程的实施情况。同时，学校还建立了艺术教育教研制度，定期组织教师开展教学研讨和交流活动，提高教师的教学水平和专业素养。

（2）深化艺术教学改革，提升教学质量

实施教学改革是提升教学质量的重要途径。在艺术教育方面，学校始终坚持以教学改革为动力，不断推动艺术教学的创新和发展。

①对标《义务教育艺术课程标准（2022年版）》。学校认真对标该文件，明确艺术课程要培养的核心素养和课程目标，将核心素养的培育贯穿艺术教学的全过程。同时，学校根据该文件的要求，优化艺术课程内容结构，加强不同艺术门类之间的内在联系和融合。

②坚持育人为本，强化素养立意。在教学中，学校始终坚持以学生为本的教学理念，关注学生的全面发展，注重培养学生的审美感知能力、艺术表现能力、创意实践能力和文化理解能力等核心素养。通过丰富多彩的艺术实践活动，学校引导学生发现美、欣赏美、创造美，让学生在艺术的熏陶中不断提升自己的艺术素养和人文素养。

③加强知识内在关联，促进综合育人。艺术是一门综合性很强的学科，它与其他学科之间有着密切的联系。在教学中，学校注重加强知识之间的内在联系和整合，将艺术知识与其他学科知识有机融合起来，形成综合性的艺术课程体系。这种课程体系不仅有助于培养学生的综合素养和能力，还有助于促进学生的全面发展。

（3）注重艺术教师队伍建设，提升教师素养

教师是推动教育事业发展的关键因素。学校始终注重艺术教师队伍的

建设和发展。目前，我校拥有由29名具有相关专业教育背景的艺术教师组成的队伍，这些教师平均年龄不到36周岁，充满活力和创新精神。为了提升教师的专业素养和教学能力，学校采取了以下措施。

①加强教师培训和学习。学校定期组织教师参加各种培训和学习活动，如新课程标准培训、教学技能培训、教育理念培训等。通过培训和学习，教师们不断更新教育观念和教学理念，提升自己的专业素养和教学能力。同时，学校鼓励教师积极参加各种学术交流活动，与同行进行交流和合作，共同推动艺术教育的发展。

②建立教师评价和激励机制。为了激发教师的工作热情和创新精神，学校建立了完善的教师评价和激励机制。通过定期开展教师教学评价活动，我们对教师的教学水平和工作成果进行评价和奖励。同时，我们还建立了教师成长档案袋制度，记录教师的成长历程和成果荣誉，为教师的职业发展提供有力支持。

（4）拓展艺术教育途径，实现多元育人

①开展丰富多彩的课外艺术活动。课外艺术活动是课堂教学的延伸和补充。学校注重开展丰富多彩的课外艺术活动，如校园文化艺术节、学生艺术展演、艺术社团活动等。通过这些活动，学生将所学的艺术知识和技能运用到实践中，提升自己的艺术表现力和创造力。同时，这些活动也为学生提供了展示自我、交流学习的平台，增强了学生的自信心和团队协作能力。

②加强学校与家庭、社会的联系与合作。艺术教育需要学校、家庭和社会的共同参与和支持。学校注重加强与家庭、社会的联系与合作，形成了三位一体的艺术教育网络。学校通过开设家长艺术课堂、开展社区艺术活动等，将艺术教育延伸到家庭和社区。同时，学校积极与各类艺术机构、社会团体等建立合作关系，与他们共同开展艺术教育项目和活动，为学生提供更加广阔的艺术学习和发展空间。

（5）艺术教育成果丰硕，影响广泛

经过多年的努力和实践，学校艺术教育取得了丰硕的成果，产生了广泛的影响。

①学生艺术素养全面提升。通过系统的艺术教育和丰富的艺术实践活动，学生的艺术素养得到了全面提升。学生不仅掌握了扎实的艺术基础知识和技能，还具备了良好的审美感知能力、艺术表现能力、创意实践能力和文化理解能力等核心素养。在国家级、市级学生艺术素质测评和区级绿色指标测评中，学校学生均表现出色。

②艺术展演成果显著。在市区学生艺术单项比赛中，学校学生个人获奖人数众多；在华童艺术团团体展演中，学校团队获奖80余次，参与国际、市区级展演、比赛超150场。这些成果充分展示了学校艺术教育的水平和实力。

③艺术教育科研成果丰硕。科研是推动艺术教育发展的重要动力。多年来学校深入开展开展课题研究、实践探索等活动，艺术组先后申报了《新课程理念下舞蹈进课堂提高教学实效》《民族文化在中小学音乐学科中实施项目化学习活动设计的研究》《新技术在音乐课堂教学中的应用策略》《基于核心素养的中小学音乐学科分学段素质测评实践研究》《"一条龙"体系下，舞蹈融入音乐课堂的模式和策略研究》等7个课题。54项科研成果获全国、市区级奖项，16篇论文、案例在《新课程》《中国电化教育》《中国新世纪教育》《学校教育研究》等刊物上发表。科研引领和实践创新相结合，推动了学校艺术教育的持续发展和高质量发展。

④艺术教育示范引领作用凸显。作为全国美育工作示范单位、全国人文与审美素养教育先进单位，学校在艺术教育方面的经验和做法得到了广泛认可和推广。学校通过开展艺术教育研讨会、教学观摩等活动，与兄弟学校进行交流和合作，共同推动艺术教育的繁荣发展。同时，学校积极承担社会责任，参与社会公益事业，为社会的和谐发展做出了积极贡献。

(6) 特色课程与品牌建设

特色课程和品牌建设是提升教育品质、增强学校核心竞争力的重要途径。学校在艺术教育实践中，逐渐形成了一系列具有鲜明特色的课程和品牌。

①特色课程形成系列。学校根据艺术教育的特点和学生的需求，开发了一系列特色课程。这些课程包括《华童舞韵》《华童乐韵》《华童声韵》

《华童戏剧》等，涵盖舞蹈、音乐、声乐和戏剧等多个艺术领域。这些特色课程不仅丰富了学生的艺术学习内容，还为学生提供了展示自我、锻炼能力的平台。

②品牌建设成效显著。在特色课程的支撑下，学校艺术教育品牌建设取得了显著成果。华童艺术团作为我校艺术教育的代表品牌，多次参加国内外重大艺术展演和交流活动，赢得了广泛赞誉和多项荣誉。同时，学校积极申报各类艺术教育课题和项目，用科研引领和实践创新相结合的方式推动艺术教育的持续发展和品牌建设。

(7) 国际交流与合作

为了拓宽学生的国际视野，增强学生的跨文化交流能力，学校积极开展国际交流与合作，与多个国家和地区的艺术教育机构建立了友好合作关系，积极开展艺术教育项目和交流活动。

①师生互访与交流广泛。学校定期组织师生赴国外开展艺术交流和互访活动。通过这些活动，师生们亲身体验不同国家和地区的艺术文化和教育理念，增进对不同文化的理解和尊重。同时，学校邀请国外艺术教育专家来校举办讲座和指导教学，为师生提供了与国际同行交流学习的机会。

②积极参与国际艺术节和比赛。学校积极组织学生参加国际艺术节和比赛，如世界合唱比赛、国际舞蹈节等。通过这些活动，学生们与来自世界各地的青少年一起交流学习、切磋技艺，共同感受艺术的魅力和力量。同时，参加国际比赛也为学生提供了展示自我、锻炼能力的舞台，增强了学生的自信心和团队协作能力。

(8) 总结与展望

回顾过去的工作，我们深感欣慰和自豪。在立人教育理念的指引下，学校艺术教育取得了显著成果，为学生的全面发展奠定了坚实基础。然而，我们也清醒地认识到，艺术教育仍然面临诸多挑战和问题。在未来的工作中，学校将继续加强以下几个方面的工作。

①完善艺术教育课程体系。学校将继续完善艺术教育课程体系，优化课程内容结构，加强不同艺术门类之间的内在联系和融合。同时，学校还

将根据学生的需求和特点,开发更多具有特色的艺术课程和活动,满足学生的个性化发展需求。

②提升艺术教师教学能力。学校将继续加强艺术教师队伍的建设,提升教师的专业素养和教学能力,通过定期组织教师培训、教学研讨等活动,提高教师的教学水平和创新能力。同时,学校还将鼓励教师积极参与科研课题研究和实践探索活动,提升教师的科研能力和实践能力。

③拓展艺术教育实施途径。学校将继续拓展艺术教育的实施途径和影响力,通过加强与家庭、社会的联系与合作,将艺术教育延伸到家庭和社区。同时,学校还将积极与各类艺术机构、社会团体等建立合作关系,共同开展艺术教育项目和活动,为学生提供更加广阔的艺术学习和发展空间。

展望未来,学校将继续秉承立人教育理念的精神实质和核心要义,以更加饱满的热情和更加扎实的工作作风推动艺术教育的繁荣发展。

5. 劳育为实,锻炼学生的实践能力

在立人教育的大家庭中,劳动教育占据着重要的一席,承载着塑造学生劳动观念,提升学生劳动技能及实践能力的重要使命。多年来,上海市晋元高级中学附属学校始终坚持以劳育为干,通过一系列精心设计的劳动课程和实践活动,让学生在亲身参与中感受劳动的乐趣和价值,积累了丰富的教育经验。

(1) 明确劳育目标,引领实践方向

劳动教育的目标不仅仅是传授劳动技能,更重要的是培养学生的劳动观念、劳动习惯和品质。在立人教育理念的指导下,学校明确了劳育目标,即通过劳动教育,使学生树立正确的劳动价值观,养成热爱劳动、尊重劳动的良好习惯,具备吃苦耐劳、团结协作的品质,以及创新实践的能力。为了实现这一目标,学校注重将劳动教育与实践活动相结合,让学生在实践中体验、学习和成长。

(2) 完善课程体系,强化实践环节

为了更好地实施劳动教育,学校构建了完善的课程体系,将劳动教育纳入日常教学计划中，并注重课程的连贯性和递进性。针对不同年级的学生，学校设计了不同难度的劳动任务，确保学生在每个阶段都能接受到适宜的劳动教育。

基础劳动技能课程。这些课程包括手工艺制作、木工制作等，旨在培养学生的基本劳动技能和动手操作能力。通过这些课程，学生学会了使用各种工具，掌握了基本的制作技巧，培养了耐心和细致的品质。

生活技能课程。这些课程包括烹饪与营养、家居整理等，旨在教授学生独立生活所需的技能。在这些课程中，学生不仅学会了制作美味的食物，还学会了如何合理规划饮食、保持营养均衡。同时，通过家居整理课程，学生学会了如何整理自己的物品，保持生活环境的整洁和有序。

农业生产劳动课程。学校组织学生学农及在学校生态园参与农业生产劳动，如种植、养殖等，让学生亲身体验劳动的艰辛与乐趣。在这些课程中，学生学会了耕种、浇水、施肥、除草，以及养鱼及小蝌蚪等基本农业技能，培养了吃苦耐劳的品质和团结协作的精神。

在实施劳动课程的过程中，学校注重实践环节的重要性，鼓励学生亲自动手操作，让他们在劳动中学会自我管理、团队合作，提升解决实际问题的能力。同时，学校还注重课程的创新性和趣味性，引入新技术、新工具，激发学生的学习兴趣和创造力。

（3）注重家校合作，拓展实践场所

家庭是劳动教育的重要场所之一。学校注重与家长的合作与沟通，引导家长树立正确的劳动观念，支持孩子参与家庭劳动。通过家长会、家长学校等途径，学校向家长宣传劳动教育的重要性，分享家庭劳动教育的经验和方法。同时，学校还鼓励家长与孩子一起参与劳动实践活动，增进亲子关系，培养孩子的家庭责任感。

除了家庭劳动外，学校积极拓展校外实践场所，为学生提供更多的劳动实践机会。学校与相关企业、社区等合作，建立了劳动教育实践基地。在这些基地中，学生有机会亲身体验各种职业的工作环境和劳动过程，了解社会的运作机制。例如，学校曾组织学生前往附近的农场开展为期一周的农业体验活动。在这期间，学生们与农民同吃同住同劳动，深入体验了农业生产的艰辛与乐趣。这种身临其境的体验让学生更加珍惜劳动成果，懂得感恩与奉献。

（4）加强师资建设，提升实践指导能力

教师是劳动教育的关键力量。为了提升教师的实践指导能力，学校加强了对教师的培训和指导。学校定期组织教师参加劳动教育培训课程，学习先进的劳动教育理念和教学方法。同时，学校还邀请劳动教育专家、技能大师等进校园开展讲座和教学活动，为教师提供更多的学习机会和实践指导。学校鼓励教师交流经验、分享教学资源，共同提升教学质量。

在教师队伍的建设上，学校注重选拔和培养具有劳动教育经验和技能的优秀教师，通过评选劳动教育优秀教师、设立劳动教育奖励基金等方式，激励教师积极参与劳动教育工作，提升教学质量和效果。这些措施有效地激发了教师的积极性和创造力，为劳动教育的顺利开展提供了有力保障。

（5）建立多元评价体系，全面评估实践成果

为了全面评估学生的劳动实践成果，学校建立了多元化的评价体系。学校将过程性评价与终结性评价结合起来，既关注学生在劳动过程中的表现和努力，又评价学生的劳动成果和技能掌握情况。同时，学校还采用定性评价与定量评价相结合的方式，对学生的劳动态度、劳动习惯和品质等方面进行评价。这种多元化的评价体系能够真实、全面地反映学生的劳动实践成果和综合素质发展情况。

在评价中，学校注重激励和引导。对于表现优秀的学生，学校给予表彰和奖励，如颁发"劳动小能手""优秀实践者"等荣誉称号，激发他们的劳动热情和积极性。对于表现欠佳的学生，学校给予耐心指导和帮助，引导他们正确认识劳动教育的重要性，努力提升自己的劳动能力。这种评价方式既肯定了学生的成绩和进步，又指出了他们的不足和努力方向，有助于促进学生的全面发展。

（6）劳动课程与实践活动的具体事例

"小小厨师"烹饪课程。在这门课程中，学生们分组合作，亲手制作各种美食。从食材的挑选、处理到烹饪过程中的火候掌握、调味技巧等，

学生们都全程参与。最终，他们不仅品尝到了自己亲手制作的美食，还学会了如何合理规划饮食、保持营养均衡。学校在元宵节、端午节等都组织学生参加包元宵、包粽子的节庆活动，在参与劳动的同时传承中华传统文化。

"绿色校园"环保活动。为了培养学生的环保意识和责任感，学校组织了"绿色校园"环保活动。学生们分组负责校园内的各个区域，进行垃圾分类、绿化养护等工作。学校是"国际生态绿旗学校"，在学校生态园我们开设了大量的绿色环保劳动课程，记录生态笔记。通过这些活动，学生们不仅学会了如何保护环境、珍惜资源，还培养了团队合作精神和责任感。

"匠心独运"手工艺制作比赛。为了激发学生的创造力和动手能力，学校举办了"匠心独运"手工艺制作比赛。学生们利用废旧物品或自然材料，制作出了各种精美的手工艺品。这个比赛不仅展示了学生的才华和创意，还让他们学会了如何将废弃物变废为宝，珍惜自然资源。

展望未来，学校将继续深化劳动教育改革，完善课程体系和评价体系，加强与家庭、社会的联系和合作，为学生的全面发展创造更好的条件。我们相信，在立人教育理念的指导下，劳动教育将继续发挥重要作用，为学生的成长成才奠定坚实基础。

六、家校携手　共育未来

在立人教育体系中，家校合作被视为促进学生全面发展的重要渠道。家庭是学生成长的重要环境，家校之间的紧密合作对于学生的成长具有不可替代的作用。

1. 家校合作的重要性及目标

家庭和学校各自拥有独特的教育资源。家庭是孩子成长的摇篮，父母是孩子的第一任老师。家庭环境、家庭教育方式、家长的言传身教等都对孩子的成长产生深远影响。而学校则是专业的教育机构，拥有系统的教育课程体系、专业的教师团队和丰富的教育设施。家校合作能够实现家庭教育和学校教育的有效衔接，将两者的教育资源整合起来，形成教育合力，为学生提供更加全面、系统的教育。

立人教育注重培养学生的综合素质，推动学生个性发展。家校合作可以为学生提供更加多元化的学习体验。家长可以参与学校的教育活动，了解学校的教育理念和教学方式，从而更好地配合学校的教育工作。同时，学校也可以借助家长的社会资源，为学生提供更多的实践机会和社会体验，促进学生的全面发展。

家校合作能够增强教育效果，提升教育质量。家长和教师是学生成长的重要陪伴者和引导者。他们的言传身教、关心鼓励都会对学生的成长产生积极的影响。家校合作可以让家长和教师更好地了解学生的学习情况和成长需求，制定更有针对性的教育方案，提高教育效果。

家校共育的另一个目标是构建和谐的家校关系，形成良好的教育生态。家庭和学校是学生成长的重要环境，它们之间的关系直接影响到学生的教育成长。家校共育应该注重家庭教育和学校教育的相互协调和相互配合，建立互信、互助、互赢的家校关系。家庭和学校应加强沟通交流，增进理解尊重，强化合作共赢，构建和谐的关系，为学生的成长提供更加优质的教育环境。

立人教育强调学生的主体地位。和谐的家校关系可以为学生提供更加自由、宽松的成长氛围，让学生更加自信、自主地成长。同时，良好的教育生态也可以激发教师的教育热情和创造力，提高教师的教育教学水平，为学生的成长提供更加优质的教育服务。

立人教育注重培养学生的社会责任感和公民素养。家校共育即通过各种形式的教育活动和社会实践，帮助学生更好地了解社会，认识自我，培养责任感。同时，家校共育还应该注重培养学生的独立思考能力和批判性思维，让学生具备现代公民所需的基本素质和能力。

总之，在立人教育体系中，家校合作共育对于学生的全面发展具有重要意义。我们应加强家校合作，整合教育资源，形成教育合力，提升教育质量，为学生的未来发展奠定坚实的基础。

2．家校合作的实施路径

在立人教育背景下，家校合作被赋予了更加深远的意义。立人教育强调培养学生的综合素质，促进学生的全面发展，而家校合作正是实现这一目标的重要途径。为了有效地实施家校合作，学校制定了具体的实施路径，确保家庭教育和学校教育的有效衔接。

（1）开设"家长学校"，提升家庭教育水平。在立人教育体系中，家庭教育被视为学校教育的重要延伸和补充。因此，学校开设了"家长学校"，为家长提供家庭教育的指导和服务，帮助家长提升教育水平，更好地配合学校的教育工作。针对不同年级、不同家庭背景的学生，学校制定分层分类的家庭教育指导方案，确保家长能够获得符合自己需求的家庭教育指导。同时，学校利用公众号等网络平台，定期推送立人教育理念、教育方法等相关信息，让家长及时了解最新的教育动态，引导家长树立正确的教育观念。

（2）完善家委会制度，发挥桥梁纽带作用。在立人教育体系中，家委会被赋予了更加重要的角色。学校完善家委会制度，选举产生了班级、年级和校级家委会委员，让委员们成为家校互动的桥梁和纽带。家委会委员们积极参与学校的教育活动和管理工作，为学校提供宝贵的意见和建议。同时，他们还协助学校开展各种校外活动，为学生提供更加丰富的实践体验。通过家委会的参与和协助，学校更好地了解了家长的需求和期望，为家长提供更加贴心的教育服务。

（3）坚持开展"家长督学活动"，促进家校互动。"家长督学活动"是立人教育体系中家校合作的重要形式之一。学校积极组织家长督学活动，让家长了解学校常态下的教育教学情况，包括课程设置、教学方式、师资队伍等。同时，学校鼓励家长对学校各方面工作提出宝贵的意见和建议，促进学校的管理水平和教育质量的提升。在督学活动中，家长们深入了解孩子在学校的学习和生活情况，与学校领导和老师进行面对面的交流和沟通。这种互动不仅增进了家长对学校的信任和支持，也为学校提供了改进和提升的机会。

（4）家长进课堂活动，丰富学生学习体验。在立人教育体系中，家长进课堂活动被赋予了更加多元化的形式和内容。学校通过邀请家长走进课堂，为学生带来不同的学习体验和视角。家长们来自各行各业，他们的专业背景和经验能够给学生提供更加多元化的学习资源，拓宽学生的视野，激发学生的学习兴趣。在家长进课堂活动中，学生们接触到更多的实际应用和前沿知识，这增强了他们的实践能力和创新意识。

综上所述，在立人教育背景下，家校合作的实施路径包括开设"家长学校"、完善家委会制度、坚持开展"家长督学活动"以及家长进课堂活动等。通过这些路径的实施，学校有效地整合了家庭教育和学校教育资源，形成了教育合力提升了教育质量，为学生的全面发展奠定了坚实的基础。同时，家校合作也促进了家长与学校的沟通和理解，增进了彼此之间的信任和合作，为孩子的成长创造了更加和谐、有利的环境。在2013年上海市中小学家校互动工作推进会上，我作了题为"家长督学，建设家校伙伴关系"的经验介绍。在此基础上，学校不断丰富家校合作的内涵，升级迭代至"家长督学"3.0版。2020年，学校荣获"上海市家庭教育示范校"称号。

特色经验介绍

家长督学，建设家校伙伴关系

1. 家长督学因何而来

一所薄弱学校成为广受老百姓欢迎的优质学校，其原因是多方面的，其中，通过"家长督学制"成功构筑和谐的家校关系是原因之一。

家长督学制是指让家长走进学校，依据法律法规对学校各项教育教学工作进行监督、检查与评价。

我校为何设立"家长督学制"呢？主要基于四点认识：第一，随着现代公民意识的增强，家长投诉增多，民主开放办学已成必然趋势；第二，随着社会发展和教育进步，家长对子女教育的关注已从"送子女入学"转变为"参与学校教育过程"；第三，学生家长离开课堂大多已二十余年，他们需要合适的渠道来了解当今教育改革发展的现状；第四，学校希望借助家长的参与提升办学质量。

2. 家长督学，我们怎么做

我校家长督学流程为家长申请（或被邀请）—进校督学—咨询交流—总结评价。每学期学校发放家长督学征询单，所有家长均可自愿报名参与。仅上学期，我校主动要求参与督学的家长就达200多人。

家长在为期半天的督学中，可进行"七个一"的督学工作，即听一节随堂课，与老师作一次交流，与同学作一次沟通，与领导作一次访谈，填写一张问卷，巡视一次校园，完成一份督学报告。督学当天，家长到政教处领取督学工作材料袋，内含督学标志、督学说明书、听课评议表、督学问卷和督学报告表。督学结束后，家长把相关材料交给政教处或家委会，政教处会同家委会按月汇总督学材料，将问题报校长室，重大或紧急问题立即报校长室，经校长室审阅批示后交相关职能部门处理并及时回复家长。

3. 家长督学，我们怎样把它做好

家长督学制作为我校推进家校互动、深化办学改革的一大举措，推出伊始也曾面临一些问题和挑战，如：家长督学同家委会如何进行功能协作？如何提高家长督学的水平？学校如何充分发挥家长督学的作用？如何让教师乐于接受家长督学？这些难题，在我们的实施过程中逐一化解。

（1）以家委会为领导，合理架构家长督学制的组织机制

家长督学制是以学生家长为主体的制度架构，因此其组织领导必须以学校家委会为核心。家委会作为学校的常设机构，在家长督学工作中负责组织与安排、材料收集与整理、并与学校共同召开督学工作座谈会。

长期以来学校家委会往往处于被动和弱势地位，然而，自从我校开展家长督学以来，其主体性和活力得到有效激发。学校家委会章程规定：学校设立三级家委会，即学校、年级和班级家委会，每班设立一名家委会委员；每学期初、末分别召开家委会例会，商讨学校工作计划，通报工作完成情况；各班家委会委员在每学期一次的家长会上通报主要工作情况，广泛征求意见和建议并征询家长的督学意向。

（2）制作《家长督学指导手册》，提高督学能力

为了使广大家长在较短时间内能胜任督学工作，消除参与督学的畏惧

心理，及时化解可能存在的家校矛盾，学校制作了《家长督学指导手册》，将督学流程归纳为"七个一"，将所有需递交的书面材料作表单化设计以便于填写反馈。这些贴心的措施大大方便了家长从多角度了解学校相关情况，并与相关领导、老师和同学进行面对面沟通，增进相互理解和包容，客观评价学校教育教学等方面的工作。

（3）建立有效的督学意见处理和反馈机制

能否及时处理与反馈督学意见，直接关系到我校的家长督学制度能否有效有序运行，决定了督学制度能否起到家校沟通的桥梁作用。

学校高度重视家长在督学中所反馈的情况。首先，家委会对督学材料进行收集、汇总和归类，并初步提出处理的思路和建议，提交学校政教处。然后，政教处对提交的材料作初步分析后提交至校长室，经审批后交各相关职能部门进行处理、反馈。对于部分并不太妥当的意见和建议，学校依然会向家长知会说明，征得理解，同时向他们表示感谢。最后，学校每月召开一次"家长督学制"工作例会，通报工作情况，研究处理家长的意见和建议；不定期举办家长督学研讨会，对家长督学工作进行指导与交流，并表彰在家长督学工作中作出贡献的家长和教师。

（4）建立共赢理念，在教师中获得广泛而真诚的支持

在家长督学制推行之初，教师或多或少有些思想负担，主要是担心家长过多介入会干扰教育教学工作，同时也担心学校会利用督学结果来"整治"教师。学校及时宣传家校合作共赢理念，关注并表彰督学中教师与家长有效沟通的案例，从善意的角度帮助督学反馈中存在问题的教师，逐渐打消了教师的疑虑。

此外，学校着力加强师德师能的培养，练就每一位教师"修己以安人"的本领，使教师在处理家校矛盾时勇于面对质疑，真诚给予回应，既体现对家长权利的尊重，又折射出强大的为师自信。

4. 家长督学，我们的认识与收获

我校的家长督学制度自2005年创立以来已走过7年，因为没有任何成熟的经验可以借鉴，所以我们在不断地探索中前行。2011年，我校成为上海市家校互动体制机制创新项目学校，这使我们站在更高的视角反思和总

结家长督学制工作。我们深深体会到以下两点。

一是家长督学制架起了家校间的直通桥梁,有效发挥了家委会的主体性,保障了家长对学校办学的知情权、参与权、监督权和评价权。

二是家长督学制的制度设计增强了家委会的责任意识,赋予家委会以明确的工作任务,构建起"家长—家委会—学校"沟通网络,促进家校间密切联系,顺利化解了许多家校矛盾。

今天,伴随着学校规模和品质的不断提升,一个又一个家校矛盾及时有效化解,我们更坚定了办好家长督学的决心!今后我们将借助项目组的力量,进一步完善督学制度,把家校互动的理念深入学校办学育人的多方面、全过程中,发展学生,造福社会,努力办老百姓满意的学校!

经过多年的实践,学校对家长督学制不断进行优化和完善。

特色经验介绍

"家长督学"从1.0版本—3.0版本的进阶

1."家长督学"1.0版本——基于学校问题的改进

(1)"家长督学"因何而来

起初因为家校矛盾尖锐,社会满意度低,学校想打开家校之间那扇门,加强家校联系,减少投诉,经过酝酿于2004年推出"家长督学"。

(2)"家长督学"我们怎么做

项目化设计——"七个一"。家长在为期半天的督学中,可进行"七个一"的督学工作,即听一节随堂课,与老师作一次交流,与同学作一次沟通,与领导作一次访谈,填写一张问卷,巡视一次校园,完成一份督学报告。

经过"家长督学"1.0版的实施,我们化解了诸多家校矛盾,促进了教师专业能力的提升,帮助学校改进了工作。但我们同时也发现不足——缺乏体系性架构设计,家委会的主动性没有得到发挥。为此我校推出了"家长督学"2.0版本。

2."家长督学"2.0版本——基于制度架构的设计

(1)统筹规划,完善制度

学校明确了家庭教育指导的工作要求,将工作要求和内容列入《晋元附属学校章程》中，保障家长对学校办学的知情权、参与权、监督权和管理权；建立了《晋元高级中学附属学校家长委员章程》《晋元高级中学附属学校家长督学制度》《晋元高级中学附属学校家长会制度》《晋元高级中学附属学校家访制度》等。

（2）创新机制，组织保障

学校成立了家校工作领导小组，完善家校工作网络体系，形成全校重视、专人负责、骨干团队参与的家校工作格局，营造出良好的家校工作氛围，确保了家校工作的有效开展。

（3）架构网络，层层推进

每学期家委会按计划有序开展工作，分层面召开家委会会议，各级家委会委员履职尽责，层层推进工作。同时，各级家委会在工作中不断倾听家长对学校工作的建议和意见，及时向学校反馈，促进学校改进工作。各级家委根据家委会章程和家委会组织架构职能分工，做好家校沟通工作，在选择食堂餐饮公司、环评学校大修及新校区、选择学生校服的生产厂家及校服款式，以及召开运动会和艺术节等学校重大决策和活动中都有家委会委员的认真参与。

（4）考核评价，加强监督

学校将家校工作纳入绩效工资考核，对班主任家访、电访、特殊学生跟踪、心理教师个体及群体辅导等给予相应激励，通过考核加强监督。

以上制度架构的设计，使"家长督学"更加顺利地开展，也解决了学校办学中的问题。其一，家长督学制架起了家校间的直通桥梁，有效发挥了家委会的主体性，保障了家长对学校办学的知情权、参与权、监督权和评价权。其二，家长督学制的制度设计增强了家委会的责任意识，赋予家委会以明确的工作任务，构建起"家长—家委会—学校"的沟通网络，促进家校间密切联系，顺利化解了许多家校矛盾。

"家长督学"2.0版本有效推动了家校工作的提升。随着学校规模的迅猛扩大，我们进一步思考如何满足更多家长对学校工作知情、参与的需求，如何更好地实现家校共育，打造区域优质品牌学校。因此，我们又迭代出"家长督学"3.0版本。

3. "家长督学"3.0版本——基于全方位育人的探索

(1) 家长学校，智慧指导

为了加强家庭指导工作的系统性，学校分年段设定工作目标和内容，通过家长会、家委会、问题学生家长培训，以及学校网站、公众微信号等，让家长在了解学校动态的同时，了解更多的育儿及家庭教育指导方法。学校分层分批进行家庭教育指导，例如"隔代教育"专题讲座、低年级学生学习习惯的培养专题讲座、"网事知多少"——初中生亲子关系讲座等。

(2) 加强师资，引领学习

学校建立起校内、校外两批家庭教育指导工作队伍。在校内，学校挖掘家庭教育指导的教师资源，校长、书记、德育教导、心理健康教师、班主任等重点教师都进行过专题培训。同时，在校外，学校积极利用社会资源，邀请各类专家、学者走进校园，走近家长和教师，开设家庭教育的培训讲座。

(3) 家长读本，形成系列

学校根据家长的需求，通过家委会、问卷调查、家长督学访谈等渠道了解家长所需所想，结合多年家长学校的工作开展，编写了《晋元附属学校家长学校指导手册》，用学习篇、养成篇、亲子篇、心理篇、文化篇五大板块指导家长如何更好地陪伴孩子成长，分年龄段、分项目类别地实施家庭教育指导。

(4) 学生读本，完善人格

学校开发《九年一贯制学生生活价值教育读本》系列校本教材（共九册），确立不同年段人格培养主题，倡导家长帮助子女树立人格品质。这也丰富了我校"立人教育"特色。

(5) 有效教学，提升质量

学校持续探索提升教学质量的方法，"家长督学"成为一项创新且效果显著的家校合作模式。通过深入课堂参与评教活动，家长们全面评估了教师的教学态度、方法和效果，为教师提供了宝贵反馈。同时，家长观摩教研组的有效教学研究，更深入地了解教师的教学理念，促进了家校沟通。

家长督学不仅提升了教学质量，还推动了师资队伍水平的提高。在普陀区教育教学督导中，学校的好课率和较好课率达到100%，显示了家长督学的积极成效。教师们在接受家长评价的过程中，不断反思、改进和创新，促进了专业成长。

（6）拓展渠道，多元沟通

在对家长督学制的深入探究中，我们不断完善家校沟通的多样性、灵活性、便捷性，构建了线上、线下的多渠道沟通方式，家长可以走进校园参加校园开放日活动，加强亲子沟通，老师也可以通过家访深入家庭，促进家校联系，双方还可以通过电话、微信视频、学校信箱、公众微信号等多种途径进行互动交流。

（7）科学研究，课题引领

2017年，《以"家长督学制"提高家校合作成效的实践研究》荣获普陀区中小学德育科研成果的二等奖，在普陀区"关于学校、社区、家庭教育合作机制"调研座谈会上，学校作了《家长督学，建设家校伙伴关系》主题发言，得到与会领导、专家的好评。基层的班主任也在家庭教育指导中不断积累经验，在2020年长三角家校合作高峰论坛中，我校两位班主任撰写的论文和案例分别获得一等奖和三等奖，另一位老师获得"普陀区十佳班主任"荣誉称号。

（8）走进社区，惠及百姓

学校通过"一师一居委知心老师进社区"公益服务平台，形成学校、家庭、社区教育共享、教育共建工作格局，用优质教育资源辐射周边社区，用资优教师资源惠及周边家庭。学校与周边社区的凯旋公寓居委和凯旋华庭居委签订文明共建协议，近百名党员教师定期向社区居民提供家庭教育指导、入学升学政策指导等专业帮助。

（9）整合资源，开发课程

结合学校育人的整体目标，整合校内外资源，学校和家委会一起探索设计了"今天去哪儿？——晋元附属学校公交亲子微旅游社会实践活动"，引领家长和孩子一起创建学习型家庭,在行走中增进家庭成员感情。此外,学校积极开展"家长进课堂"活动,开发职业启蒙教育课程,帮助学生初步形成生涯规划的意识和能力。

(10) 绿色评价,提升满意

学校每年通过《绿色指标问卷》全覆盖征询学生及家长对学校及教师的满意度,并评选"我心目中的好老师"。在近几年的督导中,教师、学生、家长对学校"满意"和"较满意"的比例均超过98%。

"家长督学"从1.0版本到3.0版本,见证了学校的家校工作从"被动而为"到"合作而为"再到"共同成长"的提升,这正是"立己立人、共同成长"办学理念的成功实践。

第三节 特色强校——彰显教育个性

特色强校——立人教育创品牌。所谓学校特色是一所学校整体的办学思路或者在各项工作中表现出的卓越的与众不同之处。

教育的本质是什么?教育是为了"树人",是为了促进学生全面而有个性地发展。我校在"立己立人、共同成长"办学理念的引领下打造"立人教育"特色。学校在高质量实施国家课程的同时,建构了"明德、善学、敏事、康健"校本课程体系,充分满足全体学生全面而有个性地发展,努力把学生培养成"品行端正、学业精进、自主能干、健康活泼"的少年儿童。

一、特色强校的理论依据及重要性

1. 特色强校的理论依据

特色强校的理论依据主要基于以下几个方面。

一是教育的差异性原则。教育学理论认为,每个学生都是独特的个体,具有不同的背景、兴趣、能力和学习需求,因此,教育应该尊重学生的差异性,提供个性化的教育服务。特色强校正是基于这一原则,通过创建独特的教育特色和优势，满足不同学生的需求，促进学生的个性化发展。

二是学校的核心竞争力。在激烈的教育竞争中，学校的核心竞争力是其生存和发展的关键。特色强校通过打造独特的教育品牌和优势，提高学校的知名度和美誉度，吸引更多的优质生源和教师资源，从而提升学校的核心竞争力。

三是教育创新的要求。教育创新是当前教育改革的重要方向。特色强校鼓励学校进行教育创新，探索新的教育模式和方法，培养具有创新精神和实践能力的人才。通过教育创新，学校可以打破传统教育的束缚，实现教育质量的跨越式发展。

四是多元文化的背景。当今社会是一个多元文化的社会，不同的文化背景和价值观相互交织。特色强校尊重多元文化，通过创建具有文化特色的教育模式，为学生提供多元文化的教育环境，培养学生的跨文化交流能力和全球意识。

综上所述，特色强校的理论依据主要是教育的差异性原则、学校的核心竞争力、教育创新的要求以及多元文化的背景。这些理论为特色强校提供了科学的指导和支撑，有助于学校实现个性化、创新化和多元化的发展。

2. 特色强校的重要性

特色强校的重要性主要体现在以下几个方面。

一是提升学校核心竞争力。特色强校通过培育独特的办学特色和优势，提高学校的知名度和美誉度，从而吸引更多的优质生源和教师资源。这有助于提升学校的核心竞争力，使学校在激烈的教育竞争中立于不败之地。

二是促进学生全面发展。特色强校关注学生的全面发展，注重培养学生的个性特长和兴趣爱好。通过提供多样化的发展空间和机会，学校可以满足学生的不同需求，促进学生的个性化发展，培养具有创新精神和实践能力的人才。

三是推动教育改革与发展。特色强校鼓励学校进行教育创新，探索新的教育模式和方法。这有助于推动教育的改革与发展，培养适应新时代需要的人才。同时，特色强校的实践经验和成果也可以为其他学校提供借鉴和参考，促进整个教育系统的进步。

四是增强学校凝聚力。特色强校通过培育独特的学校文化和精神，增强师生对学校的认同感和归属感。这有助于提高学校的凝聚力和向心力，形成良好的校风、教风和学风，为学校的发展提供强有力的精神支撑。

总之，特色强校对于学校的发展具有至关重要的意义。它不仅关系到学校的生存和发展，也关系到学生的未来和社会的进步。通过培育独特的办学特色和优势，学校可以提升自身的核心竞争力，促进学生的全面发展，推动教育的改革与发展，增强学校的凝聚力，为社会的繁荣和进步做出贡献。

二、立人教育特色创建的路径

我校秉持"立己立人、共同成长"办学理念，积极探索教育创新，成功培育了立人教育特色。立人教育特色的培育路径归纳为以下几个方面。

1. 明确办学理念，引领特色培育

学校确立"立己立人、共同成长"的办学理念，并以此作为学校一切工作的出发点和落脚点。我们认为，教育不仅仅是传授知识，更是培养人的过程。因此，学校注重学生的全面发展，关注学生的个体差异，致力于培养具有健全人格、创新精神和实践能力的学生。在这一理念的指引下，学校积极开展立人教育特色的培育工作。

2. 构建课程体系，促进特色形成

为了实施立人教育，学校构建了以德育为核心，以德育为先、智育为重、体育为基、美育为要、劳育为干的课程体系。学校注重课程的整合与拓展，通过跨学科学习、主题式探究等方式，培养学生的综合思维能力和解决问题的能力。同时，学校还开设了丰富多彩的选修课程和社团活动，满足学生的个性化需求，促进学生的全面发展。这一课程体系的构建，为

立人教育特色的形成提供了有力的支撑。

3. 创新教学模式，激发学生的学习兴趣和主动性

学校在教学模式上进行了大胆的创新，采用了以学生为中心的教学模式，如小组合作学习、探究式学习、在线学习等。这些教学模式旨在激发学生的学习兴趣和主动性，培养学生的自主学习能力和合作精神。同时，学校注重信息技术的运用，用多媒体、网络等，丰富教学手段，提升教学效果。教学模式的创新，为立人教育特色的培育注入了新的活力。

4. 加强师资队伍建设，为特色培育提供有力保障

教师是实施立人教育的关键。学校重视教师的专业发展，通过定期培训、学术交流、教学研究等方式，提升教师的教育教学能力和专业素养。同时，学校鼓励教师进行教学创新和实践，打造了一支高素质、有活力的教师团队。这些优秀的教师不仅为学生提供了优质的教学服务，也成为学校品牌建设的重要支撑。

5. 营造文化氛围，构建和谐校园

学校注重校园文化建设，通过丰富多彩的文化活动、学术讲座、学生社团等，营造积极向上、和谐共融的校园氛围。这种文化氛围不仅有助于学生的全面发展，也提升了学校的品牌形象和吸引力。同时，学校注重培养学生的社会责任感和公民意识，通过开展志愿服务、环保活动等社会实践活动，让学生在实践中成长和进步。这一文化氛围的营造，为立人教育特色的培育提供了良好的环境。

6. 深化家校合作与社区共建拓展教育资源

学校积极与家长和社区合作，共同推进立人教育的实施。学校与家长建立良好的沟通和互动机制，让家长参与学校教育管理和教学活动，形成家校共育的良好氛围。同时学校与周边社区建立合作关系，利用社区资源丰富学生的学习体验和实践机会，让学生在更广阔的社会环境中成长和发展。这一家校合作与社区共建的深化为立人教育特色的培育拓展了教育资源和社会支持。

我校通过明确办学理念、构建课程体系、创新教学模式、加强师资队伍建设、营造文化氛围，以及深化家校合作与社区共建等举措，成功培育了立人教育特色。这些措施不仅为学生的全面发展和未来成长奠定了坚实的基础，也为学校的品牌建设和社会影响力提升做出了积极贡献。

三、立人教育特色创建的成效

在立人教育特色创建过程中，学校确立了《立人教育的实践研究》的主实验项目，配套若干个子课题为支撑，如《"一条龙"体系下舞蹈融入课堂的模式和策略研究》《一条龙体系下中小学羽毛球青训模式的实践研究——以晋元附校为例》《和谐校园文化建设中"谢晋元文化一校一品"的研究与策划》《互动反馈教学环境下的教师专业能力发展研究》等。经过多年积淀，学校打造了一大批特色品牌课程，如舞蹈、合唱、管乐、羽毛球、武术、足球、乒乓球、智能机器人、绿色环保、彩陶等。学校先后成为国际生态绿旗学校，全国美育示范单位，全国中小学舞蹈传统校，全国青少年校园足球特色校，上海市艺术教育特色学校，上海市首家集学生舞蹈、合唱、交响乐、戏剧、民乐联盟大满贯单位，上海市羽毛球协会青少年羽毛球培训基地，上海市航空特色学校，上海市无线电特色学校等。

艺术教育是晋元附校靓丽的名片，学生在晋元附校"立己立人，'艺'同成长"。

实践成果案例

立己立人，"艺"同成长

学校艺术教育从一支20人的舞蹈队开始，发展到如今华童艺术团超800人的规模，呈现出"一校多品　百花齐放"良好局面。目前，学校是全国美育工作示范单位，全国中小学舞蹈传统校，全国示范乐团，上海市艺术教育特色学校，上海市首家集学生舞蹈、合唱、交响乐、戏剧、民乐联盟大满贯单位。

1. 碧血丹心铸师魂

泰戈尔在诗中写道："花的事业是甜蜜的，果的事业是珍贵的，让我干叶的事业吧,因为它总是谦逊地低垂着它的绿荫。"带着对叶的事业执着地追求和向往,音乐教研组17位教师爱岗敬业,团结拼搏,锐意进取,以高尚的师德、严谨的工作态度和高度的责任心在平凡的岗位上默默耕耘,挥洒汗水。作为上海市巾帼文明岗点,教研组也是展现精神文明的窗口和践行者。组内教师还多次下基层下社区,辅导学生,慰问孤老,慈善义演,开展各项活动,推广群众文艺,为我区普及艺术教育,培养艺术专业人才,提高青少年思想道德素质和文化生活品质起到积极的作用。组内教师先后被授予全国优秀教育园丁、上海市"五一劳动奖章"、市青年"五四奖章"、市园丁奖、市优秀艺术教师、普陀区优秀党员、区青年岗位能手、区园丁奖、区高级指导教师、区教学教育能、区教坛新秀、区新人奖等20多项荣誉称号。

2. 深化教改出成效

课堂是落实教学常规、实施素质教学、深化教育教学改革的主阵地。教研组内制定了两"先"四"突"的专业发展方向,即科研先导、理论先行,突出特色课堂、突出骨干带头、突出家校共育、突出个性发展。在教学实践中,教研组坚持以多种形式的"感"、多个角度的"创"、多个维度的"评",有效地化解教学过程中的难度;将舞蹈、器乐、合唱、戏剧融入音乐课堂的特色研究,用教学智慧为音乐课堂教学掀起"和而不同,美美与共"头脑风暴。

教研组先后申报了中国人生科学学会美育研究会"十三五"科研规划重点课题《学校美育与人生发展的实验研究》的子课题《新课程理念下舞蹈进课堂 提高教学实效》、上海市教育学会2021年度教育科研规划一般课题《民族文化在中小学音乐学科中实施项目化学习活动设计的研究》、上海市教科院2015年度和2019年度课题《新技术在音乐课堂教学中的应用策略》《基于核心素养的中小学音乐学科分学段素质测评实践研究》、2020年度普陀区艺术体育专项课题《"一条龙"体系下,舞蹈融入音乐课堂的模式和策略研究》、普陀区教育科研一般课题《音乐学科开展民族文化教育的项目化学习活动设计研究》、2018年度普陀区学校美育研究会课题《探究音乐特色教学有效方式 提高学生音乐审美能力》等7个课题。近五年来，课题组共计有54项科研成果获全国、市、区级奖项，16篇论文、案例在《新课程》《中国电化教育》《中国新世纪教育》《学校教育研究》等刊物上发表。团队中先后涌现出市级骨干1人、区级骨干5人、区高级指导教师1人、区教坛新秀3人。2021年，学校被评为全国"十三五"美育科研先进单位，骆奇、柏琳被评为全国"十三五"美育科研先进个人，音乐教研组先后被评为上海市巾帼文明岗，以及第四轮、第五轮区"优秀学科教研组"。

3. 扬帆起航铸辉煌

华童艺术团是学校的一张名片，12年来，老师们放弃了无数个寒暑假和节假日，和学生一起刻苦训练，带领学生参加各类比赛和活动，不断提升学生艺术素养。在学校浓郁艺术氛围的感召下，有更多的学生希望能加入学校艺术团，学校艺术教育也从一支20人的舞蹈队开始，发展到如今华童艺术团超800人的规模，呈现出"一校多品　百花齐放"良好局面。为了在优势项目上更具竞争力，团队尝试用"艺术＋"的方式，开发《华童舞韵》《华童乐韵》《华童声韵》《华童戏剧》等特色系列课程。专业上的主动发展和形式上的不断创新，为"华童"品牌打造注入了新的活力，也取得了丰硕的成果。目前，学校是全国美育工作示范单位，全国中小学舞蹈传统校，全国示范乐团，上海市艺术教育特色学校，中国上海国际艺术节合作单位，上海市校园文化建设一校一品特色学校，上海市首家集学生舞蹈、合唱、交响乐、戏剧、民乐联盟大满贯单位。

舞蹈＋民乐：作品《爱莲说》荣获2016年上海市首届青少年"艺术＋"实践展示一等奖、组合奖。作品将古筝和古典舞融合在一起，演绎乐曲的古朴、含蓄和温婉；背景视频呈现梅兰竹菊的优美画面和四首主题诗，在展现自然美的同时，更把一种人格力量、道德情操和文化内涵注入其中；配以《爱莲说》等五首经典诗词的诵读，通过"莲花"寄托理想，展现自我价值和人格追求。

舞蹈＋合唱：2018年，在由上海市红十字会、上海市教育委员会共同举办的第九届上海市红十字青少年文化节闭幕式暨市红十字青少年歌咏比赛中，我校华童合唱团、舞蹈团共同创作的《红十字精神代代传》荣获市一等奖，孩子们用舞蹈和歌声传承"人道、博爱、奉献"的红十字精神。

舞蹈＋戏曲：2018年，作品《伶人梦》应中央电视台邀请赴京参加《快乐戏园》新春特别节目录制，该作品在创作上将中国戏曲的传统韵味和现代舞蹈的时尚元素巧妙融合在一起。2020年，作品《寻隐者不遇》荣获上海市首届中小学生戏剧节团体一等奖。该作品通过情境创设、诵读古诗、歌舞表演等，用穿越的手法，展示当代中小学生对于诗歌情境的理解和感受。

舞蹈＋管乐：2019年，在上海市优秀管乐团队的展演中，我校作品荣获（行进组）银奖、普陀区特等奖。该作品由校舞蹈队和管乐队、鼓号队共64位同学演绎完成，通过乐曲演奏、造型设计、队形调度、旗舞展示等综合展演形式，表现新时代好少年自信阳光、朝气蓬勃的风貌。

舞蹈＋校园剧：2021年，在上海市首届青少年儿童舞台艺术表演大赛中，我校原创作品《清明致远》荣获市一等奖。该作品结合我校校史，用舞蹈、吟诗、朗诵、背景视频等"艺术＋"的综合表现手法，呈现当代人对于"清明"内涵的理解：草长莺飞，杨柳拂堤，儿童们兴致勃勃地放风筝；烟雨蒙蒙，墓碑之前，人们饱含热泪地寄托哀思。忆往昔，多少英烈为了今日的幸福抛洒热血；看今朝，多少天使为了他人的生命逆行而上。《清明致远》诠释了晋元精神将引领着一批又一批的晋元人，在传承中筑牢文化根基，在发扬中厚植家国情怀，为实现中华民族伟大复兴时刻准备着！

2020—2022年，因新冠肺炎疫情防控，学生两度开启居家在线学习的模式。在这样的情况下，团队开始舞蹈＋手语的实践探索，希望用这种形式开展家国情怀教育，重筑学生的"人生信仰"，构筑隽永的精神家园。2022年6月1日上午，我校举办了"艺"心云合"晋"梦飞扬第十八届校园艺术节暨庆六一云展演活动。活动最后，由骆奇校长、杨戈书记，以及师生、家长代表共同表演的千人手势舞《燎原四方》燃爆朋友圈。近4500名晋元学子在云端相聚，共庆六一，共同抒发对抗疫取得胜利的喜悦。此次活动取得圆满成功，受到了无数师生与家长的点赞和好评，截至当晚20：00，点击量达12930次。很多学生、家长在观摩展演后发出感慨："大晋元，了不起！""看得我热泪盈眶，太感动了！""最后的千人手势舞真的是太震撼了！"……不断拓宽育人途径，化危机为契机，学校在艺术方面的不断探索为越来越多的孩子点燃梦想，也为学校艺术教育迎来了曙光。

2018年暑期，应中国上海国际艺术节组委会、上海市学生舞蹈联盟推荐，我校华童舞蹈团参加了"丝路表达"中波青少年舞蹈训练营，打响了以上海市"文教结合"机制为支撑，拓宽"一带一路"文化艺术合作的第一站。当地时间8月8日晚，孩子们在世界著名的格但斯克莎士比亚剧院和波兰的孩子们共同呈现了一台融合了中波文化、见证孩子们友谊的汇报演出。当极富民族特色的音乐响起时，美丽的"孔雀"翩翩起舞，蒙古族的小牧民策马奔腾，孩子们精湛的表演博得了台下阵阵掌声。波兰大使刘光源先生和夫人，以及领事馆相关领导、原上海市人民政府副秘书长宗明（现任上海市副市长）、上海市发展和改革委员会副主任曹吉珍、中国上海国际艺术中心的相关领导亲临现场观摩演出，并对舞蹈团师生致以亲切的慰问和高度的评价。

2019年暑期，我校华童合唱团32位同学远赴西班牙参加"第54届巴塞罗那国际合唱节"，进行为期一周的合唱交流。作为中国国际合唱节组委会唯一推荐的中国参演团队，能有幸与来自德国、美国、阿根廷、斯洛伐克等国家的优秀合唱团并肩站在国际的舞台上，对于每一位华童合唱团的孩子来说，都是意义非凡的。当优美而又熟悉《茉莉花》音乐响起时，原本人声鼎沸的现场突然安静了下来，不同肤色、不同种族、不同年龄的人们目不转睛地盯向舞台，倾听这来自东方的美妙之声。表演结束后，现场掌声经久不息，不断有人激动地喊："echo！echo！"（再来一曲）按照官方原定议程，7月8日的开幕式是各国队伍集体亮相，每个合唱团只能演唱一首曲目，但华童合唱团的惊艳亮相还是为自己争取到了全场唯一的返场机会——连唱两曲！用歌声交流友谊，让世界了解中国，华童合唱团用实力演绎惊艳巴塞罗那，唱响中国好声音！

2021年6月1日下午，由共青团上海市委员会、少先队上海市工作委员会指导，上海市新文艺工作者联合会、上海国际舞蹈中心剧场、上海市青少年活动中心主办，上海市舞蹈家协会少儿专业委员会、上海市手拉手艺术团协办，上海市晋元高级中学附属学校承办，著名舞蹈家黄豆豆和抖音平台共同策划推出的"红星闪闪照未来"线上公益课堂在我校武威东路校区正式启动。伴随着耳熟能详的《红星闪闪》的歌声和音乐，豆豆老师带着我校三年级200名学生在操场上激昂起舞，专注的眼神，整齐的动作，投入的表情，孩子们用精彩的表现为建党100周年献礼。当天下午，全校近5000名师生借助抖音平台观摩了这堂云端美育公益课。活动当天，当记者采访骆奇校长时，他说道："晋元附校有着深厚的红色底蕴，学校就是以抗战英雄谢晋元将军的名字命名的。学校注重培养学生的爱国情怀，这次的舞蹈课堂也是学生学习党史的最好形式。"让党史学习教育闪耀艺术之光，童心向党，薪火相传。

近年来，学校华童艺术团在舞蹈、管乐、合唱、戏剧、民乐等项目上获全国、市、区级各类奖项多达120余次，学生艺术单项获奖1000余人次。团队先后参加了首届"荷花·少年"全国中学生校园舞蹈展演，第四届全国中小学生电影周闭幕式展演，上海国际艺术节，上海世博会开幕式，上海之春国际音乐节，上海市文联、市教卫系统新春团拜，庆祝建党100周年等大型活动100余次；疫情防控期间，团队还创编了《妈妈的长发》《我们把春天拥抱》《加油武汉！》等6个抗疫作品，多次登上央视频、学习强国、上海艺教等公众号平台；2013年至今，艺术团先后出访美国、英国、波兰、西班牙等国进行艺术交流，显著提高了学校、普陀区的艺术教育在上海乃至国际上的知名度和影响力。教师团队也多次应中国舞蹈家协会、上海市教委学生艺术联盟、区教育学院邀请开设专题讲座，并多次做客电台《教子有方》和阿基米德《名师E课》栏目进行经验介绍。12年的不懈努力，我们筑梦逐梦圆梦；12年的不断超越，我们实现了从薄弱走向优质的跨越式发展。

让艺术滋养生命，让美育润泽心灵，立己立人，"艺"同成长！

（艺术辅导员：柏琳）

实践成果分析

学校特色创建是一个系统工程，它涉及教育理念、教育资源、教育方法和教育评价等多个方面。对这篇经验文章进行深入分析，我们可以发现学校在特色创建过程中遵循的一些规律。这些规律不仅体现在学校的艺术教育实践中，也反映了现代教育发展的趋势和要求。

一是明确办学理念，引领特色发展。学校的办学理念是特色创建的灵魂。我校明确提出了"立己立人，'艺'同成长"，这不仅强调了艺术教育的个人价值和社会价值，也体现了学校对全面育人的追求。在这种思想的引领下，学校的艺术教育不再是孤立的，而是与学校的整体教育目标相契合，成为推动学生全面发展的重要力量。

二是整合教育资源，打造特色平台。学校特色创建需要充分利用和整合各种教育资源。我校通过组建专业的艺术教研组，吸引和培养了一批优秀的艺术教师。同时，学校积极争取外部资源，如与中国上海国际艺术节、上海市学生舞蹈联盟等机构合作，为学生提供了更广阔的艺术展示和交流平台。这些资源的整合和利用，为学校艺术教育的特色发展提供了有力的支持。

三是创新教育方法，提升特色品质。教育方法是实现教育目标的重要手段。我校在教育方法上进行了大胆的创新。例如，通过艺术与其他学科的融合，开发了《华童舞韵》《华童乐韵》《华童声韵》《华童戏剧》等特色系列课程；通过"艺术＋"的方式，将艺术与德育、智育、体育等相结合，提升了艺术教育的综合效益。这些创新的教育方法不仅增强了艺术教育的趣味性和实效性，也提升了学校特色教育的品质。

四是注重教育评价，保障特色成效。教育评价是检验教育成效的重要手段。我校注重通过各种方式和渠道对艺术教育进行评价。例如，通过参加各类比赛和展演活动，检验学生的艺术素养和表现能力；通过课题研究和论文发表，检验教师的教育研究和创新能力；通过家长和社会的反馈和评价，检验学校特色教育的社会效应和影响力。这些评价方式相互补充，形成了完善的评价体系，保障了学校特色教育的成效。

五是坚持以学生为本，促进全面发展。学生是学校特色创建的主体和受益者。我校始终坚持以学生为本的原则，关注学生的兴趣爱好和个性发展。例如，在艺术团的建设中，学校根据学生的兴趣和特长进行分团教学和管理；在课程开发中，学校注重满足学生的多元化需求和发展潜力；在活动组织中，学校注重培养学生的团队合作精神和实践能力。这些做法不仅激发了学生的学习热情和创造力，也促进了学生的全面发展。

综上所述，学校特色创建的规律可以概括为明确办学理念、整合教育资源、创新教育方法、注重教育评价和坚持以学生为本。这些规律不仅适用于艺术教育的特色创建，也适用于其他教育领域的特色发展。同时，这些规律也揭示了现代教育发展的趋势和要求，即注重个性发展，强调实践创新，追求全面育人。

第四章　立人教育的一体化集团办学

第一节　集团化办学的理论思考

晋元附校一体化教育集团办学是教育集团化的一种深化形式，它强调集团内学校或教育机构之间在资源共享、管理协同、品牌共建等方面的紧密联系和深度合作。紧密型集团化办学的目的是通过集中优势资源，实现教育的高质量、均衡和可持续发展。

一、紧密型集团化办学的理论基础

1．规模经济理论

紧密型集团化办学通过集中管理和资源共享，实现教育资源的优化配置和高效利用，降低教育成本，提高教育效益，体现了规模经济理论的思想。

2．协同理论

协同理论强调不同个体或组织之间通过协同合作产生更大的整体效益。紧密型集团化办学通过学校或教育机构之间的协同合作，实现资源的共享和互补，提升整体教育质量和效益。

3．品牌管理理论

品牌管理理论认为品牌是企业或组织的重要资产，通过品牌建设和管理可以提升企业或组织的竞争力和影响力。紧密型集团化办学注重品牌建设，通过提升教育质量和服务水平，树立良好的品牌形象和口碑。

二、紧密型集团化办学的优势

1. 资源共享

紧密型集团化办学可以实现教育资源的集中管理和共享,避免资源重复投入和浪费,提高资源利用效率。

2. 管理协同

紧密型集团化办学可以实现集团内学校或教育机构之间在管理上的协同合作,形成统一的管理标准和流程,提高管理效率和管理水平。

3. 品牌共建

紧密型集团化办学可以通过品牌共建,提升集团整体的品牌形象和知名度,增强集团的竞争力和影响力。

4. 教育质量提升

紧密型集团化办学可以通过集中优势资源,提高教育教学质量和效益,促进学生的全面发展。

三、紧密型集团化办学面临的挑战

1. 管理难度增加

紧密型集团化办学涉及多个学校或教育机构的整合和管理,管理难度相对较大,需要建立完善的管理机制和制度。

2. 文化差异

不同学校或教育机构之间存在文化差异,实现文化的融合和统一是紧密型集团化办学面临的挑战之一。

3. 利益分配

紧密型集团化办学涉及利益的重新分配和调整,平衡各方利益,确保集团的稳定和持续发展是紧密型集团化办学需要解决的问题。

四、紧密型集团化办学的实施策略

1. 制定科学合理的发展规划

紧密型集团化办学需要制定科学合理的发展规划，明确发展目标、路径和措施，确保集团的可持续发展。

2. 加强内部整合和外部协同

紧密型集团化办学需要加强内部整合和外部协同，建立高效的管理机制和制度，实现资源的优化配置和高效利用。

3. 推动品牌建设

紧密型集团化办学需要注重品牌建设，通过提升教育教学质量和服务水平，树立良好的品牌形象和口碑。

4. 加强师资队伍建设

紧密型集团化办学需要重视师资队伍建设，通过培训、交流等方式提高教师的教育教学能力和综合素质，为提升教育质量提供有力保障。

5. 完善评价机制

紧密型集团化办学需要建立完善的评价机制，对集团内各成员学校或教育机构进行定期评价和监督，确保教育质量和效益的持续提升。

总之，紧密型集团化办学是教育集团化的一种深化形式，它可以实现教育资源的共享和优化配置，提高教育质量和效益。然而，在实践中，紧密型集团化办学也面临着一些挑战和问题。因此，我们需要进一步加强对紧密型集团化办学的理论研究和实践探索，不断完善相关政策和管理机制，推动教育集团化的健康发展。

第二节　集团化办学与立人教育的深度结合

随着晋元附校办学情况的变化，三校四校区一体化集团办学成为学校新的教育组织形式。集团化办学是指通过组建教育集团，实现教育资源的优化配置和共享，提高教育质量和效益。它强调以集团为单位，统筹规划，统一管理，统一调配资源，实现规模效益和优势互补。集团化办学的核心理念是"合作、共享、创新、发展"，它旨在通过集团内部各成员学校之间的深度合作，实现教育资源的最大化利用，提升整体办学水平。

一、立人教育的需求

立人教育是一种以"立德树人"为根本任务，注重个性发展和全面培养的教育理念。它强调尊重学生的主体地位，关注学生的兴趣爱好和特长发展，致力于培养具有创新精神和实践能力的优秀人才。

在立人教育的实践中，学校需要为学生提供多元化的学习环境和丰富的学习资源，而一体化集团办学可实现教育资源的最优化利用，可以满足学生发展的需求，更加有利于培养学生的综合素质，使学生成为具有健全人格和良好品德的现代公民。立人教育需要教师的专业化团队建设，而一体化集团办学正可以发挥$1+1>2$的集群优势。

二、两者结合的优势

集团化办学与立人教育的结合，既是晋元附校当下办学架构的必然，也是提升教育质量和效益的有效途径。两者结合的契机主要体现在两个方面。

首先，集团化办学可以为立人教育提供更广阔的发展空间。通过组建一体化教育集团，三所学校可以共享优质教育资源，实现优势互补和协同发展。这将为立人教育提供更加丰富的学习资源和更加多元化的学习环境，有利于学生的全面又有个性的发展。

其次，立人教育可以为集团化办学注入新的活力。立人教育注重学生的主体地位和个性发展，强调创新精神和实践能力的培养。这将为三所集团成员学校统整教育理念和教学模式，推动教育教学的创新，为教育改革带来新的契机。

两者结合的优势主要体现在以下三个方面。

一是在立人教育的实施中，三所学校可以更好地获得教育资源的优化配置和共享。集团化办学可以统筹调配三所学校的资源，避免资源的浪费和重复建设；同时，各成员学校可以共享优质教育资源，提高资源利用效率。

二是立人教育可以更有力地促进集团学校整体办学水平的提升。通过集团化办学，三所学校在立人教育思想引领下相互学习，相互借鉴，共同提高教育教学质量和管理水平。同时，集团内部可以建立统一的课程体系和教学标准，推进教育教学的规范化和科学化。

三是立人教育与集团化办学的深度结合可以促进学生的全面培养和个性发展。集团化办学为立人教育提供了更加广阔的平台和更加丰富的学习资源，有利于学生的个性发展和全面培养。同时，立人教育注重学生的主体地位和个性发展，将为集团化办学注入新的活力和创新动力。

综上所述，集团化办学与立人教育的深度结合是一种有益的尝试和探索。两者结合将实现优势互补、协同发展，推动教育教学的创新和改革，提升整体办学水平，为学生的个性发展和全面培养创造更加有利的条件。

第三节　集团化办学在立人教育中的实施路径

2023年8月国家教育部颁布的《关于实施新时代基础教育扩优提质行动计划的意见》指出："推进优质学校挖潜扩容。对有条件的、办学水平和群众认可度较高的学校，'一校一案'合理制定挖潜扩容工作方案，通过充分利用现有校舍资源、改扩建教学楼、建设新校区、合并周边薄弱学校、倾斜调配教师编制等方式，在不产生大班额情况下，进一步扩大学位供给。……健全学区和集团办学管理运行机制，促进骨干教师交流轮岗和优质教育资源共享，加快推进学区内、集团内学校率先实现优质均衡。"晋元附校目前的办学实践正是率先朝这样的方向进行了成功的探索。

晋元高级中学附属学校由晋元高级中学承办二十一年来，经历了由薄弱到优质，由规模小到规模大，由单一校区到多校区，由一所学校到三所学校实施紧密型集团办学的蜕变。

晋元附校的发展是在晋元高级中学的辐射引领下，践行"立己立人、共同成长"办学理念的真实写照，是"文化立校、质量兴校、特色强校"学校发展战略的成功实践。

学校的优质发展使学校的生源急剧扩大。2019年，因学校体量太大，教育局将晋元附校拆分为晋元附校和晋元附校西校。2021年，为促进万里社区基础教育的优质均衡发展，让优质教育资源惠及更多的老百姓，教育局将社会满意度较低的明翔实验学校易名为晋元附校南校纳入晋元附校（以下简称附校、西校及南校），实施紧密型一体化集团办学。目前集团内三所学校由同一法人担任校长，共有四个校区、4700余名学生、430余名教职工。

一、集团化办学面临的难题

"古之成大事者，规模远大与综理密微，二者缺一不可。"集团成立之初，我们对集团化办学将面临的主要困难进行了分析研判，归纳出以下几个方面。

1. 稳定人心，文化融入的难题

薄弱学校被兼并势必引发教职工产生对职业未来的不确定性心态，这种心态往往使教师产生忧虑心理，这种情绪又会对学校的凝聚力和教师的工作积极性带来负面影响。

不同学校有着不同的文化，文化融合的过程是文化理解、认同直至行为自觉的过程，行政强推容易造成教师的心理排斥与抗拒，形成文化隔阂与藩篱。

2. 多个校区，统一管理的难题

三校四校区实施统一高效的运作管理是紧密型集团校高质量发展的保证。但构建管理体系，完善岗位职责、制度及流程，选拔任用培训好干部，加强条块结合及部门通力协作等都面临诸多困难。

3. 师资参差，专业提升的难题

晋元附校经过多年的努力，学校不仅学业质量优异，而且在"五育并举"工作中硕果累累，学校的卓越发展造就了一大批师德高尚、业务精湛

的教师。相对于附校和西校而言，南校的师资比较薄弱，学业质量偏差，教学质量保障体系亟待重构。

4. 绩效差异，考核评价的难题

南校在纳入到紧密型一体化教育集团前一直沿用该校的绩效工资方案，纳入集团一体化管理后，附校、西校与南校的考核评价不一致，同职称教师同工不同酬的问题凸显，给集团的整体运作带来不利影响。

这四大困难所呈现出的文化、管理、师资、评价等问题，都聚焦于紧密型教育集团的顶层设计，即打造一个覆盖全员、具有凝聚力的共生发展生态。这就迫切需要融合集团文化，创新集团的章程制度和运作管理机制，激发全体教师的发展动力，推动集团整体办学质量的提升。

二、立人教育在集团化建设中的创新实践

面对困难和挑战，我们将改革创新作为突破紧密型集团化建设困境的切入点，将问题转化为变革起点，化困难为变革的动力，通过立人教育重塑共同价值与愿景，重建整体架构与机制，促进互帮互助与成长，开创集团化发展的新局面。

1. 尊重关爱，融入晋元附校大家庭

薄弱学校纳入优质学校集团化管理后，领衔校要以博大的胸怀接纳他们，这样他们才会有安全感和归属感，才会从内心自觉认同领衔校的文化，从而融合成一个和谐合作的大家庭。

（1）尊重关心包容。针对南校教师心理上的不确定性及焦虑感，作为校长的我在召开全校教师大会时郑重宣布三点，即集团不让南校任何一位教师下岗，集团对南校每一位学生负责，集团让南校全体师生共享晋元附校的优质教育与荣耀。这三点宣布后，南校人心思定，社会反响积极正面。学校依照"优质均衡、稳妥融合、尊重包容"的12字方针推进集团化整合，附校及西校教师热心关爱帮助南校教师，大家很快消除了彼此的心理隔阂，成为其乐融融的一家人。

（2）学校精神引领。晋元附校多年积淀的学校精神是"厚德而和、行

健而立"，其内涵为人格至善构建和谐、自强不息铸就卓越。附校倡导"仁爱、包容、合作、进取"的价值观，既成人又成事。南校并入晋元附校后，学校给每位师生下发《学校文化解读》读本，深化师生对晋元附校办学理念、校训、学校精神、教风、学风及校风的理解；学校组织青年教师开展以学校精神为主题的师德演讲比赛；以晋元附校办学文化为核心，学校对南校校园文化进行了整体改造与美化；各班级围绕学校德育教育主题打造晋元特色的温馨教室，创建班名、口号、目标等。多维度的文化浸润增强了南校师生对附校文化的认同并内化为自觉行为，整个集团呈现出爱生敬业、融洽和谐的良好氛围。

实践案例

谨言慎行树师德，传道授业尽职守

——记晋元附校、西校、南校2023年青年教师师德演讲比赛

三尺讲台一生所爱，风拂桃李德写春秋。2023年12月1日，学校在晋元附校多功能厅举行了以"言寡尤，行寡悔"为主题的青年教师师德演讲比赛决赛。比赛旨在在"立人教育"思想的引领下，加强师德教育，促进三所集团校的价值观及文化的融合。晋元附校党总支书记、校长骆奇和全体教职工出席观摩。本次比赛由上一届师德演讲比赛冠军南校的朱梦媛老师主持，师训部和校办共同完成了本次比赛的筹备工作。

文明传承，教师是桥梁；科教兴国，教师是基石。古有孔孟先圣，今有良师你我。论师当有德。师德是一种精神体现，是我们每位老师的自身修养。学校秉承"先做人后做事"的教育理念，注重全体师生人格培养，每年确立一个师德教育的主题，以演讲比赛的形式"学师德新规范，塑师德新形象"，全面提高教师思想政治素质和职业道德水平，努力培养和造就一支忠诚教育事业，热爱本职工作，让学生尊重、家长信赖、人民满意的教师队伍。言语是智慧的起点，而行动则是智慧的升华。教师者，铸人者也。古人云：世事洞明皆学问，人情练达皆文章！谨言不有失，慎行可无咎。故本学年设立了"言寡尤，行寡悔"的演讲主题。

活动开展后，来自晋元各校区的青年教师积极响应，纷纷投稿，以高

涨的热情探寻教育真谛，最终有9位青年教师脱颖而出，进入决赛。决赛筹备工作受到骆校长和师训负责人施小华等老师的大力支持，他们给予参赛选手全方位的指导。教师们的演讲主题鲜明，他们用自己教育实践和教学体悟，畅谈了对教育事业的忠诚和责任，充分展示了教师严谨治学、潜心教研、率先垂范的责任心和使命感，让我们感受到他们已经深刻领悟到"言寡尤，行寡悔"的精髓理念。赛场上洋溢着青春气息，展现了晋元附校教师良好的精神面貌和与时俱进的教育理念，突显了晋元附校教师热爱教育、献身教育的责任意识和进取精神。

赛后，骆校长对于本次演讲比赛给予了高度肯定，对青年教师的成长表示欣慰。他表示，晋元附校把"文化立校"作为学校的立校之本。孔子曰："不知礼无以立。"我们作为教育工作者，有着自身的言行规范。国家颁布了从教的各项要求，习近平总书记提出了"四有好教师"的标准，教育部也颁发了教师的"十项准则"。既然从事这个工作，我们就要认真学习各项规范要求，在自己从教的过程中，依照规范讲好自己的每一句话，做好自己的每一件事情，否则就会"言有错、行会悔"。同时他指出，传统优秀文化中有很多值得深思学习的经典，我们可以通过了解阅读这些经典，不断地完善提高自己。"大学之道，在明明德，在亲民，在止于至善"，希望青年教师真正做到"一辈子做老师，一辈子学做老师"，从自己做起，牢记谨言慎行古训，学习高超的育人智慧，牢固树立底线意识，切实增强遵守教师职业行为准则的思想自觉和行动自觉。

走上三尺讲台，教书育人；走下三尺讲台，为人师表。希望以师德演讲比赛为契机，每位教师以德修身，以德立威，千锤百炼铸晋元附校师魂，励志创新树晋元附校形象！让我们以良好的师德风尚，共同撑起晋元附校的蓝天，托起晋元附校的太阳，秉初心行恒事，在爱与奉献中成就幸福，用最平凡的人生去谱写最壮丽的赞歌，吸引更多的学子融入晋元这个大集体！晋元附校的师德教育永远在路上！

2. 条块结合，建构高效管理体系

三校四校区的大一统管理是一个巨系统，纵向的"条"管理的优势在

于决策与落实的高效性与统一性，但难于兼顾不同校区的多样性与局部性。横向的"块"管理的优势在于处理单一校区局部性问题的针对性和时效性强，但难于兼顾多校区的统一性与整体性。条块结合可以实现局部性与整体性的完美统一。

(1) 创新条块管理架构

经过实践探索，学校构建了一条"条块结合"精简高效的管理之路，建立了校长—分管校长—分部校长—学校中层职能部门—分部主任—分部职能部门—年级组、教研组的层级分明的行政管理架构。三所学校行政干部统一管理调配，每个校区都有分管校级领导全面负责校区工作，各校级同时担任学校各条线分管工作；南校干部根据原职务，全部统配纳入学校相应各科室参与学校管理。从运作情况来看，学校三校四校区各项工作规范有序，协同高效，学校和谐稳定。

(2) 修订完善学校制度

为政先礼，为了推动顶层管理架构规范有效地实施，学校修订了三所学校的章程，依照章程制定完善了学校所有岗位的职责及工作流程，尤其厘清了分管校长与分部校长、中层主任与分部主任之间的主辅关系及职责界定，从制度设计上保障干部做到分工不分家、到位不越位、补台不拆台。

(3) 责任担当，通力协作

毛泽东有一句名言："政治路线确定之后，干部就是决定的因素。"集团化管理中，领衔校校长不可能做到事必躬亲、亲力亲为，各级干部恪尽职守、通力协作、担当作为就显得尤为重要。称职的干部一要有情怀，二要有能力，三要守规矩。学校通过目标价值引领鼓励情怀，通过实践反思增智慧，通过党纪国法塑品行，造就了一支高素质的干部队伍。

3. 专业引领，打造合作共赢团队

差异就是一种资源。晋元附校及西校师资力量整体优于南校，但南校也有一些优质师资和特色品牌课程。鉴于此，三所集团校完全可以通过资源共享和优势互补整体提升教师的专业能力。

项目一：优质师资共享计划。学校打破建制限制，实现三所学校校舍、物资、师资的统配使用。学校将三所不同学校同年级的班级安排在同一校区，实行一体化管理。三所学校的教师交叉任教，教师编制根据工作需要在三所学校之间进行调整。集团建立由骨干教师领衔的联合教研组和备课组，实施跨校及跨校区教研，联合举办两年一届的"华童杯"教学技能竞赛。通过同教、同组、同研，学校实现了优质师资的共享，促进了教师专业能力的提高。在第五届"普陀杯"第二轮教师专业能力评优活动中，三校教师取得了4个一等奖、4个二等奖和6个三等奖的佳绩。

联合教研案例

以匠心致初心　　以厚爱育未来

——记晋元附校、西校、南校及万里实验学校初中英语联合教研

夏末蕊累累，生意含晓露。为更好地促进集团校教师专业成长，晋元高级中学附属学校、西校及南校聘请了英语专家汪瑾华担任学校初中英语组的指导老师。

2023年9月28日上午，学校在晋元附校真金校区举行了汪老师聘任仪式暨晋元附校、西校、南校及万里实验学校联合教研活动。晋元附校校长骆奇、副校长沈倩如、教务处主任朱晓艳应邀出席，活动由初中英语教研组长张唯老师主持。

本次活动第一个环节为初中英语指导专家汪瑾华老师的聘任仪式（见图4-1）。骆校长为专家颁发聘书并致欢迎词。骆校长说，很荣幸能够聘请汪老师为我校教师进行指导与点拨，希望英语组的教师们能够珍惜机会、主动学习、积极思考，相信大家定会受益匪浅。汪老师表示，愿意通过今后开展的一系列活动，与各位老师共同分享案例、互动教研，真正实现教学水平的高质量发展。

图4-1　汪瑾华老师（右二）聘任仪式

第二个环节是由王甄老师进行现场授课展示（见图4-2）。展示课选自上海版牛津教材 9A Unit 3 More Practice，属于"人与社会"话题下的"社会交往"范畴。该课时课型为阅读课，课文是根据俄国作家普希金的诗歌所改编的童话故事。王甄老师以"教-学-评"一体化为设计理念，通过开展不同的阅读活动，设置一系列的问题链，组织开展学生讨论、师生评价、生生评价等，引导学生理解本文主旨，思考人物特点。同时，王老师也着重引导学生结合该单元已学知识，正确表达个人观点，使用相关理由支撑观点。

图 4-2　王甄老师授课现场组图

展示课后，王甄老师详细说课，集团校备课组成员谢莹老师就该课时全组的备课过程和研究路径进行了细致讲解和说明。孙琰老师认为：王老师的这堂课体现了"教—学—评"一体化的设计理念，以评促学，以评促教，将评价贯穿于英语课程教与学的全过程；同时注重发挥学生的主观能动性，引导学生成为课堂评价活动的设计者、参与者和合作者；最后的讨论环节更是充分体现了育人价值，提高了学生的思维品质。万里实验学校青年教师朱旻祺认为，王老师灵活运用思维导图，帮助学生更好地理解文本、解读文本，深入文本去探究文本背后的深意，将复杂的问题简单化，将简单的问题细分化，使得学生对于补充阅读类文本的理解更为清晰。其他与会教师也发表了自己的观点和看法。

最后，汪瑾华老师也进行了精彩的点评（见图4-3）。汪老师充分肯定了王甄老师对于课堂的深入思考和备课组团队的合作精神，表扬了王老师科学地运用评价手段与结果，针对学生学习表现及时提供反馈与帮助，使得"教—学—评"一体化得以充分落地。同时，汪老师也对本次课堂教学提出了几点建议。第一，在解读文本及知识迁移方面，首先要明确本课时的学习意义，并由此确定课时重难点，制定学习策略，最终落实到体现文本价值的教学上；第二，王老师十分关注提高学生的思维品质，但是对于读后问题的设计可以适当建立梯度，给予提示，逐步提升难度；第三，任务单的设计要尽可能地发挥学生的主观能动性，通过学生的个体思考和自我内化，形成独特的思维导图，与教师共同建立主体多元、方式多样、素养导向的英语课程评价模式。

图 4-3　汪瑾华老师与其他与会教师交流讨论组图

汪老师犀利而精准的点评如醍醐灌顶，让青年教师们得到鼓舞和成长。教研活动结束后，大家都表示收获满满、受益匪浅。本次联合教研活动充分体现了"立人教育"理念下，初中英语组教师开展集团校跨校区联合教研的探索精神和合作精神。"教"以共进,"研"以致远。我们将以本次联合教研为契机,以匠心致初心,以厚爱育未来。

项目二:特色课程共享计划。经过多年培育,附校、西校和南校都拥有多门高品质校本课程。比如附校、西校的舞蹈、合唱、管乐、戏剧、羽毛球、创新科技等,南校的篮球、足球等。集团成立后,三校实现了优质课程的进一步做大与共享,每年都联合举办丰富多彩、精彩纷呈的艺术节、体育节和科技节。丰富的课程与活动在满足学生个性化特长发展的同时,也培养出一大批特色课程专业教师。

项目三:教学资源共建计划。集团校围绕"双新"联合编制初中国家课程学历案,修订各科校本作业,积极开展大单元设计的研究,探索跨学科教学案例,丰富项目化学习课程。教学资源的共建共享浓厚了学校的学术氛围,为学科高地建设奠定了基础。学校初中语文学科组、生命科学学科组、化学学科组和音乐学科组先后荣获区优秀学科组称号。

4. 突破藩篱,统一绩效评价标准

组织更紧密、师资安排更紧密、教科研更紧密、评价更紧密,是紧密型教育集团的重要特征。绩效评价的一致性有利于集团校工作的统一安排管理,有利于公正公平地评价教师,有利于集团校之间的和谐稳定。

(1)统一绩效工资方案。南校纳入晋元附校统一管理后,在尊重和保障南校教师利益的前提下,学校经过充分调研和反复核算,制订了南校绩效工资调整方案并向南校全体教师作了详细解读,广泛征求大家的意见。由于前期思想发动充分、工作细致到位,方案得到广泛认同,在晋元附校南校教代会上,绩效工资调整方案最终以全票通过。这是三所学校实现统一、紧密、实质性一体化的标志性事件。

(2)公平考核同向争先。标准一致后,集团内绩效评价发挥了积极的导向作用。其一,实现了同职称教师同工同酬,多劳多得,优绩优酬。其二,由于诸多考核项目是按照年级组、教研组及备课组进行整体评价的,所以在统一绩效评价方案后,教师在校际之间互帮互助、同向争先的积极性大幅提升。其三,通过学校文化浸润和一体化的考核评价交互作用,集团校之间的联系加强了，晋元附校共同体的融合得到了深化。

第四节 集团化办学在立人教育中的成效与展望

集团化建设是为了提高义务教育优质均衡发展水平，努力让每个学生都能享有公平而有质量的教育。晋元附校、西校及南校集团化建设取得了一些成功的实践经验，也为上海市义务教育紧密型集团化建设提供了一种实践样态。

一、集团化办学在立人教育中的成效

1. 同一法人更有利于集团建设

对于成员校较少的集团而言，领衔校校长担任集团内所有学校的法人，这种体制安排更有利于集团的统一领导，更有利于集团各项资源的整合，更有利于集团的高效管理运作。晋元附校教育集团校级及中层职数明显低于编制数，但三校四校区管理规范有序，教育教学质量稳步提升。集团呈现出高度集约化的特征。

2. "四个紧密"得以有效突破

《上海市教育委员会关于推进本市紧密型学区和集团建设的实施意见》中提到的主要任务包括：健全治理体系，促进组织更紧密；优化流动机制，促进师资安排更紧密；加强课程教学共研共享，促进教科研更紧密；实施捆绑考核，促进评价更紧密。这"四个紧密"是紧密型集团的重要衡量标志。晋元附校教育集团在这四个方面均取得了显著突破。在组织架构上，集团建立了一体化的管理体系，实现了资源共享和协同工作。在师资安排上，集团通过统一的招聘、培训和调配，确保了教师队伍的整体素质和专业水平。在教科研方面，集团鼓励各校区联合开展教研活动，共享科研成果，推动了教学方法和手段的不断创新。在评价上，集团建立了统一的评价标准和体系，对各校区的办学质量和成果进行全面、客观的评价。

3. 集团整体办学质量显著提升

多年来，晋元附校秉持"立己立人、共同成长"的办学理念，踔厉奋

发,勇毅前行,克服了一个又一个困难。南校并入后,学校不仅保持了附校、西校质量的高位稳定,还通过辐射引领带动了南校的快速发展进步,学校的社会满意度持续走高。实践证明,晋元附校集团化发展之路是一条学校由小到大、由弱到强、由一校到多校、优质均衡发展的成功之路。

二、集团化办学在立人教育中的展望

紧密型集团的建设过程,是集团实现由外在组织向内在内涵发展的转化的过程,是从外部政策推动到内部成员形成自觉合力的演变过程,是由松散的共同体组织走向共生发展生态系统建设的过程。这样的动态演变过程需要同样动态化的机制来予以推进。普陀区教育工作党委、区教育局发布了《关于支持普陀区高质量学区集团建设的实施意见(试行)》,在全市率先发布区级学区集团发展支持性政策。该政策可简称为"政策包1.0版",包含了4个二级政策包12条支持政策。这四个二级政策包分别为放权赋能包、荣誉激励包、人力资源包、资源保障包。今后,学校将在新政策保障的基础上赋能发展,着力在以下两方面开展新的实践探索。

1. 集团化建设自适应机制变革的研究

紧密型教育集团是近若干年兴起的办学模式,其涵盖面广,涉及要素多,运作管理难度大。鉴于此,在集团化建设过程中,我们应建立自适应机制变革体系来应对这种复杂性。自适应机制变革体系由问题研究、解决策略、机制变革、组织实施、成效评价等环节构成。晋元附校教育集团今后还需要解决校际教师专业化差异较为明显的问题,以及衔接普陀教育集团化发展"政策包1.0版"实现高质量发展等问题。这些都有待于我们创新体制机制,在变革中谋发展求突破。

2. 集团化办学增值性自评工作的研究

集团化办学的质量和效益如何?是否能实现"1+1>2"的目标?这需要我们从增值性视角研究制订集团化发展的自评体系,把评价的最终落脚点锚定于集团校是否实现了优质均衡发展。

3. 立人教育在集团化办学中的深化实践

立人教育，作为一种注重个性发展和全面培养的教育理念，在集团化办学中具有重要的实践意义。深化立人教育实践，需要在集团内部建立统一的教育理念和教学标准，推动各成员学校在教育教学上的协同与创新，同时通过资源共享和优势互补，为学生提供更加多元化、个性化的学习体验。此外，加强教师培训和团队建设，提升教师的专业素养和创新能力，也是深化立人教育实践的关键。通过以上措施的实施，立人教育将在集团化办学中发挥更大的作用，为学生的全面发展提供有力支持。

晋元附校教育集团是从属于晋元高级中学母集团下的一体化办学子集团。经过大胆新实践，晋元附校教育集团实现了集团的优质均衡化、深度紧密化、高度集约化，走出了一条独特的紧密型教育集团发展之路。今后，我们将加强理论及实践探索，将集团化工作做得更好，努力办好老百姓满意的学校。

第五章　立人教育的质量评价

随着教育改革的不断深化，我校坚持二十年开展的立人教育逐渐受到广泛关注。质量评价作为立人教育的重要组成部分，对于促进学生全面发展、提升教育质量具有重要意义。本章将从评价理念的更新、评价内容的丰富和评价方式的创新三个方面，对立人教育的质量评价进行理论阐述和实践呈现。

第一节　立人教育质量评价的理论思考

一、评价理念的更新：从结果到过程

传统教育质量评价往往过分强调结果，将学生的成绩作为衡量教育质量的唯一标准。这种评价方式忽视了学生在学习过程中的付出、努力和进步，容易导致学生的片面发展和应试心态。立人教育评价体系强调从重结果向重过程的转变，关注学生的全面发展。

其一，重过程的评价理念有利于形成关注育人和成长过程的评价，更加有利于"立德树人"宗旨的落实。当评价关注点从结果转向过程时，学生会更加关注自己在学习过程中的表现，从而更加积极地参与课堂活动，完成作业和任务。

其二，重过程的评价理念有利于培养学生的自主学习能力和创新精神。在关注过程的评价体系中，教师会更加注重学生的独立思考、合作探究和问题解决能力。这将促使学生在学习中不断尝试新方法、新思路，从而培养自主学习能力和创新精神。

其三，重过程的评价理念有利于促进学生的心理健康和人格完善。当评价不再仅仅关注成绩时，学生会减轻应试压力，更加关注自己的内心世

界和情感体验。这将有利于学生的心理健康和人格完善，为学生未来的全面发展奠定坚实基础。

二、评价内容的丰富：从单一到多元

传统教育质量评价往往只关注学生的知识掌握情况，忽视了其他重要方面的发展。立人教育评价体系强调评价内容的全面性和丰富性，从单一的知识评价向全面多元的能力评价转变。

其一，多元评价内容有利于全面反映学生的发展状况。除了知识掌握情况外，学生的思维能力、情感态度、价值观等方面也是教育评价的重要内容。通过多元评价，教师可以更加全面地了解学生的发展状况，为因材施教提供有力依据。

其二，多元评价内容有利于培养学生的综合素养。在多元评价体系的引导下，学生会更加注重自己在各个方面的表现和发展。这将有利于培养学生的综合素养，为学生未来的发展做好各方面的准备。

其三，多元评价内容有利于提升学生的社会适应性。社会不断发展，对人才的需求也在不断变化。通过多元评价，我们可以培养出更符合社会需要的人才。

三、评价方式的创新：从量化到质性

传统教育质量评价往往采用量化的评价方式，将学生的表现简化为分数或等级。这种评价方式虽然便于操作和比较，却难以全面反映学生的真实情况。立人教育的质量评价强调评价方式的创新，从量化评价向质性评价转变。

其一，质性评价方式有助于更加深入地了解学生的发展状况。通过观察、访谈、作品分析等方式，教师可以更加深入地了解学生在思想、情感、态度等方面的发展状况。这将有助于教师更加准确地把握学生的发展需求，提供更有针对性的教育支持。

其二，质性评价方式有助于促进学生的个性化发展。每个学生都是独一无二的个体，具有不同的特点和优势。通过质性评价，教师可以更加关注学生的个性差异和特长发展，为每个学生提供更加适合的教育方案。

其三，质性评价方式有助于提升教育的公平性和包容性。在质性评价体系的引导下，教师会更加注重学生的进步和成长而非单一的成绩比较。这将有利于减轻学生的应试压力，提升教育的公平性和包容性。同时，质性评价还可以促进家校合作和沟通，让家长更加了解孩子在学校的发展状况，支持孩子的成长。

四、完善绿色指标评价：评价体系的转型

在现代教育领域，学业绿色指标评价已经成为衡量教育质量和学生全面发展状况的重要指标。这一指标不仅关注学生的知识掌握情况，更强调学生的身心健康、情感态度、创新能力以及社会责任感等。为了有效提升学业绿色指标，我校对学业绿色指标评价进行了丰富和完善。

1. 以绿色理念引领评价导向

我们深知，要提升学业绿色指标，首先必须转变传统的以分数为唯一标准的评价观念。因此，我校明确提出了绿色教育的理念，并以此为引领，重新构建了学校立人教育的评价体系。我们注重评价的多元化和全面性，关注学生的个体差异和成长过程，旨在通过评价促进学生全面而有个性的发展。

2. 创新评价方式与内容，凸显绿色内涵

在评价方式上，我们打破了单一的纸笔考试模式，引入了表现性评价、过程性评价、作品集评价等多种方式。这些评价方式更加注重学生的实际操作能力、创新思维和问题解决能力，能够更真实地反映学生的学业水平和综合素质。

在评价内容上，我们注重跨学科的整合和与现实生活的联系。我们不仅关注学生的学科知识掌握情况，还注重评价学生的思想品德修养、社会责任感、团队合作能力等非认知技能。这样的评价内容更加符合绿色指标的要求，也更有利于培养学生的综合素质和未来发展所需的能力。

3. 丰富家校社协同的绿色指标评价

我们认识到,学生的成长是一个系统工程,需要学校、家庭和社会的共同努力。因此,在完善绿色指标评价体系的过程中,我们积极与家长和社区进行沟通与合作。通过定期的家访、家长会、社区活动等形式,我们与家长和社区建立了紧密的联系,共同关注学生的成长过程,形成了家校社协同育人的良好机制。

4. 加强师资培训,提升教师的绿色指标评价能力

教师是实施绿色指标评价的关键力量。为了提升教师的绿色指标评价能力,我校加大了对教师的培训力度。我们组织教师学习绿色指标评价的理念和方法,开展绿色指标评价的实践研讨活动,引导教师在日常教学中关注学生的全面发展,科学运用绿色指标评价工具和方法,为学生的成长提供有力支持。

5. 以评促教,以评促学,实现绿色指标评价的持续提升

通过多年的实践探索,我校已形成具有特色的绿色指标评价体系。这一体系不仅关注学生的学业成绩,更重视学生的全面发展;不仅注重结果评价,更强调过程评价;不依靠单一的评价方式,而采用多元化的评价方法。在这样的评价体系下,学生的学业负担得到有效减轻,高层次思维能力得到显著提升,学习自信心和师生关系也得到极大改善。

同时,我们还通过学生和家长的评教工作,及时了解教师的教学情况和学生的需求,帮助教师改进教学方法,提高教学质量。学校加强学生和家长评教工作,促进学校满意度与学业绿色指标评价的稳定提升。学校每学年开展一次网上问卷调查,问卷内容包括对学校及任课教师的满意度、学生睡眠时间、作业量、师德情况等内容。学校根据问卷统计数据帮助教师改进工作并评选学校"我心目中的好老师"。经历多年的学生和家长评教,学校涌现出一大批教学质量高、负担轻的优秀教师,他们是学校教育教学的骨干力量。

学校还加强了"五项管理"和"双减"工作,确保学生在轻松愉快的氛围中健康成长。在多次的普陀区学校学生学业负担监测中,我校初中各年段的学业负担明显轻于区平均水平。多年来，在上海市小学学业质量绿色指标综合评价调研中，"成绩标准达成度""高层次思维能力指数""学习自信心""师生关系"等12项指数指标显示，我校学生均达到或优于区平均水平。

总之，从评价角度完善学业绿色指标评价是一项系统工程，需要学校、家庭和社会的共同努力。我们将继续坚持绿色教育的理念，不断完善绿色评价体系，为学生的全面发展和健康成长创造更加良好的教育生态。

综上所述，立人教育的评价体系在评价理念、评价内容和评价方式上都实现了重要的转变和创新。这些转变和创新有助于促进学生的全面发展、提升教育质量，并为未来的教育改革和发展提供有益的借鉴和启示。

第二节　立人教育的教学评价和学业评价

一、教师教学评价

在现代教育体系中，教师教学评价是提升教育质量、促进教师专业发展的重要手段。我校在立人教育思想的引领下，构建了多元化、过程性、发展性的教师教学评价体系。

1. 评价内容多元化

我们注重从多个维度评价教师的教学工作，包括教学目标设定、教学内容选择、教学方法运用、教学过程管理、教学效果评估以及教师素养和创新能力等方面。这样的评价内容能够全面反映教师的教学水平和专业素养。例如，在评价教学目标时，我们不仅关注教师是否设定了明确、具体、可衡量的教学目标，还关注这些目标是否符合课程标准和学生的学习需求。在评价教学内容时，我们注重考察教师是否能够根据学科特点和学生实际情况，科学、准确地选择和组织教学内容。

2. 评价方式过程性

我们强调对教师教学过程的评价，通过观察、记录、反馈等方式，及时了解教师的教学情况和学生的学习状态。这种过程性的评价方式能够帮助教师及时发现问题，调整教学策略，提高教学效果。例如，我们定期开展课堂教学观摩活动，组织同行教师相互听课、评课。通过观摩他人的课堂教学，教师们可以学习到不同的教学方法和策略，同时也可以发现自己的不足之处，从而进行针对性的改进。

3．评价结果发展性

我们将教师教学评价的结果作为教师专业发展的重要依据。根据评价结果，学校为教师提供个性化的专业发展计划和培训资源，帮助教师提升教学能力和专业素养。例如，针对新入职教师，我们设立了"青蓝工程"，通过师徒结对、定期培训等方式，帮助新教师快速适应教学岗位，提升教学技能。对于骨干教师，我们则通过承担课题研究、开设示范课等方式，发挥其引领作用，带动整个教师队伍的发展。

二、学生学业评价

在全面实施"新课标、新教材"的背景下，我校积极探索学生学业评价的新模式，促进学生的全面发展。

1．评价主体多元化

我们鼓励学生、教师、家长等多元主体参与学生学业评价。学生自评可以帮助学生认识自我，建立自信；教师评价可以全面、客观地反映学生的学习情况；家长评价则可以从家庭教育的角度为学生提供支持和指导。例如，在每学期的期末考试中，我们除了设置传统的笔试外，还增加了口试、实践操作等多元化的考试形式。这些考试能够更全面地评价学生的知识掌握情况和实践能力。同时，我们通过家长会、家访等方式与家长沟通学生的学业情况，家校共同为学生的成长提供支持。

2．评价方式过程性

我们注重对学生学习过程的评价，通过课堂观察、作业分析、小组讨论等方式，及时了解学生的学习状态和学习需求。这种过程性的评价方式能够帮助学生及时发现问题，调整学习策略，提高学习效果。例如，在英语学科中，我们采用了"形成性评价"的方式，通过记录学生在课堂上的表现、作业完成情况以及参与小组讨论的情况等，全面评价学生的学习过程。这种评价方式不仅能够真实反映学生的学习情况，还能够激发学生的学习积极性和主动性。

3. 评价结果激励性

我们将学生学业评价的结果作为学生成长的重要激励，通过设立奖学金、荣誉称号等方式，表彰优秀学生，激励全体学生向优秀看齐，努力进步。例如，在每学期的期末考试中，我们会根据学生的考试成绩和平时表现设立"优秀队员""优秀学生干部"等荣誉称号，并在全校范围内进行表彰。这些荣誉称号不仅能够激发学生的学习动力，还能够培养学生的自信心和荣誉感。

4. 强调综合素质

学生学业评价不仅关注学生的知识掌握情况，还强调学生的综合素质。例如，在体育学科中，教师不仅关注学生的运动成绩，还注重培养学生的团队合作精神、意志品质和健康生活方式等综合素质。为了更好地实施学生学业评价，学校制定了完善的学生综合素质评价方案，明确评价目标、内容、方式和标准。同时，学校建立了学生成长档案袋，记录学生的成长历程和进步情况，为学生提供个性化的指导和支持。

在立人教育的评价体系下，教师教学评价和学生学业评价是相互联系、相互促进的两个方面。通过科学的评价和有效的反馈机制，学校激发了教师和学生的积极性和创造性，推动教育教学的不断改进和发展。

第三节　立人教育质量评价的实践案例及分析

一、学校艺术教育质量评价的实践

基于音乐核心素养的课程评价不仅要符合音乐学科特点，以音乐核心素养为依据，更应注重学生的兴趣、爱好、情感反应及参与态度和程度。

课程评价体现社会发展、人文发展的需求，更是为了让学生在学习过程中自主学习，自我发展。我校音乐组在课程建设和实施的探索中，也关注课程评价的探索和实践。

1. 基于课程标准，制定校本化学生能力测评指南

根据《上海市中小学音乐学科课程标准》《上海市中学艺术课程标准》《中小学生艺术素质测评办法》，参照课程标准中的基础知识、基本技能及综合艺术表现能力，学校合理设置学生艺术素质测评指标，遵循适应性原则、差异性原则、实效性原则、发展性原则，客观公正地用发展的眼光评价学生。

（1）根据课程标准的要求，制定了《晋元附校音乐学科1—5年级学生能力测评指南》，力求凸显出学校音乐学科追求教、学、评一致性的观念和行动。

（2）依据评价指南，设计了兴趣、习惯、成果等三个评价维度，根据校本化测评指南中的达成标准，设计相应的评价内容、观测点和评价标准。

（3）根据三个维度的具体评价内容与标准，规划符合学段特点的表现性评价任务，让评价活动变得更生动有趣。

（4）设计活动手册，实施表现性评价。评价不仅要证明学习所达到的结果，更要关注学生学习过程。根据表现性评价任务，学校设计了《"音乐之旅"活动手册》，开展表现性评价。

2. 设计趣味性音乐活动，评价方法力求多样化

根据《上海市中小学音乐课程标准》要求，我们为不同年级的孩子创设了不同主题的音乐之旅学习评价，例如为一年级学生创设了以"逐梦童年"为主题的音乐之旅学习评价活动。

- 森林音乐会：听——精灵音乐秀。
- 最美好声音：唱——童星小歌手。
- 畅游迪斯尼：玩——游戏乐翻天。
- 童心梦飞扬：创——萤火大联欢。

根据唱游教学的听、唱、玩、创四个版块，老师精心挑选课本中学生喜爱的而又富有童趣的乐曲、歌曲和游戏等内容，设计情景式的表现性任务，让孩子们通过多样化的有趣的音乐闯关活动，展现其感受与欣赏，以及表现和创造的兴趣、习惯和能力，从而对学生进行全方位的评价。

3. 从注重结果转向注重过程，评价主体力求多样化

在"音乐之旅"活动的学生活动指南中，我们强调评价主体的多样化，评价由原来单一的老师评，变为师生评价、生生评价和家长评价。

- 乐"听"乐嗨。
- 乐"唱"乐享。
- 乐"玩"乐乐。
- 乐"创"乐酷。

我们对学生音乐学习的兴趣进行过程性、全方位评价，并且留下足迹，记录学生成长的点点滴滴。

4. 多渠道、多样化的音乐展示，力求评价形式多样化

（1）美育活动经常化

我校每年开展的常规美育活动有校园艺术节、晋元体育节、六一歌舞、器乐专场演出、书画摄影展、一年级家长开放日、五年级九年级毕业文艺汇演、午间小舞台等，我们用这些活动认真落实"人人有一技"。

（2）特色项目品牌化

华童艺术团是学校的一张名片，下设舞蹈团、管乐团、合唱团、戏剧团、民乐团5个大团共16个梯队，团员人数为800余名。近五年来，华童舞蹈团、管乐团、合唱团、戏剧团、民乐团先后在国际、全国、市、区级比赛中荣获团体奖项80余次，3次应中央电视台邀请赴京参加节目录制；2018年包揽上海教育电视台"少年欢乐颂"首届少儿春晚一个半小时整场节目录制；多次应中国上海国际艺术节组委会、中国国际合唱节组委会、上海市教委推荐，出访波兰、西班牙、美国、英国等国进行艺术交流。

（3）学生社团大众化

学校学生社团活动趋向于大众化、外向化。近五年来，街舞、软陶、衍纸、摄影等学生社团先后参与外事接待、互访交流、公益实践活动20多次。与此同时，我校的舞蹈、管乐项目也是与万里社区开展的教社联合、共治发展的特色项目，每学期艺术团积极参加社区各类艺术活动，在万里乃至普陀区起到了很好的辐射引领作用。

二、学校艺术教育评价案例分析

学校音乐教育的评价体系充分体现了基于音乐核心素养的课程评价理念，它不仅遵循了音乐学科的特点，还紧密结合了学生的兴趣、爱好、情感反应及参与态度和程度，为学生提供了全面、多元、有趣的音乐学习体验。

其一，学校制定了校本化的学生能力测评指南，明确了评价的标准和内容。这一指南不仅参考了国家和地方的音乐课程标准，还结合了学校的实际情况，确保了评价的针对性和实效性。

其二，学校设计了趣味性的音乐活动，使评价方法多样化。这些活动不仅涵盖了听、唱、玩、创等多个方面，还通过情景式的表现性任务，让学生在轻松愉快的氛围中展示自己的音乐才能。这种评价方式不仅关注了学生的学习结果，更重视了学生的学习过程。

其三，学校注重评价主体的多样化。除了传统的教师评价外，学生还引入了师生评价、生生评价和家长评价等多种方式。这种多元化的评价主体能够更全面地反映学生的实际情况，提高评价的客观性和公正性。

其四，学校通过多渠道、多样化的音乐展示活动，为学生提供了展示自己才能的平台。这些活动不仅丰富了学生的课余生活，还培养了学生的自信心和团队合作精神。同时，这些活动也成了评价学生音乐素养的重要方式之一。

综上所述，学校的音乐教育评价体系充分体现了基于音乐核心素养的课程评价理念，为学生的全面发展提供了有力支持。

第六章 立人教育的实践成效

晋元附校作为立人教育的积极探索者，经过多年的不懈努力，已经在学生成长、教师发展和学校发展等方面取得了显著的成效。本章将简要叙述晋元附校立人教育的实践成效，并通过具体案例加以印证。

第一节 学生成长——全面而有个性的发展

在晋元附校，学生成长始终被置于立人教育的核心。我们深知，每一个学生都是独一无二的个体，他们拥有各自的兴趣、特长和潜力。为了实现学生的全面而有个性的发展，学校注重在立人教育过程中关注个性化教育，关注学生的综合素质培养和实践能力提升。

一、个性化教育的深入实施

在晋元附校，个性化教育不仅仅是一种教育理念，更是一种深入骨髓的教育实践。学校坚信，每个学生都是一颗璀璨的星辰，他们有自己的轨道和光芒。为了让学生在自己擅长的领域得到更好的发展，学校根据学生的兴趣、特长和潜力，为他们量身定制了个性化的学习方案。

这种个性化教育不仅体现在课程设置上，更体现在教学方法和学习资源的配置上。学校鼓励教师采用多样化的教学方式和手段，满足不同学生的学习需求。同时，学校还为学生提供了丰富的学习资源和自主学习平台，让他们能够根据自己的学习节奏和风格进行自主学习和探究。

通过个性化教育，学生不仅能够在自己擅长的领域得到更好的发展，更重要的是，他们能够在这个过程中培养自信心和自主学习能力。这种自信心和自主学习能力将成为他们未来人生道路上最宝贵的财富。

二、综合素质培养的全面推进

在晋元附校，综合素质培养被视为与学术教育同等重要的目标。学校认为，学生的综合素质是未来社会所需的人格品质和关键能力。因此，学校通过开设多样化的课程和活动，培养学生的创新思维、团队合作、沟通能力等非技术性能力。

在课程设置上，学校注重均衡性和综合性。除了传统的学科课程外，学校还注重开设跨学科的综合课程和实践课程。这些课程旨在培养学生的综合素养和跨学科思维能力，让他们能够更好地适应未来社会的多元化需求。

在活动开展上，学校注重多样性和实践性。学校为学生提供了丰富多彩的课外活动和社会实践机会，如学生社团、艺术比赛、科技竞赛、志愿服务等。这些活动不仅丰富了学生的课余生活，更让他们在参与过程中培养了创新思维、团队合作、沟通能力等重要素质。

同时，学校还注重培养学生的品德素养和社会责任感。在日常教育中，学校始终强调诚信、尊重、责任等核心价值观的培养。此外，学校还鼓励学生积极参与各种社会实践活动和志愿服务活动，让他们在实践中体验社会，了解社会，服务社会，从而培养社会责任感和公民意识。

三、实践能力提升的注重与强化

晋元附校始终坚持"知行合一"的教育理念，认为学生只有通过实践才能真正掌握知识和技能。因此，学校为学生提供了丰富的实践机会和平台，培养学生的实践能力和解决问题的能力。

在课堂上，教师注重理论与实践的结合，让学生在做中学，在学中做，通过实验、操作、探究等方式，让学生亲身体验知识的形成过程和应用场景，从而加深对知识的理解和掌握。

在课外，学校组织了各种社会实践活动和志愿服务活动，让学生在实践中巩固所学知识，提升技能。通过参与社会实践，学生能够更好地了解社会需求和职业发展趋势，从而明确自己的学习目标和职业规划。

此外，学校还注重培养学生的创新能力和解决问题的能力。在日常教育中，学校鼓励学生敢于质疑，敢于挑战，敢于创新，培养他们的批判性思维和创新能力。同时，学校还通过项目式学习和问题式学习等活动，让学生在解决实际问题的过程中提升解决问题的能力和应对挑战的能力。

四、成长案例的生动展现

在晋元附校这片沃土上，无数学子得以茁壮成长。他们不仅在学术上取得了优异的成绩，更在品德、素养、能力等方面得到了全面的提升。以下是几个生动的成长案例。

夏靖涵同学是晋元附校大队部的主席，也是学校少先队员自主管理的杰出代表。在少先队员自主管理中，她得到了充分的锻炼和成长，被同学们推选为学校大队主席。她不仅在工作中表现出色，还荣获了"上海市十佳少先队员""上海市优秀少先队员"、上海市"中小学生道德实践风尚人物奖"等多项荣誉。这些荣誉的背后是她对自己的严格要求和对集体的无私奉献。她的成长充分展现了晋元附校个性化教育的成果和魅力。

丁乐洋同学是另一个品学兼优的学子代表。他在学习上始终保持着优异的成绩和稳定的进步，在生活中也乐于助人，关心集体。他的优秀品质和突出表现让他获得了"上海市优秀少先队员"的荣誉称号。他的成长不仅体现了晋元附校综合素质培养的成果，更展现了他个人的努力和追求。

除了这些优秀的学子代表外，晋元附校还培养出了许多在艺术、体育、科技等领域有突出表现的学生。例如，华童艺术团的同学在中央电视台、东方电视台、上海国际艺术节、巴塞罗那艺术节等舞台上展现了他们的才华和魅力。他们通过学校的个性化教育和综合素质培养得以全面发展，并在各自的领域取得了骄人的成绩。这些成绩不仅为他们自己赢得了荣誉和掌声，也为晋元附校增添了光彩和骄傲。

同时，晋元附校在体育领域也取得了显著的成绩。学校设立了上海市及普陀区青少年体育学校羽毛球训练基地，为大批优秀专业羽毛球运动员提供了展现才华的舞台。在上海市羽毛球青少年组比赛中，晋元附校的运动员们凭借出色的表现荣获了多枚金银牌。他们的优异表现不仅为学校赢得了荣誉,更为自己未来的职业发展奠定了坚实的基础。

此外,在科技领域,晋元附校也注重培养学生的创新能力和科技素养。随着学校人工智能、绿色环保、无线电等特色科技项目的打造,学生们在各级各类科技赛事中屡获佳绩。这些成绩不仅体现了学生们的才华和创新能力,更展现了晋元附校在科技教育方面的领先地位和卓越成果。

回首过去,晋元附校在立人教育的道路上取得了显著的成果和骄人的业绩。展望未来,学校将继续坚守立人教育的核心理念不动摇,为学生的全面而有个性的发展不断努力探索和实践。

为了实现这一目标,学校将进一步优化个性化教育方案,让每个学生都能够在自己擅长的领域得到充分的发展。同时,学校还将加强综合素质培养和实践能力提升的力度,为学生提供更加多元化、实践性更强的课程和活动。此外,学校还将积极引进先进的教育理念和技术手段,不断创新教育模式和方法,以适应未来社会的多元化需求。

在晋元附校这片沃土上,我们相信每一个学生都能够找到属于自己的成长之路。这里,是同学们智慧启迪的殿堂,是孩子们艺术启蒙的摇篮,是运动员启程的起点。晋元附校的立人教育,就是为了"树人",让每一个学生学以成人,人生出彩!

第二节　教师成功——专业素养的提升与自我实现

晋元附校的办学愿景是不仅让学生成才,也要让教师成功。在晋元附校立人教育的实践中,教师发展也是重要的成果之一。学校高度重视教师的专业成长和自我实现,为教师提供了良好的发展平台和机会。

一、专业培训——持续更新,精益求精

晋元附校高度重视教师的专业培训,将其视为提升教师专业素养的关键环节。学校定期组织专家讲座、教学研讨和学术交流活动,确保教师能够接触到最前沿的教育理念和教学方法。这些培训不仅涵盖了各个学科领域,还注重跨学科的综合素养培养,使教师能够具备更全面的教学视野。

此外，学校鼓励教师参加各类学术会议和研修班，促进研究能力和学术水平的提升。这种对专业发展的持续投入，不仅让教师的教学技能得到了显著提升，更激发了他们的教学热情和创新精神。

二、教学实践——舞台广阔，尽显才华

在晋元附校，教师不仅是知识的传递者，更是教育改革的实践者和课程开发的参与者。学校为教师提供了广阔的教学实践舞台，让他们有机会在教育教学中大展身手。

教师可以根据自己的特长和兴趣，选择适合自己的教学领域和研究方向。这种个性化的教学安排，不仅让教师能够充分发挥自己的才能和潜力，更提高了他们的教学水平和实践能力。同时，学校注重教师的团队合作和跨学科交流，鼓励教师在互相学习和互相启发中不断提升自己的专业素养。

在这种氛围下，柏琳老师等一大批优秀教师脱颖而出，他们用自己的教学实践证明了晋元附校教师团队的专业素养和教学实力。柏琳老师作为学校艺术总辅导员，不仅带领学校艺术团取得了辉煌的成就，更在音乐教研组中培养了一支高素质的教师队伍。她的成功不仅是其个人的荣耀，更是晋元附校教师团队整体实力的体现。学校艺术团从2009年成立第一支20人的舞蹈队开始，发展到现在华童艺术团超800人的规模，涵盖舞蹈团、管乐团、合唱团、戏剧团、民乐团5个大团16个梯队。2003年，舞蹈团登上首届"荷花·少年"全国校园舞蹈展演的舞台。学校于2013年成为上海市艺术教育特色学校，2017年获评全国美育工作示范单位，2019年获评全国中小学舞蹈教育传统校、全国示范乐团、全国人文与审美素养教育先进单位，2021年获评全国"十三五"美育科研先进单位。柏琳老师自己也先后荣获上海市五一劳动奖章、上海市青年五四奖章、上海市园丁奖。她所带领的学校音乐教研组从2009年仅有5名教师壮大成如今拥有18名具有相关艺术教育背景的教师，先后获得上海市巾帼文明岗、区优秀教研组、区五星温馨办公室等荣誉。组内教师获得区级以上荣誉20余项，取得科研成果54项（其中24项获全国一等奖）。

三、心理健康与职业发展——关怀备至，共筑未来

晋元附校认为，教师的心理健康和职业发展是保障教学质量的关键因素之一。因此，学校建立了完善的教师评价体系和激励机制，让教师在工作中得到认可和尊重。同时，学校关注教师的心理健康和生活质量，为他们提供必要的心理支持和帮助。这些措施不仅提高了教师的工作满意度和幸福感，还激发了他们的工作热情和创造力。

近年来随着学校规模的不断壮大，每年都有20余名教师加入晋元附校大家庭。在这里，受学校精神感召，年长教师师德高尚、业务精湛，年轻教师锐意进取、敬业奉献！一批批优秀教师不断成长为学校的中流砥柱，托起晋元明天的太阳；成长为在区域内有一定影响力的优秀管理者和教师，辐射引领区内学校共同进步。

从这里，走出了几位区教研员，培养出好几位校级领导。同时，更有大批优秀教师深深扎根在晋元附校，用自己的辛勤努力耕耘不辍。

徐亚琴老师，长期担任班主任、小学英语教研组长。徐老师平时用心利用业余时间进行学习，她敏于观察学生，擅长利用班中典型事件，通过班级读书活动、班会课、小队活动、网上互动等多种形式，以点带面对全体学生开展针对性地教育。她先后获得上海市班主任基本功竞赛小学组一等奖、"上海市教育系统巾帼建功标兵"称号、上海市"优秀家庭教育指导者"称号、"普陀杯"班主任基本功大赛一等奖、"普陀区十佳班主任"称号、普陀区"园丁奖"等。通过长期在教育一线工作的打磨，徐亚琴老师积淀智慧，提升才干，成长为学校小学教务室副主任。

四、一体化办学与资源共享——携手共进，共创辉煌

晋元附校、西校、南校的紧密型一体化办学模式为教师的发展提供了更广阔的平台和更多的机会。通过校际联合教研和培训，教师们能够相互学习、相互启发，实现教育教学能力和综合素质的快速成长。这种合作模式不仅提高了教师的教学水平，还促进了学校之间的交流和合作，实现了教育资源的共享和优化配置。

在一体化办学的推动下，晋元附校的教师们在各类教学比赛中屡获殊荣。这些荣誉不仅是对教师个人才能的肯定，更是对学校教育教学质量的认可。同时，这些荣誉也激励着更多的教师努力提升自己的专业素养和教学能力，为培养更多优秀的人才贡献自己的力量。

在 2023 年上海市中小学中青年教师教学比赛中，沈竹君老师获初中科学一等奖，张晓燕老师获中学化学二等奖，史珺老师获初中生命科学三等奖。自晋元高中教育集团成立后，学校青年教师得到了更广阔的发展平台，在首届"华童杯"教学基本功竞赛中，晋元附校教师一举拿下初中、小学共 7 个科目竞赛中的 6 个一等奖。

总之，在晋元附校的立人教育实践中，教师发展取得了显著的成效。教师们的专业素养得到了提升，他们的教学能力和实践经验也得到了增强。更重要的是，教师们在自我实现的过程中找到了自己的价值和意义，为培养更多优秀的人才贡献了自己的力量。未来，晋元附校将继续关注教师的专业成长和自我实现，为教师提供更多的发展机会和平台，创造更加辉煌的教育未来！

第三节　学校成就——特色品牌的形成与社会声誉的提升

晋元附校立人教育的实践成效更体现在学校发展上。通过多年的教育实践和探索，学校逐渐形成了独特的办学特色和教育品牌，并在社会上赢得了广泛的认可和赞誉。

一、办学质量的提升

办学质量是学校生存和发展的基石。晋元附校始终把提高办学质量作为学校的核心任务，通过制订愿景引领方向，通过文化建设塑造校风，建构教学质量保障体系提升学业质量，融合五育促进学生的全面个性化发展。学校的办学质量得到全面提升。上海市新优质研究所编写的《新优质学校成长路径》一书，以"从低走高的跨越"为题对我校的成长路径作了专题介绍。

专题介绍

第二类路径：从低走高的跨越

有一大批名不见经传的普通学校，是奔着寻找"破局"之法的热望，逐步接近新优质，并走上建设新优质学校的道路上来的。这些学校因为结缘新优质学校，很快走上了教育教学改革的快车道。

（一）价值内涵

这一类学校常常因为各种原因，或者主观原因，或者客观原因，遇到一些特殊情况，导致学校的教学质量下滑，继而学校管理层和师生失去信心，学校在底部徘徊不前，社会认可度低，进入恶性循环，各方面发展不尽如人意，难以走出困境。

这一类学校中，学生的家庭社会经济地位较低，家庭文化背景参差不齐，学生可以依赖的家庭支持力量非常有限，较多地依赖学校的教育教学。这些学校中，学校总体长期处于底部，难以跨越，长期的底部徘徊，使得师生和家长对学校也不抱希望。同时，学校和家庭都无力改变，也没有改变的信心，在这种情况下，学校的教育教学面临着更多的压力，学校与新优质学校之间，横亘着难以破解的问题。这些学校也许各方面工作平实、扎实，在积极努力地做好学校管理和教育教学工作，但缺少辨识度，难以进入大众视野，不能得到社会的普遍认可，对于师生和家长来说，并不是一所人人心向往之的学校。

从国家层面看，这类学校是国家义务教育优质均衡发展过程中必须攻克的难点。从学校层面看，这一类学校具有改变的迫切愿望，最需要的是寻找到发展的突破口。从家长层面看，这一类学校通常是家长无奈之下的被迫选择。可以说，这些学校离建成新优质学校还存在比较大的差距，学校管理、课程教学、学生发展等各方面都需要进行改革或改进，才有可能冲出困境。

主要有两种类型：

第一种是沉默学校。这类学校因各方面均无明显起色，社会认可度不好，普遍不被社区居民信任。长此以往，生源质量也越来越差，各方面难以寻找到突破点。

第二种是爬坡学校（见图6-1）。这类学校虽然也处于低位，但是已经明确了学校发展的主要方向，已经初步开展了积极探索，还没有取得明显的成效，在带动学校整体发展上也显得力不从心。

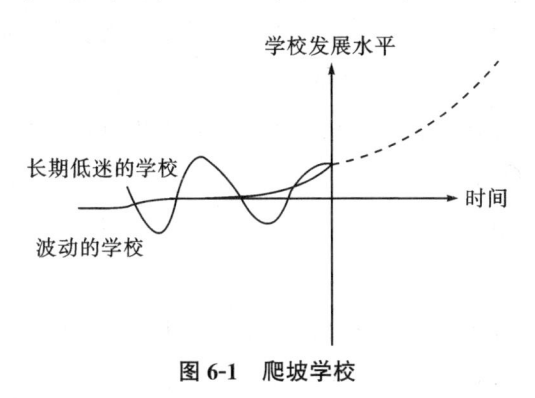

图 6-1　爬坡学校

（二）路径阐析

一所学校要突破困境实现转身，往往需要进行全面的改革。最有效的是用改革提升教学质量，或者学校可以寻找新的突破方向，一旦学校在某一个方向上取得成效，就能从很大程度上振奋师生的精神，获得社区的认可，从而开始走上良性发展的轨道。在走上良性发展轨道的时候，这一类学校在发展中通常会遇到以下问题。

问题1：怎样寻找契机，让学校走出低谷？

问题2：如何重建学校文化，让师生和家长重新找回信心？

问题3：如何处理好学业成绩和学校发展的关系？

问题4：如何提升学校的社会认可度，成为家长满意的学校？

问题5：学校如何凝聚各方面的力量，共同促进学校的整体发展？

1. 要突破的问题

第一，如何突破学校面临的困境，走出当下的低谷？

由于学校教学质量比较差，不能得到社区的认可，所以家长在失望之下，会出现用脚投票的现象，转向其他更认可的学区，使得学校生源进一步流失，长期下去，形成恶性循环，学校的生源越来越少，师生的信心持续下降，学校的发展会更加困难。这一类学校所在的社区，往往是拆迁、搬迁后形成的社区，或者多是外来务工人员居住于此，家庭对子女教育的帮助很小。对于这些孩子来说，进入学校是获取优质教育资源的唯一选择。

有些学校因长期处于低谷状态，师生和家长都丧失信心，学校就会有"躺平"的想法，将学校无法发展的问题归咎于生源差、师资差等客观原因，缺少发展的主动性和积极性。这些学校面临的挑战是扭转对于学校质量水平的惯性认知，将育人作为学校质量提升的核心，根据社区孩子的实际情况，以促进孩子的成长和发展为目标，聚焦于学校和师生自身的成长。

这一类学校首先需要深度分析社区的学生特点，比如学生在哪些方面需要帮助，学生面临着哪些需要解决的问题等。对学生做全面分析后，学校要结合所在社区的特点，致力于为孩子提供最需要的优质教育，将教育关怀和教育公平惠及来自不同家庭的所有学生，尽可能适应学生特点，提升学业质量，满足学生发展需求。这是学校突破低谷，走出困境的第一步和关键一步。

第二，如何寻找切入点启动学校发展改革？

寻找改革切入点，是学校正视发展中存在的问题，分析学校改革可以解决的问题，从具体领域出发，下功夫解决现实问题，从而带动学校走向新优质学校道路。学校在分析问题时，可以从综合分析学校情况和学生特点出发，比如，在分析学生特点的基础上，着眼于学校具有一定基础或具备发展可能性的领域，聚焦点上的改革，聚精会神地扭转学校在某一方面的做法、结构和状态，探索有效的改革路径，逐步将点上的改革打造为学校发展的优势，通过优势的打造带动学校走向优质发展道路。

这一类学校在突破的过程中，面临的问题是找到突破的"着力点"，这个点可以是学业质量、艺术特色等不同方面，关键是要找到学校最有基础、最有可能、最有把握取得突破的具体方向。这要求学校对自身有比较全面，准确的认识，能够寻找到最适合集中精力攻克的难点。当学校在某一方面集中精力取得突破时，就有可能撬动学校已然固化的现状，启动寻求新一轮发展的路程。

第三，如何乘胜追击获得整体发展？

每一所学校在具体领域取得提升后，需要思考的是如何发挥已有优势，达到"乘胜追击"的效果。这要求学校总结经验和优势，全面思考学校整体发展。比如，学校在学业质量或者特色发展方面取得一些成绩后，需要及时放大效益，推动学校迈上新发展。逐步建设高效的教师团队，建立与之相匹配的管理机制，围绕学校办学目标营造学校文化，不断深化课程改革促进学生全面发展等，都是在"乘胜追击"阶段需要解决的关键问题。

在这个过程中，用具体领域取得的典型经验带动学校组织整体的发展变化，是学校能够真正走出低谷的最艰难的一步。完成这一步，需要学校将已取得的成绩逐步地迁移到学校办学的方方面面，完成组织层面上的变化，比如学校文化和管理、教科研体系、课程教学改革等学校发展的关键维度。

2. 突破问题的策略

第一，主动发展，提升学校的课程教学质量。

处于低谷的学校因长期处于低位，要想获得发展，需要找到最有可能取得突破的方向，这个方向可以是学校有前期基础的领域，比如艺术方面，也可以是学校最想改变、最难突破的领域，如学业质量等。

首先，学校应适时地将出现的问题转变为变革的起点，将困难视为变革的动力。学校应全面分析自身的现状，明确最有可能取得变革的领域。学校可以借助学生情况分析、各类办学质量评价、教师队伍发展需求等开展有针对性的分析。对自身存在问题进行客观认知和科学分析，学校可找到着力点，通过对着力点的集中精力突破，学校有可能在某一个具体改革项目中迅速取得成绩。

其次，学校可引入外部变量或者转换视角，对学校进行变革。学校可挖掘出可以利用的外部变量，或者转换视角对学校进行诊断，为学校发展提供新的思路和可能。学校可引入新的师资力量，比如在学校小范围推广新引进管理人员的管理经验，或者发挥出新引进教师的专业能力，启动专项变革行动。这些都比较容易取得明显成效。

最后，学校要提升课程教学质量。任何一所让百姓满意的学校，都少不了让百姓满意的课堂教学质量。教学质量是学校的生命线，提高教学质量对于学校发展的提升作用最为明显。教学质量提升的关键是落实教师的责任，学校要通过对课堂质量的把控，挖掘出师生的潜力，根本性地扭转社会和家长对学校质量的评价。

总之，具体的变革，尤其是教学质量的提升，可以极大地振奋学校师生的精神。师生对学校的信心指导着师生的具体行动。因此，当通过具体变革在课程教学上取得成功经验时，学校便可推动师生重塑信心，提升自身的凝聚力和向心力。

第二，推动学校管理规范化，培养高效团队。

学校走向规范化是学校发展走向稳定态势的重要一环。规范化的管理可以给教师和学生比较稳定的预期，减少不必要的精神内耗，有助于提升学校管理效率，从而推动学校成长为一所优质学校。

首先，学校要对管理和制度进行规范化。管理和制度的规范化要始终围绕学校的办学理念，以促进学生的全面可持续发展为目标。要落实学校的办学目标，管理和制度必须充分考虑学校发展的需求，具有鲜明的学校特点，而不是不加选择地套用千篇一律的管理制度文本。

其次，学校管理和制度要切实贯彻到课程教学和改革的行动中。学校的管理如果停留在制度的层面，就难以带动学校总体的发展变革。学校要依照章程制定所有岗位的职责和工作流程，厘清分管校长、中层干部等管理层的职责界定，从制度设计上保障干部能够分工合作、互相补台。当把管理制度切实地落实到具体的课堂教学、学校管理中，落实到学校的改革行动中时，学校才能实现行动层面的改革。

最后，整体关注团队的成长，发挥出团队优势。学校可以通过团队内教师间的合作与竞争，比如在教研组中的协同互动，营造出学校内部教师专业成长的有利环境，激发团队中每一位教师的活力。团队的成长是学校内教师队伍的整体发展，具体表现为每位老师的专业成长。当每位老师都有所发展，每位老师都积极而负责，对未来充满期待时，学校的教师队伍就更容易凝聚为一个整体。

第三，培育文化系统，营造积极向上的氛围。

学校突破低谷，逐步取得发展，达到一定阶段后，会促动学校构建新的文化系统，并重塑价值、愿景和风貌。构建文化系统，需结合学校发展的特点，挖掘学校的优势，逐步建构出学校的办学理念、校训、学校精神、校风、教风、学风等文化符号，并推动学校文化符号具象化，最终将文化符号化为每一位师生的价值认同和自觉行动。这是学校发展为具有特色的新优质学校的必要条件。

首先，学校要构建学校文化系统，从观念和理念上凝聚人心。办学目标、育人目标等确定后，要具体细化为校风、学风、班风等师生可操作的行动指南。学校可结合自身文化开展专题宣讲、主题教育等常规活动，带领师生在具体的主题活动中，加深对学校文化的理解，促进师生深入认知学校文化，并将之内化为个人自觉践行的行为。

其次，学校要把文化系统转换成学校课程变革的价值观和行动。学校构建比较完整的文化系统后，更重要的是要把学校的文化基因适时地融入学校课程变革的具体行动中，带动学校具体工作上的改进和变化，实现学校文化育人，也推动学校文化"实至名归"。

最后，学校要进一步推广和辐射文化系统。随着社区的发展变化，有些学校面临着拆并、兼并的可能。多所学校整合为一所学校，行政强推的难度极大，而对优质学校进行文化理解、文化认同直至发展成为文化自觉融合，能够避免文化隔阂，促进不同学校的融入和发展。

总之，用学校文化感化人心，实现学校文化的辐射，是最有力量的工具。文化系统建立完善后，学校应用学校文化感染更多的教师，浸润更多的孩子，推动学校文化在更大范围内推广应用。

以下是我为《新优质学校成长路径》一书提供的实践案例。

实践案例

薄弱学校如何找到破冰点：普陀区晋元附校的发展探索

一所处于发展困境和低谷的薄弱学校，如何找到破冰点，办成一所家门口的好学校？上海市普陀区晋元高级中学附属学校的发展让我们看到了这样一种突破的可能性。

1. 提升教学质量，突破学校办学的核心环节

普陀区晋元附校的发展战略之一是质量兴校。在走出低谷的最初阶段，学校非常重视办学的核心，即教育教学质量。为了提升教育教学质量，学校采用落实责任的PDCA质量循环，构建合作竞争的环境，重视教师的专业发展，实施有效教学策略。一整套措施的目的在于引领、指导和督促教师担负起确保教育教学质量的责任。

学校的教育教学质量采用PDCA循环（PDCA即Plan计划、Do实施、Check检查、Action处理），通过确定目标、制定计划、执行计划、过程检查、学生家长反馈、质量检测、数据采集处理、质量分析、评价激励的循环过程，学校教学质量得到明显提升。

构建合作竞争的环境。学校以"面向全体，平行分班"的方式，关爱每一个学生，实现班级里的学生差异建构，相信每一个学生都能获得成功。学校还以"单班教学、强强碰撞"的方式，构建既有合作又有竞争的教师关系，把教师的主观能动性调动到极致。

重视教师专业发展。学校注重激发教师的主动性，通过自我优势分析、寻找理论支撑、理论的创造性应用研究、个性专业化成长，推动教师找到自信，体验乐趣，学会研究，学会创造，获得个体的核心发展力。

将差异作为资源，开展差异建构的教与学。学校重视教研组备课组的活动，搭建专业引领和校际教研平台。在教研组内，发现并解决教研组内教师存在的问题和能力短板，持续改进，实现整个教研组教学质量的提升；在班级学生之间，通过同伴互助实现学生间的学习，提升整个班级质量。

2. 细化各项管理秩序，办成规范的学校

学校在教学质量取得初步突破后，着眼于办成规范学校的目标，逐步细化学校的各项管理秩序，使得学校教学质量稳步提升，学校管理有条不紊，形成了固化有效策略、办学质量稳步向上的态势。

学校根据中小学生行为守则，制订《晋元附校学生一日常规》，确定

了以"培养良好的学习习惯和行为习惯"为总目标的养成教育体系，通过校班会、红领巾广播站、校内外橱窗、班级黑板报等加强宣传教育，通过值周中队、大队纪检部及学校护导教师进行检查评比，每周根据检查评比情况颁发流动红旗。

实施团队自主管理。学校定期召开少代会，民主推选学校团支部、大队委员、中队干部。团队部实行自主管理运作，培养学生的团队意识、自主管理和问题解决能力。

实施班级民主管理。学校制定《晋元附校班级管理实施方案》，通过课题《我是小当家——九年一贯制学校班级民主管理模式的实践研究》，建立"人人有管理小岗位""人人撰写班级日志""人人都是监督员"实践平台，引导学生承担责任和义务，增长才干，提升能力并完善人格。

3. 建构立人课程体系，推进有效教学

学校围绕"品行端正、学业精进、自主能干、健康活泼"的学生培养目标，在建构立人课程体系、对标实施有效教学、推进学科高地建设、深化信息技术融合、基于数据的教育教学分析与改进等方面持续探索，不断深化课程教学改革，促进学生全面个性化发展。

结合国家课程要求和学科课程标准，持续开展有效教学研究。学校在2018至2020学年开展了"精心备课、有效作业""全员磨课、有效教学""对标有效、教学评优"等主题研究和活动，不断提高学校的整体学业品质。

构建体系化的校本课程，针对不同学龄段学生特点，学校对小学低龄段开设绘本阅读、成语故事、七巧板等课程培养学习习惯，对小学高年龄段开设无线电、机器人等课程培养思维能力，开展越剧、书法、陶艺等课程陶冶情操，对初中开设生态园、工程学、智能机器人等课程培养创新精神。学校引入晋元高级中学教师，开设"生活中的物理""英语报刊阅读""化学趣味实验"等课程，拓宽学生视野。

以教研组建设为抓手推进学科高地建设，实施基于问题的研修。学校充分发挥教研组的力量，根据学校五年规划中的重点研究课题、区教研室课题、教研组教学中存在的问题困惑，确定教研组的研修主题，制定出每学期的具体实施内容和达成目标,将"教研训"有机整合为一体,有效地促进了教研组的建设和发展。

深化信息技术与课堂教学的整合。学校积极探索信息技术环境下的个性化学习,广泛使用互联网交互电视、平板终端、互动反馈技术、微视频等信息技术手段,整合并共享教案集、习题集、试卷集、微视频等,积极探索个性化在线学习平台等应用,组织教师深入开展基于微视频等的教学实践。

基于数据开展教学质量分析。基于期中、期末学科教学质量检测所获得的大数据,学校进行分年级、分学科学生全样本分析,针对分析出来的问题,持续改进教学行为和教学策略,提高教学质量。学校关注学生个体学习差异,深入细致分析学生学习情况,量身定制一对一个性化学习指导。学校每学年围绕对学校及任课教师的满意度、学生睡眠时间、作业量、师德情况等内容开展网上问卷调查,有针对性地改进工作并评选"我心目中的好老师"。

4. 培育学校文化系统,增强学校凝聚力

学校秉持"立己立人、共同成长"的办学理念,持之以恒地贯彻"文化立校、质量兴校、特色强校"的发展战略,实现从薄弱发展成为家门口的好学校的突破。

确立学校办学理念。学校在确立办学理念时充分考虑了国家意志、文化传统和学生发展。其一是回应国家对于"培养什么人"的目标定位,坚持立德树人。其二是从中华优秀传统文化精髓出发,熏陶学生传承民族文化,塑造民族精神,增强民族自信。其三是体现立己达人、安身立命,为每一个学生的终身发展奠基。

全面构建学校文化体系。学校秉持"立己立人、共同成长"的办学理念,坚持"文化立校",以"厚德而和、行健而立"的精神塑造全校师生的人格。该精神的内涵是"人格至善构建和谐,自强不息铸就卓越",学校凝练出"仁爱、包容、合作、进取"的核心价值观,"厚德、行健"校风,以及"学而不厌、诲人不倦"的教风和"博学、笃行"的学风。

学校组织编撰了学校精神读本《学校精神十谈》《立己立人共同成

长——学校文化解读》，每学年确定一个师德主题。2017至2022年的主题依次为：恭宽信敏慧；智者不惑、仁者不忧、勇者不惧；幸福都是奋斗出来的；天之道，利而不害，圣人之道，为而不争；海纳百川，追求卓越，开明睿智，大气谦和；厚德而和，行健而立。围绕主题，学校每年开展专题讲座，撰写学习体会，组织演讲比赛，精选优秀文章汇编成集，塑造师生的人格，培育"仁爱、包容、合作、进取"的精神风貌。

围绕"立人教育"打造学校特色。学校致力于打造"立人教育"特色，以此为统领，围绕《立人教育之实践研究》主实验项目，从德育、教学等方面开展研究，形成课题群。德育课题包括人格课题、班级民主管理课题、社会实践活动课题、家校协同研究课题、心理课题。教学课题包括信息技术支持下智慧课堂的教学案例实践研究和基于学科标准的个性化学习研究。

5. 激发教师内在动力，打造出高效团队

学校制定管理制度和目标要求时贯彻以人为本的理念，重视"让教师满意"，给予教师人文关怀，从对学校文化理解、和认同的角度出发，让老师有安全感和归属感，激发教师的发展动力。

学校鼓励教研组通过问题导向的教学改革与研究，解决教研组内存在的问题；从学科课程教学的实施层面提升教师的专业能力，通过持续积累，不断解决教研组面临的问题，逐步地提升总体教育质量。

注重人文关怀。学校在短短十几年间，从一所薄弱学校发展成为优质学校，近几年又兼并了薄弱学校，学校非常重视被兼并学校对学校的文化理解、文化认同再到行为自觉，营造尊重和关爱的氛围，接纳和包容被兼并校的每一位老师和学生。学校帮助被兼并校深化对学校文化的理解，并将之落实到对学校环境、班级管理等方方面面的改造和改革。

充分挖掘差异资源。学校在兼并薄弱校后，面对不同校区的教学师资和课程差异，实施资源优势互补，并对四个校区的校舍、物资、师资进行统配使用，实行由骨干教师领衔的联合教研和备课制度，实施跨校教研，提高所有教师的专业能力。

学校发现问题后，寻找到可解决部分问题的领域，经过一定的实践积累，逐步扩大其效益，最终将解决问题的经验拓展到学校改进的各方面，从而解决学校发展的整体问题。

二、特色品牌的形成

晋元附校在贯彻立人教育思想的过程中，稳步提升办学质量，并逐渐形成了自己独特的"立人教育"特色品牌。这一特色品牌的形成，既凝聚了学校多年的历史积淀和文化传承，又展现了学校对教育理念的创新和追求。通过精心打造课程教学资源、优化课程设置，晋元附校不仅进一步彰显了立人教育的品牌魅力，还成功打造了一系列特色品牌课程，为学校的长远发展注入了新的活力。这些成就不仅彰显了学校的办学实力，也为培养更多优秀人才奠定了坚实基础。

自1999年办学以来，学校走过了"初创阶段""规范阶段""特色阶段"，2007年成为区素质教育实验校，2015年成为普陀区素质教育先进校，2017年成为上海市新优质项目学校。学校在2021—2025年发展规划中确立的办学目标是"上海市知名、普陀区优质，具有鲜明特色的公办九年一贯制学校"。学校不仅以大体量规模将教学质量稳定于区内学校前茅，受到了老百姓的认可，成为"家门口的好学校"，更在艺术、体育、科技方面打造出众多的特色课程和项目，取得了傲人的成绩！

在学校管理、文化建设、德育工作、教学科研等方面，学校先后被评为上海市依法治校先进校、上海市安全文明校园、上海市"书香校园"基地学校、上海市校园文化建设"一校一品"特色学校、全国优秀少先队集体、上海市优秀少先队大队、上海市红旗大队、上海少先队幸福教育实验校、上海市家庭教育示范校、上海市中小学心理健康教育示范校、上海市健康教育促进校、上海市教科院普教所基地学校、上海市教委教研室教学协作联盟协作单位、"十三五"美育科研先进单位、上海市郊区农村义务教育学校委托管理工作先进集体等。

学校艺术教育不仅是普陀教育中的杰出代表，更代表着上海市艺术基础教育的水平。晋元附校是全国美育示范单位、全国中小学舞蹈传统校、全国美育大会人文与审美素养教育先进单位、全国中华优秀传统文化先行先试示范校、上海市艺术教育特色学校、中国上海国际艺术节艺术教育合作学校、越剧美育传承基地，是上海市学生舞蹈、合唱、交响乐、戏剧、民乐联盟单位。2017年，学校在第三届全国美育大会上作了《美育在校园中绽放》经验介绍；2018年，学校在第二十届中国上海国际节举办的"一带一路"艺术教育国际会议上作了《舞蹈，让孩子们的生命之花绽放》交流发言。学校艺术团多次赴央视、上海教育电视台录制节目，多次参与市、区各类艺术演出和国际交流。

学校体育工作的开展卓有成效，学校连年被评为"区体教结合先进单位"。晋元附校目前是全国青少年校园足球特色校，上海市羽毛球协会青少年羽毛球培训基地，上海市校园田径联盟会员单位，区羽毛球、乒乓球、武术、游泳项目传统特色学校，区校园网球、足球联盟单位，区青少年羽毛球、围棋训练基地。2018年，学校武术队亮相第十五届世界武术锦标赛会徽、吉祥物全球发布仪式暨2018上海市民武术节闭幕式。2019年，学校承办区教育系统体育工作会议并作《多彩活动康健体质畅享成长》交流发言，同年6月，学校承办"匠心打造多样课程，魅力校园尽显风采"区中学体育研讨会并作《打造多样课程，促进健康成长》经验介绍。

作为普陀区科技教育特色学校，晋元附校努力探寻和打造符合中小学生发展特点的特色课程。学校建立了天文台、气象站、"JY生态园"，并在无线电、机器人、绿色环保等领域屡创佳绩，成为联合国教科文组织中国可持续发展教育（ESD）项目实验学校、"国际生态学校"绿旗单位、全国环境教育示范校、全国生态文明教育特色学校、上海市航空特色学校、普陀区环境教育特色项目学校。2018年我在全国环境教育工作会议上和全区环境教育协调委员会年会上作了经验介绍。

总之，晋元附校在不断提升办学质量的过程中逐渐形成了鲜明的特色品牌，这些特色不仅体现了学校的办学理念和追求，更为学生提供了多元化、个性化的教育体验和发展机会。

三、社会声誉的提升

随着办学水平的显著提升和特色品牌的日渐鲜明，晋元附校的社会影响力不断扩大。权威教育机构对学校的综合教育质量进行了全面评估，并给予了极高评价，这是对学校工作的有力肯定。同时，各大媒体纷纷对学校进行报道，深入介绍晋元附校的教育理念、办学特色及成果，使更多人对这所学校有了深入了解。这些积极的社会评价和广泛的媒体报道，进一步提升了晋元附校的社会声誉，为学校赢得了更广泛的认可和赞誉，也为学校的持续发展奠定了坚实基础。

《上海教育》刊登出的《普陀：教育"筑梦"》写道："评判优质教育资源的标准有很多，而能让周边老百姓用脚'投票'蜂拥而至的一定是一所好学校。上海市晋元高级中学附属学校如今共有三个校区，78个教学班，约3000名学生，是普陀区学生规模最大的学校。而在10多年前，这所原名'万里学校'的九年一贯制学校，却办学规模小，教育教学质量低，是普陀区的一所薄弱学校。2002年学校由上海市首批实验性示范性高中晋元高级中学承办，承办16年间办学规模不断扩大、教育教学质量不断提升、社会声誉不断改善。晋元附校的华丽转身成为了普陀推进区域教育集群发展的缩影。"[1]

2017年9月9日，《文汇报》头版刊登《普陀区晋元附校走出一条教育本真之路——从全区垫底到托管薄弱校》，专题介绍晋元附校的发展情况（见图6-2）。

专题介绍

普陀区晋元附校走出一条教育本真之路[2]
——从全区垫底到托管薄弱校

从晋元高级中学附属学校总部到武威东路分校，直线距离1.2公里，步行大约需要18分钟。校长骆奇每天用脚丈量这段路的时候，脑海中常常浮现起学校的旧时模样——三栋破旧小楼边上只有一条煤渣跑道。再往真

---

[1] 赵玉成：《普陀：教育"筑梦"》，载于《上海教育》2018年第10月B刊，第6-11页。

[2] 朱顾婕：《普陀区晋元附校走出一条教育本真之路——从全区垫底到托管薄弱校》，载于《文汇报》，2017年9月9日，第1版+第3版。

图 6-2 《文汇报》头版专题介绍晋元附校的发展情况

北路走,是正在修建的新校区杨家桥分校,今年9月开学后,骆奇要走的路更长了。

三个校区、2800多名学生、200多位教师——晋元附校如此庞大的办学规模不但在普陀区首屈一指,在全市范围内也不多见。然而,在1999年建校初期,它其实是一所无人问津的小区配套学校。之后,在晋元高级中学的承办下,它逐渐汲取内生动力,成长为一所有口皆碑、托管其他薄弱学校的优质学校。

很多人说这是一条"逆袭之路",但在教育工作者眼里,这所学校一直坚持课程育人,这走的其实是一条回到教育本真的"回归之路"。

1. 全面与个性并重，四大系列课程撬动素质教育

晋元高中是在2002年正式承办万里学校（晋元附校前身）的，那时的校园里，除了零零星星几百个学生，还有宛如"生产队"一般的简陋校舍，以及教学质量全区垫底的现实。

要办成老百姓信任的"家门口的好学校"，提升办学质量是关键，而优质课程就是核心。本着"不唯学业质量，促进学生全面个性发展"的理念，骆奇于2007年接任校长后，发动全校教师深耕厚植具有特色的课程体系建设，力求使之成为撬动学生素质教育的杠杆。

如今，学校已基本构建起"明德、善学、敏事、康健"四大系列课程，分别着重培养学生健全的人格、良好的学习态度和方法、独立自主的生活经验和技能以及健康的体魄和心理。

课程体系臻于丰富和完善，学生是最有"获得感"的群体。新学年即将升入五年级的王星霖从小练习钢琴，二年级时，她怀着好奇心选修了管乐拓展课。如今，她已经成为学校管乐队的打击乐手。星霖妈妈说，老师们常常向家长传递这样一种理念：让孩子们挖掘自己的兴趣爱好比考出好成绩更加重要。因此，学校开设了舞蹈、软陶、衍纸、烹饪、羽毛球、武术、无线电等一系列艺术类、技能类拓展课程，给了学生更多的选择。

"这完全超出了我的预期。"星霖妈妈高兴地说，学校不仅重视学科教育，还注重引领孩子了解自我、多元发展，"简直帮了家长的大忙"。

在课程引领下，学校的办学质量逐步位列普陀区公办学校前列，并先后跻身上海市艺术特色学校、科技特色学校。

2. 立人亦要立己，重视人格教育

熟悉历史的人应该知道，晋元高中是一所以爱国将领谢晋元将军名字命名的百年名校，这段红色记忆也已融入晋元附校的文化脉络之中。学校倡导"厚德而和、行健而立"的精神文化，并据此逐步构筑完善校本德育课程，侧重培养学生"立人立己"的品质和能力。

由于不同年级学生的认知结构大相径庭，因此人格教育活动的侧重点亦不相同。比如，低年级主要以班会、队会形式，借助游戏、表演等载体，实施"明礼、自理、互助、诚信"教育；高年级则通过社会实践和学

生社团活动，以演讲、辩论、参观体验、交流等形式，分阶段实施"正直、自信、谦虚"等较为隐性化的、内在品质的教育。

针对教师的人格教育也在同步推进中。在晋元附校执教12年的政治老师傅瑞芳提到，学校每学年会确定一个师德教育主题，邀请各区教研员、特级教师等专家来校开展"厚德行健""修己以敬，恰当地说话和做事""修己以安人"等德育活动。临近退休，傅瑞芳倍感不舍，"学校非常关注老师的专业成长和人格成长，老师们也用敬业甚至'拼命'的态度投身教学，最可贵的是，同事之间亲如家人。"

受市教委委托，晋元附校从2011年起承担三轮对郊区农村薄弱义务教育学校的委托管理工作，在实现自身迅速成长的同时，发挥辐射引领作用。

在骆奇心中，帮助学生成才、老师成功才是一所好学校的最大愿景。在未来五年的发展规划中，晋元附校还将加大课程体系建设的力度，拓展素质教育的领域，让更多孩子放心地走进这所家门口的好学校。

在不断追求卓越、提升办学质量的过程中，晋元附校形成了鲜明的特色品牌，并实现了社会声誉的显著提升。总之，晋元附校立人教育的实践探索成效是全方位的、深远的，从学生成长到教师发展再到学校发展，都展现了立人教育的实践价值和独特魅力。未来，晋元附校将继续坚持深入开展立人教育的探索实践，努力把晋元附校打造成上海基础教育优质发展的典范、全面发展的标杆、特色发展的高地、依法治校的先锋，成为教育竞争力、创新力、影响力显著的学校，为培养更多优秀的人才、办人民满意的教育作出更大的贡献。

参考文献

[1] 杨伯峻译注. 论语译注［M］. 北京：中华书局，1980.

[2] 杨洪，王刚注译. 中庸［M］. 甘肃：甘肃民族出版社，1997.

[3] 张景，张松辉译注. 道德经［M］. 北京：中华书局，2021.

[4] 陈磊译注. 资治通鉴［M］. 北京：中华书局，2007.

[5] 苏霍姆林斯基. 和青年校长的谈话［M］. 赵伟，等译. 北京：教育科学出版社，2009.

[6] 汤林春，冯明主编. 新优质学校成长路径［M］. 上海：华东师范大学出版社，2023.

[7] 余世维. 赢在执行［M］. 北京：国际文化出版公司，2004.

[8] 汤林春. 上海市学区化集团化办学探索与前瞻［J］. 上海教育科研，2018（3）：15-19.

[9] 王萍. 德智交融　育人无痕［M］. 上海：上海教育出版社，2017.

后 记

随着本书的最后一个字落下,我深感这不仅仅是对晋元附校立人教育特色的一个系统性梳理和总结,更是对每一位参与教育实践者心灵的触动与回响。

回首过去,晋元附校在"立己立人、共同成长"办学理念的指引下,走过了漫长而又充实的探索之路。从理念的提出到实践的落地,从课程的构建到教学模式的创新,每一步都凝聚了无数教育工作者的智慧与汗水。在这个过程中,我们欣喜地看到学生们在立人教育的熏陶下茁壮成长,他们的全面发展、他们的创新精神和实践能力都成为晋元附校最宝贵的成果。

然而,立人教育的实践与探索永远没有终点。"立人"是一个永恒的教育话题,随着社会的发展和时代的进步,教育的内涵和外延也在不断地丰富和拓展。晋元附校将继续秉持"立己立人、共同成长"的办学理念,不断深化立人教育的实践与探索,为学生的全面而有个性的发展和未来成长提供更加优质的教育服务。

本书的编写,得到了专家、教师以及社会各界人士的关心和支持。他们为本书提供了宝贵的素材和建议,使得本书的内容更加丰富和完善。在此,我要向他们表示最诚挚的感谢。

同时,我也要感谢每一位读者,是你们的关注和支持让我们有动力去实践和探索更好的教育之路。希望本书能够给你们带来一些启示和思考,让我们共同努力,为培养更多具有创新精神和实践能力的莘莘学子贡献力量。

展望未来,晋元附校将继续坚守教育初心,不断创新教育模式和教育方法,致力于培养更多具有健全人格、广博知识、创新精神和实践能力的优秀人才。我们相信，立人教育的实践与探索之路将越走越宽广，立人教育的实践与探索将为更多孩子的成长照亮前行的道路。

再次感谢所有关心和支持晋元附校立人教育特色培育的领导、同仁、家长和学生们。让我们携手共进，为教育事业的美好明天而努力奋斗！

骆　奇

完稿于 2024 年 1 月 26 日